湖南调查年鉴

Hunan Survey Yearbook

2022

国家统计局湖南调查总队　编

NBS Survey Office in Hunan

中国统计出版社
China Statistics Press

图书在版编目（CIP）数据

湖南调查年鉴. 2022 / 国家统计局湖南调查总队编. -- 北京 : 中国统计出版社, 2022.12
ISBN 978-7-5037-9977-8

Ⅰ. ①湖… Ⅱ. ①国… Ⅲ. ①统计资料－湖南－2022 Ⅳ. ①C832.64

中国版本图书馆 CIP 数据核字(2022)第 180581 号

湖南调查年鉴 2022

作　　者/国家统计局湖南调查总队
责任编辑/李　冲
执行编辑/吕仁睿
封面设计/黄　晨
出版发行/中国统计出版社有限公司
通信地址/北京市丰台区西三环南路甲 6 号　邮政编码/100073
发行电话/邮购（010）63376909　书店（010）68783171
网　　址/http://www.zgtjcbs.com
印　　刷/河北鑫兆源印刷有限公司
经　　销/新华书店
开　　本/880mm×1230mm　1/16
字　　数/342 千字
印　　张/14　0.75 彩页
版　　别/2022 年 12 月第 1 版
版　　次/2022 年 12 月第 1 次印刷
定　　价/180.00 元

1 湖南省城乡居民人均可支配收入

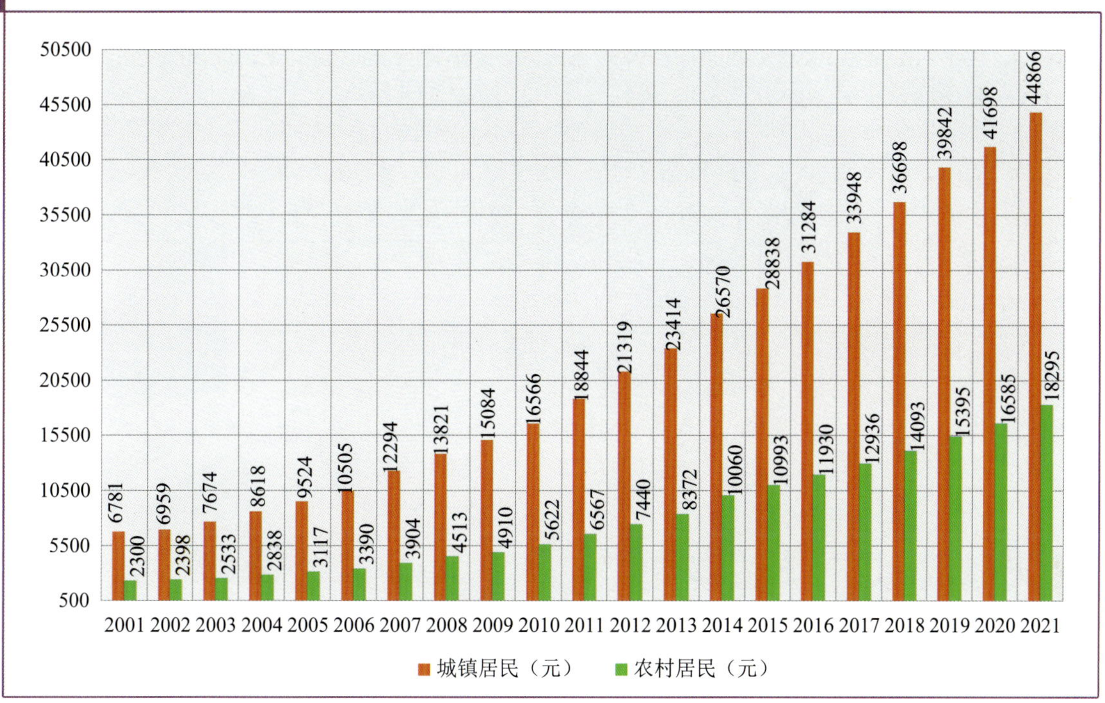

2 湖南省城乡居民人均消费支出

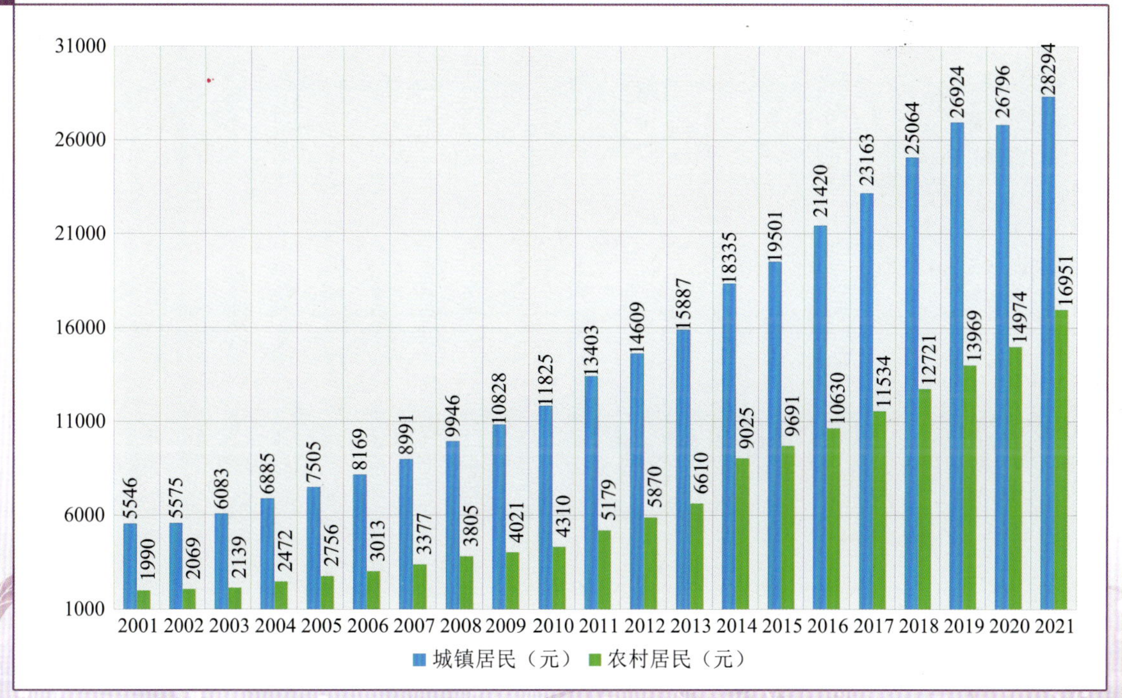

3 湖南省城乡居民消费支出构成(2021年)

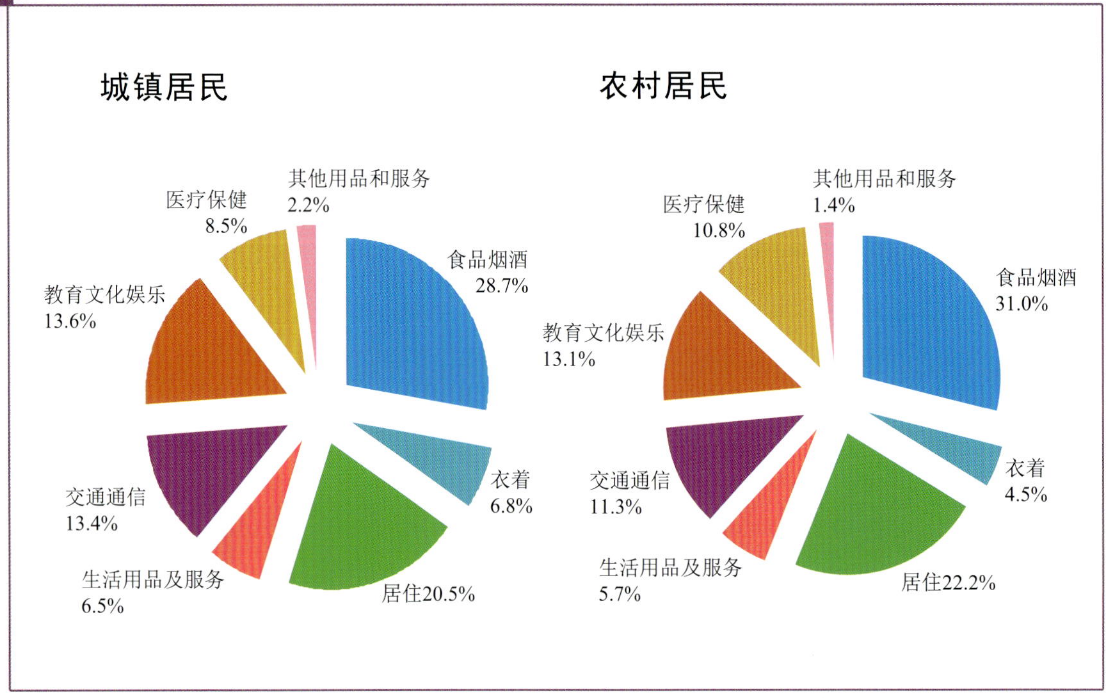

4 湖南省城乡居民人均住房面积

5 湖南省居民消费和商品零售价格指数

6 湖南省城市与农村居民消费价格指数

7 湖南省城市与农村居民商品零售价格指数

8 湖南省消费和商品零售价格同比指数（2021年）

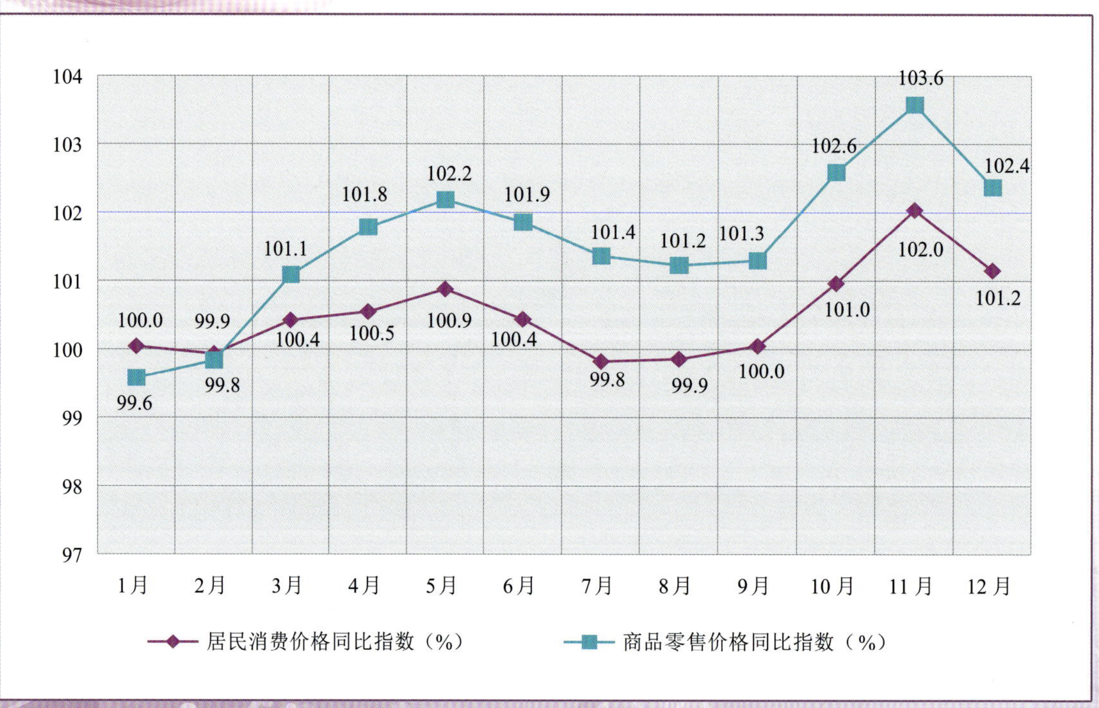

9 湖南省消费和商品零售价格环比指数（2021年）

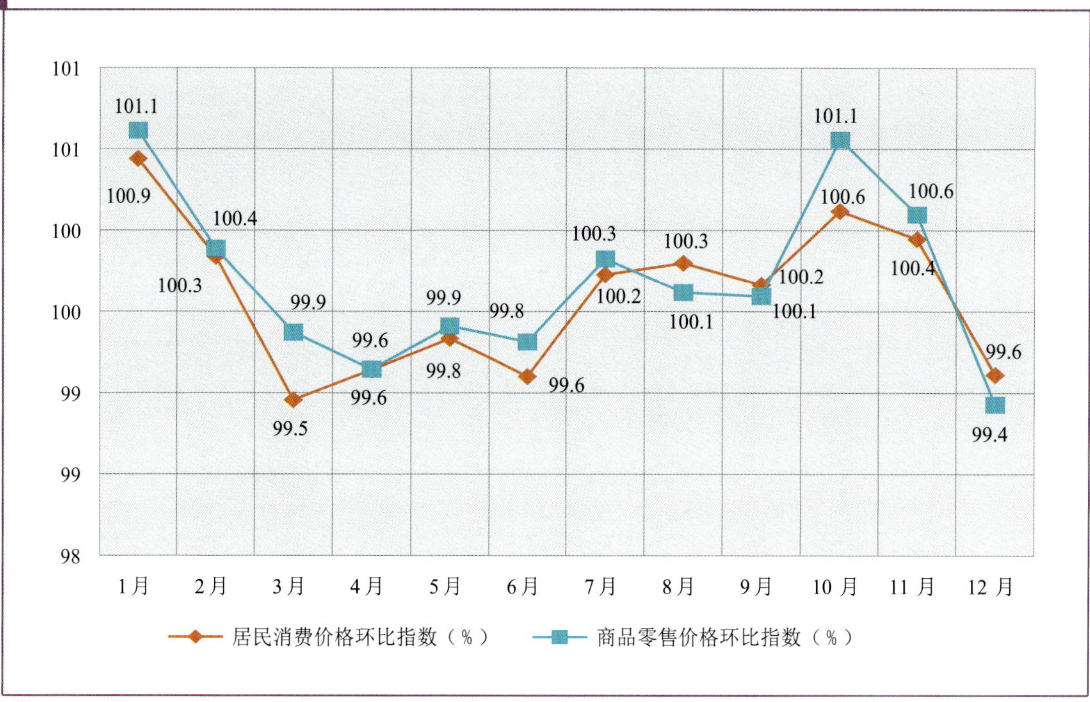

10 湖南省工业生产者出厂和购进价格指数

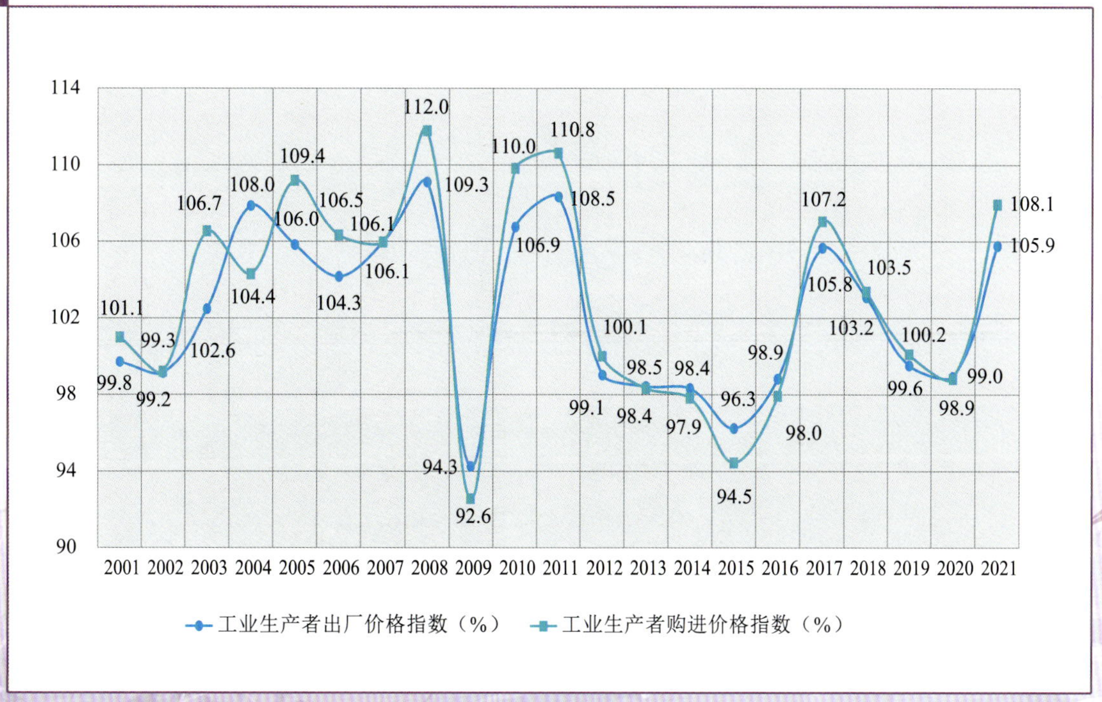

11 湖南省工业生产者出厂和购进价格同比指数（2021年）

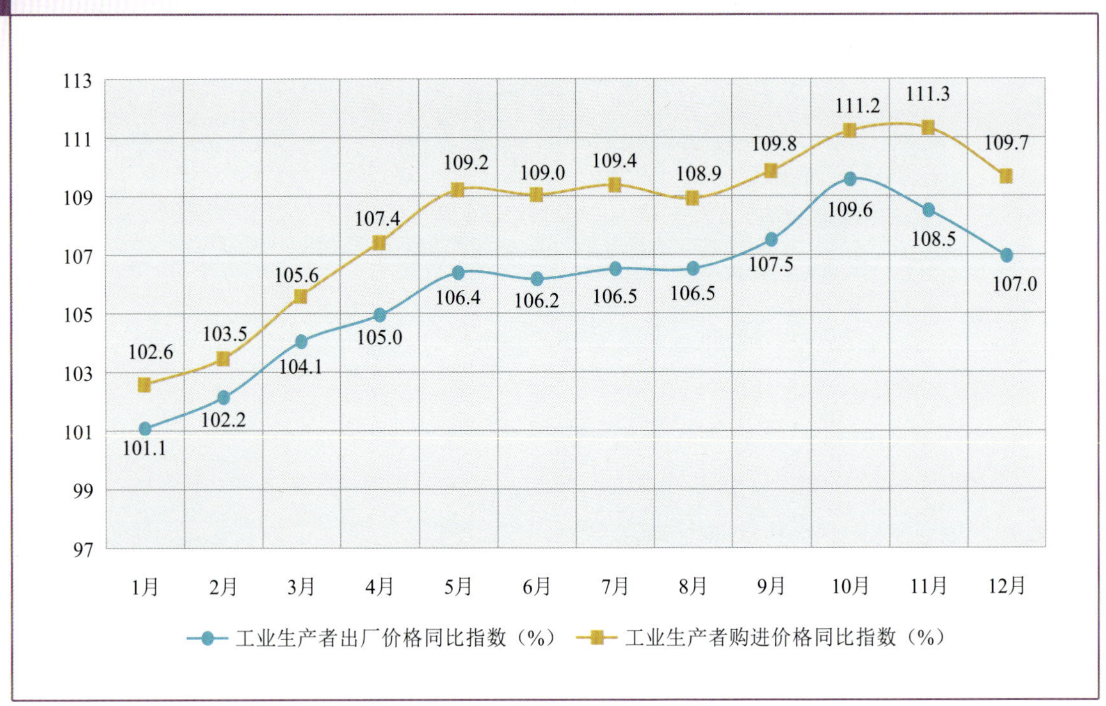

12 湖南省工业生产者出厂和购进价格环比指数（2021年）

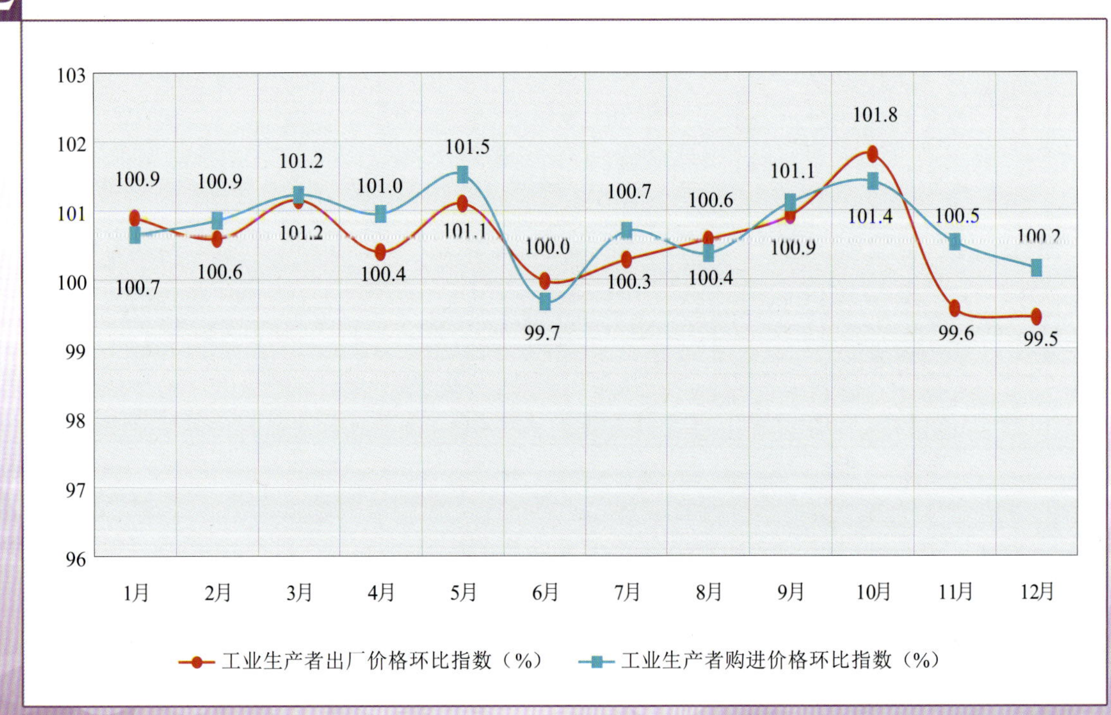

13 湖南省粮食播种面积和粮食总产量

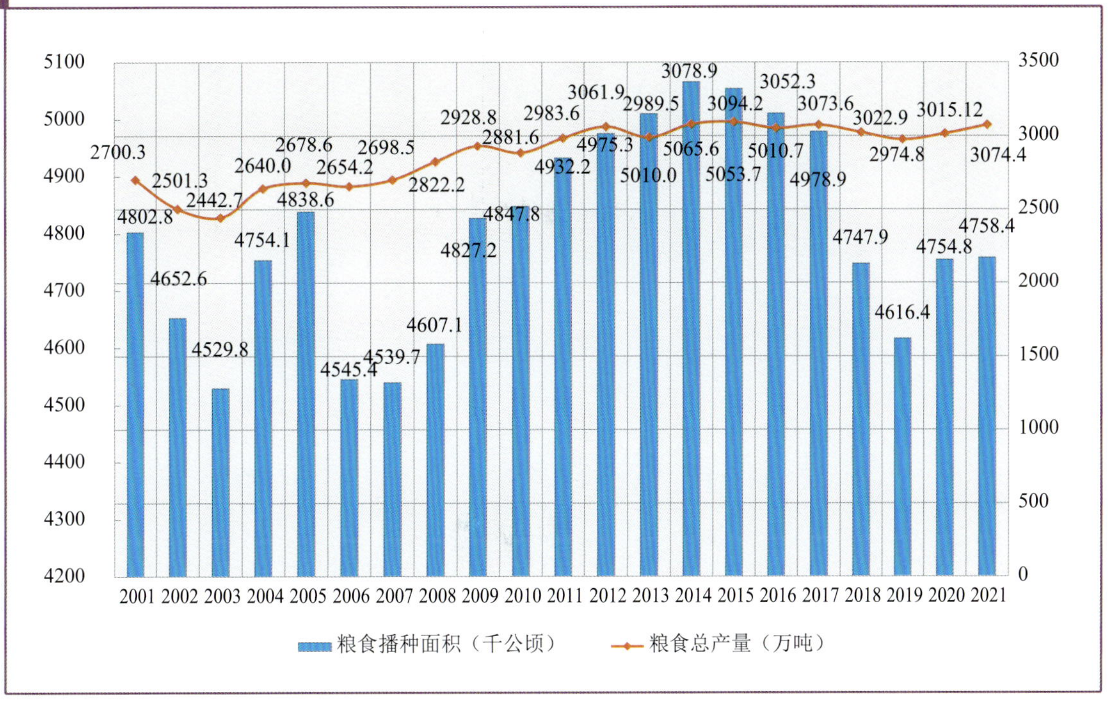

14 湖南省生猪出栏量（万头）

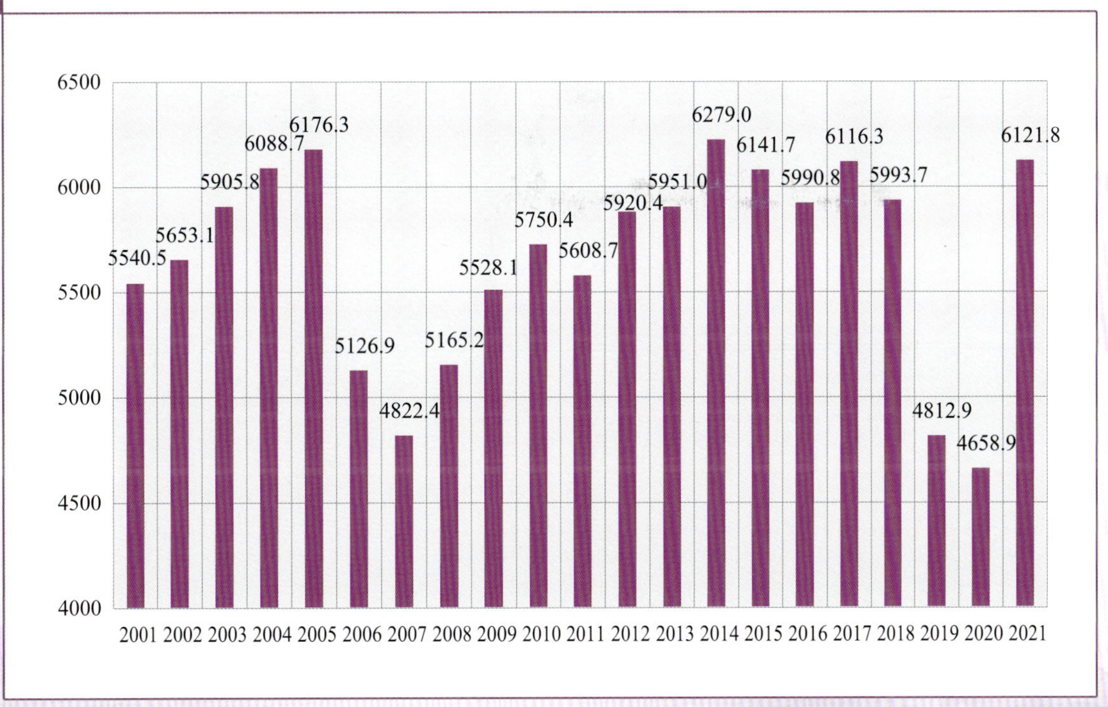

15 湖南省制造业采购经理指数（2021年）

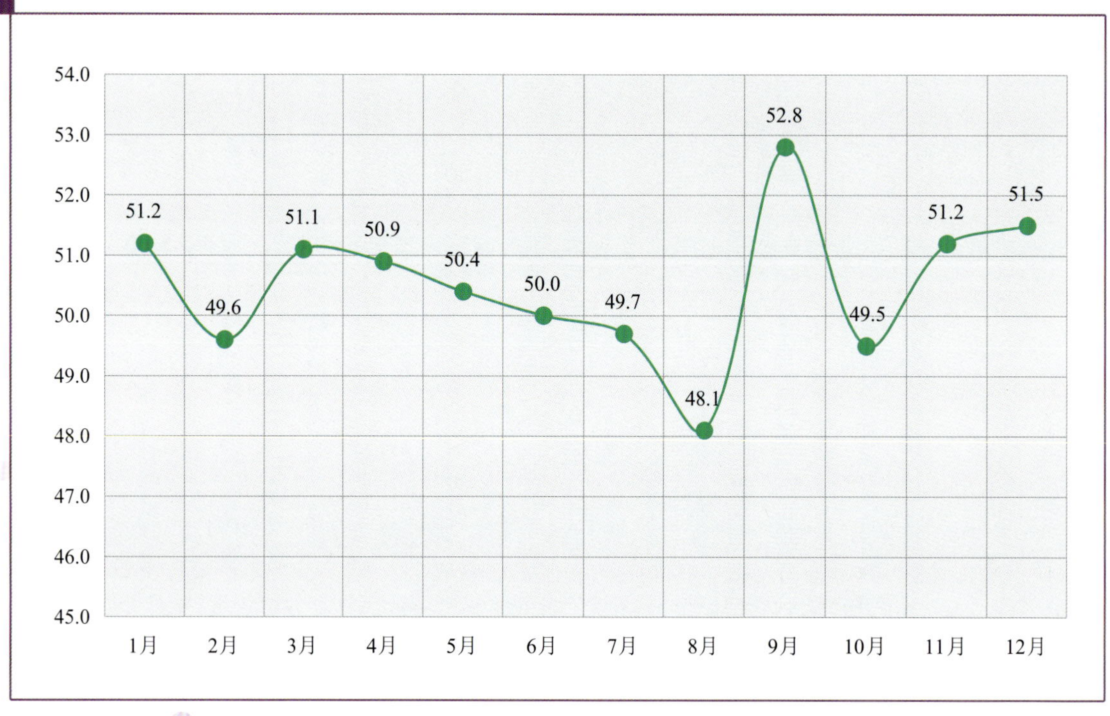

编辑委员会

编辑工作人员

编者说明

一、《湖南调查年鉴2022》是一部反映湖南省经济社会发展情况的抽样调查资料年刊，收录了全省和市、州、县 2021 年经济和社会发展有关方面大量的统计调查数据，以及重要历史年份和改革开放以来的主要统计调查数据，是一本党政部门、企事业单位、经济工作者、教学科研人员的重要工具书。

二、本年鉴正文内容调整为 5 个部分，即：1.综合；2.住户调查；3.价格调查；4.农业调查；5.监测调查。附录部分有两个方面的内容，即：1.各省（自治区、直辖市）主要社会经济指标；2.主要统计调查项目和主要统计指标解释。

三、本年鉴以国家统计局湖南调查总队的常规统计调查资料为主，根据用户需要，增加了国家统计局反馈资料加工的各省（自治区、直辖市）主要社会经济指标以及由相关单位公开资料加工的主要社会经济指标。

四、本年鉴所使用的度量衡单位均采用国际标准计量单位，根据需要，同时增加了部分习惯计量单位，总量指标计算所采用的价格均为现行价格。

五、本年鉴中部分数据合计数或相对数由于单位取舍不同而产生的计算误差，均未作机械调整。

六、符号使用说明：

“#”表示其中的主要项；

“空格”表示该项统计指标数据不足本表最小单位数、数据不详或无该项数据。

目　录

一、综合

二、住户调查

三、价格调查

四、农业调查

五、监测调查

附录一 各省（自治区、直辖市）主要社会经济指标

附录二

国家统计局湖南调查总队 2021年湖南民生调查数据（新闻稿）

国家统计局湖南调查总队

2022年1月24日

2021 年是党和国家历史上具有里程碑意义的一年。在以习近平同志为核心的党中央坚强领导下，全省上下坚决贯彻党中央、国务院决策部署，认真落实习近平总书记对湖南重要讲话重要指示批示精神，全面落实"三高四新"战略定位和使命任务，统筹疫情防控和经济社会发展，扎实做好"六稳"工作，全面落实"六保"任务。全省经济发展呈现"稳、进、高、新"特点，民生保障有力有效，农业生产、居民收支、市场价格等主要民生调查指标稳中向好，社会大局保持稳定，在"十四五"开局之年迈好了第一步、见到了新气象。

一、粮食生产再获丰收

全省粮食产量和播种面积双双增长，为国家粮食安全贡献了"湖南力量"。2021 年，全省粮食总产量 3074.4 万吨（614.9 亿斤），比上年增加 59.2 万吨（11.8 亿斤），增长 2.0%，创六年新高。其中，夏粮产量 45.2 万吨（9.0 亿斤），增长 4.7%；早稻产量 743.8 万吨（148.8 亿斤），增长 3.5%；秋粮产量 2285.4 万吨（457.1 亿斤），增长 1.4%。全省粮食单位面积产量 430.7 公斤/亩，比上年增加 8.0 公斤，增长 1.9%。

全省粮食播种面积 4758.4 千公顷（7137.6 万亩），比上年增加 3.6 千公顷（5.4 万亩），增长 0.1%。其中，稻谷面积 3971.1 千公顷（5956.7 万亩），比上年减少 22.8 千公顷（34.1 万亩），下降 0.6%；旱粮面积 787.3 千公顷（1180.9 万亩），比上年增加 26.4 千公顷（39.6 万亩），增长 3.5%。

二、生猪生产较快增长

全年全省生猪出栏 6121.8 万头，比上年增长 31.4%。年末生猪存栏 4202.0 万头，同比增长 12.5%，其中，能繁母猪 368.1 万头，增长 4.7%。全年生猪出栏量和年末生猪存栏量均创五年新高。

受市场供应持续增加影响，全省生猪价格自 1 月份起连续 10 个月下降，均价由 1 月份的 36.6 元/公斤下跌至 10 月份的 13.2 元/公斤，降幅达 63.9%。11 月份开始回升，为 18.4 元/公斤，12 月份为 18.8 元/公斤。当前，生猪养殖基本处于盈亏平衡点。

全年猪牛羊禽肉产量 559.7 万吨，比上年增长 23.7%。其中，猪肉产量 443.1 万吨，增长 31.2%；牛肉产量 21.3 万吨，增长 3.9%；羊肉产量 17.5 万吨，增长 8.7%；禽肉产量 77.8 万吨，下降 0.5%。禽蛋产量 117.9 万吨，下降 0.8%。

三、居民收入稳步增长

全年全省居民人均可支配收入 31993 元，比上年名义增长 8.9%，两年平均名义增长 7.5%；扣除价格因素实际增长 8.4%，两年平均实际增长 6.0%，与经济增长基本同步。分类别看，四大类收入全面增长。其中，工资性收入 15927 元，增长 8.6%；经营净收入 6709 元，增长 11.2%；财产净收入 2413 元，增长 8.4%；转移净收入 6943 元，增长 7.6%。

按常住地分，城镇居民人均可支配收入 44866 元，比上年增长 7.6%，增幅较上年扩大 2.9 个百分点；农村居民 18295 元，增长 10.3%，高于城镇 2.7 个百分点，增幅较上年扩大 2.6 个百分点。城乡居民收入差距继续缩小，人均可支配收入比（以农村居民收入为 1）为 2.45，比上年缩小 0.06。

按区域分，长株潭地区（长沙、株洲、湘潭）居民人均可支配收入 48924 元，比上年增长 8.1%；洞庭湖地区（岳阳、常德、益阳）29165 元，增长 9.3%；湘南地区（衡阳、郴州、永州）29543 元，增长 8.7%；大湘西地区（邵阳、怀化、张家界、娄底、湘西）22190 元，增长 9.2%。

四、居民消费逐步回升

全年全省居民人均消费支出 22798 元，比上年增长 8.6%，两年平均名义增长 5.5%；扣除价格因素实际增长 8.0%，两年平均实际增长 4.0%。分类别看，食品烟酒消费支出 6737 元，增长 7.8%；衣着支出 1329 元，增长 7.5%；居住支出 4812 元，增长 8.5%；生活用品及服务支出 1411 元，增长 9.5%；交通通信支出 2891 元，增长 5.3%；教育文化娱乐支出 3061 元，增长 18.3%；医疗保健支出 2122 元，增长 4.3%；其他用品和服务支出 435 元，增长 4.5%。

按常住地分，城镇居民人均消费支出 28294 元，比上年增长 5.6%，增幅较上年扩大 6.1 个百分点；农村居民人均消费支出 16951 元，增长 13.2%，较上年扩大 6.0 个百分点。

五、市场价格总体稳定

2021 年，全省居民消费价格（CPI）比上年上涨 0.5%，低于 3.0%左右的全年预期目标。分类别看，呈现“六涨两跌”态势。其中，交通通信价格上涨 4.8%，居住上涨 1.2%，教育文化娱乐上涨 1.0%，医疗保健上涨 0.7%，衣着上涨 0.7%，生活用品及服务上涨 0.3%；其他用品和服务下降 2.1%，食品烟酒下降 2.0%。在食品烟酒价格中，粮食价格上涨 2.1%，鲜果价格上涨 3.5%，鲜菜价格上涨 4.6%，猪肉价格下降 31.7%。扣除食品和能源价格的核心 CPI 上涨 0.8%，与全国持平。12 月份，全省居民消费价格同比上涨 1.2%，涨幅比上月回落 0.8 个百分点，环比下降 0.4%。

2021 年，全省工业生产者出厂价格比上年上涨 5.9%，工业生产者购进价格上涨 8.1%，比全国平均水平分别低 2.2 和 2.9 个百分点。12 月份，工业生产者出厂价格、工业生产者购进价格同比分别上涨 7.0%、9.7%，涨幅比上月缩小 1.5 和 1.6 个百分点。

总的来看，2021 年全省经济运行恢复向好，民生福祉继续改善。同时也要看到外部环境的复杂严峻和不确定，全省经济发展面临诸多风险和挑战。下阶段，要坚持以习近平新时代中国特色社会主义思想为指导，全面贯彻党的十九大和十九届历次全会、中央和省委经济工作会议精神，全面落实省第十二次党代会部署要求，坚持稳中求进工作总基调，实施“三高四新”战略，统筹疫情防控和经济社会发展，统筹发展和安全，继续做好“六稳”“六保”工作，持续改善民生，保持社会大局稳定，以优异成绩迎接党的二十大胜利召开。

附注

（1）两年平均增速是指以 2019 年相应同期数为基数，采用几何平均的方法计算的增速。

（2）部分数据因四舍五入，存在总计与分项合计不等的情况。

一、综　合

资料整理人员：梁　可　罗金城

1-1 国民经济和社会发展总量指标

指 标	2013	2014	2015	2016	2017	2018	2019	2020	2021
年末常住人口(万人)	6690.6	6737.2	6783.0	6822.0	6860.2	6898.8	6918.4	6644.5	6622.0
#城镇人口	3208.8	3320.1	3451.9	3598.6	3747.0	3864.7	3958.7	3904.6	3954.0
乡村人口	3481.8	3417.1	3331.1	3223.4	3113.1	3034.1	2959.7	2739.9	2668.0
年底从业人员(万人)	4035.0	4056.0	4050.0	3950.0	3840.0	3740.0	3670.0	3280	3258.0
生产总值(亿元)	24501.7	27048.5	29047.2	31244.7	34590.6	36425.8	39752.1	41781.5	46063.1
第一产业	3099.2	3148.8	3331.6	3578.4	3690.0	3083.6	3646.9	4240.4	4322.9
第二产业	11517.4	12481.9	12955.4	13181.0	14145.5	14453.5	14947.0	15937.7	18126.1
第三产业	9885.1	11417.8	12760.2	14485.3	16755.1	18888.7	21158.2	21603.4	23614.1
人均生产总值(元)	36763.0	40287.0	42968.0	45931.0	50563.0	52949.0	57540.0		69440.0
国内社会消费品零售总额(亿元)	8940.6	10081.9	12024.0	13436.5	14854.9	15638.3	17239.5	16258.1	18596.9
地方财政收入(亿元)	2023.6	2259.9	2513.1	2697.9	2756.7	2860.7	3007.0	3008.7	3250.7
一般公共预算支出(亿元)	4635.5	5024.5	5684.5	6337.0	6857.7	4843.0	8034.1	8402.7	8364.8
物价指数(以上年为100)									
居民消费价格指数	102.5	101.9	101.4	101.9	101.4	102.0	102.9	102.3	100.5
商品零售价格指数	101.7	101.2	99.9	101.0	101.3	102.3	102.3	101.3	101.6
工业生产者出厂价格指数	98.5	98.4	96.3	98.9	105.8	103.2	99.6	99.0	105.9
工业生产者购进价格指数	98.4	97.9	94.5	98.0	107.2	103.5	100.2	98.9	108.1
农产品生产价格指数	102.1	98.6	104.1	104.7	98.0	95.4	118.0	123.3	90.1
农作物总播种面积(千公顷)									
粮食	4936.6	4975.1	4944.7	4890.6	4862.5	4747.9	4616.4	4754.8	4758.4
早稻	1446.7	1453.3	1444.9	1420.5	1383.1	1238.2	1094.6	1225.7	1219.6
中稻	1171.8	1173.7	1178.5	1206.2	1233.1	1472.5	1602.1	1476.1	1479.2
晚稻	1466.6	1493.8	1490.7	1458.8	1432.6	1298.3	1158.5	1292.0	1272.3
主要农牧业产品产量									
粮食(万吨)	2925.7	3001.3	3002.9	2953.1	2984.0	3022.9	2974.8	3015.1	3074.4
早稻	860.5	854.8	858.9	834.1	808.5	755.5	661.4	718.7	743.8
中稻	770.4	816.5	822.7	832.4	895.3	1086.7	1206.8	1110.2	1122.2
晚稻	730.7	962.7	963.2	935.9	923.0	831.8	743.3	810.0	817.1
生猪出栏头数(万头)	5951.0	6279.0	6141.7	5990.8	6116.3	5993.7	4812.9	4658.9	6121.8
牛出栏头数(万头)	136.8	139.1	142.5	143.4	147.0	152.7	162.5	174.6	180.7
禽出笼只数(万羽)	41324.9	40089.6	41528.0	42732.9	42263.8	42476.7	51057.0	54403.6	54025.2
生活及消费(元/人)									
全体居民可支配收入		17621.7	19317.5	21114.8	23102.7	25241.0	27680.0	29380.0	31993.7
城镇居民可支配收入	24352.0	26570.2	28838.1	31283.9	33947.9	36698.0	39842.0	41698.0	44866.1
城镇居民消费性支出	16867.3	18334.7	19501.4	21420.0	23162.6	25064.0	26924.0	26796.0	28293.8
农村居民可支配收入(纯收入)	9028.6	10060.2	10992.5	11930.4	12935.8	14093.0	15395.0	16585.0	18295.2
农民生活消费支出	7832.6	9024.8	9690.6	10629.9	11533.6	12721.0	13969.0	14974.0	16950.7

注：1.本表价值量指标均按当年价格计算。
2.粮食产量1988年起为抽样调查数，棉花产量1998年起为抽样调查数。
3.从2011年开始人口数为常住人口。
4.归口统计局的数据为统计公报数(下同)。

1-2 国内生产总值

单位：亿元

年 份	国内生产总值			
		第一产业	第二产业	第三产业
1978	146.99	59.83	59.82	27.34
1979	178.01	79.40	68.42	30.19
1980	191.72	81.14	76.99	33.59
1981	209.68	93.29	77.78	38.61
1982	232.52	107.99	82.51	42.02
1983	257.43	117.79	93.37	46.27
1984	287.29	128.28	104.34	54.67
1985	349.95	147.72	127.08	75.15
1986	397.68	165.28	143.31	89.09
1987	469.44	187.09	172.45	109.90
1988	584.07	217.03	221.28	145.76
1989	640.80	234.31	238.15	168.34
1990	744.44	279.09	249.98	215.37
1991	833.30	301.02	281.95	250.33
1992	986.98	323.91	337.17	325.90
1993	1244.71	383.68	470.05	390.98
1994	1650.02	532.89	589.72	527.41
1995	2132.13	685.30	770.67	676.16
1996	2540.13	793.98	920.06	826.09
1997	2849.27	855.75	1041.79	951.73
1998	3025.53	828.31	1123.08	1074.14
1999	3214.54	778.25	1192.99	1243.30
2000	3551.49	784.92	1293.18	1473.39
2001	3831.90	825.73	1412.82	1593.35
2002	4151.54	847.25	1523.50	1780.79
2003	4659.99	886.47	1777.74	1995.78
2004	5641.94	1156.80	2190.54	2294.60
2005	6511.34	1255.08	2596.71	2659.55
2006	7568.89	1332.23	3151.70	3084.96
2007	9200.00	1626.52	3916.44	3657.04
2008	11156.64	2007.40	4933.08	4216.16
2009	13059.69	1969.69	5687.19	5402.81
2010	16037.96	2325.50	7343.19	6369.27
2011	19635.19	2733.66	9324.73	7576.80
2012	22154.20	3004.20	10506.40	8643.60
2013	24501.67	3099.23	11517.35	9885.09
2014	27048.5	3148.8	12481.9	11417.8
2015	29047.2	3331.6	12955.4	12760.2
2016	31244.7	3578.4	13181.0	14485.3
2017	34590.56	3689.96	14145.49	16755.11
2018	36425.78	3083.59	14453.54	18888.65
2019	39752.12	3646.95	14946.98	21158.19
2020	41781.5	4240.4	15937.7	21603.4
2021	46063.1	4322.9	18126.1	23614.1

注：本表按当年价格计算。

1-3　国内生产总值分产业构成

单位：%

年　份	第一产业	第二产业	第三产业
1978	40.7	40.7	18.6
1979	44.6	38.4	17.0
1980	42.3	40.2	17.5
1981	44.5	37.1	18.4
1982	46.4	35.5	18.1
1983	45.8	36.3	17.9
1984	44.7	36.3	19.0
1985	42.2	36.3	21.5
1986	41.6	36.0	22.4
1987	39.9	36.7	23.4
1988	37.2	37.9	24.9
1989	36.6	37.2	26.2
1990	37.5	33.6	28.9
1991	36.1	33.8	30.1
1992	32.8	34.2	33.0
1993	30.8	37.8	31.4
1994	32.3	35.7	32.0
1995	32.1	36.1	31.8
1996	31.3	36.2	32.5
1997	30.0	36.6	33.4
1998	27.4	37.1	35.5
1999	24.2	37.1	38.7
2000	22.1	36.4	41.5
2001	21.5	36.9	41.6
2002	20.4	36.7	42.9
2003	19.0	38.1	42.9
2004	20.5	38.8	40.7
2005	19.3	39.9	40.8
2006	17.6	41.6	40.8
2007	17.7	42.6	39.7
2008	18.0	44.2	37.8
2009	15.1	43.5	41.4
2010	14.5	45.8	39.7
2011	13.9	47.5	38.6
2012	13.6	47.4	39.0
2013	12.6	47.0	40.3
2014	11.6	46.2	42.2
2015	11.5	44.6	43.9
2016	11.5	42.2	46.4
2017	10.7	40.9	48.4
2018	8.5	39.7	51.8
2019	9.2	37.6	53.2
2020	10.1	38.2	51.7
2021	9.4	39.3	51.3

1-4 总人口(年底数)

年 份	总人口(万人)	男	女	城镇	乡村	性别比(女=100)	城镇化水平(%)
1950	3074.34	1601.97	1472.37	245.79	2828.55	108.80	7.99
1955	3472.83	1831.58	1641.25	327.94	3144.89	111.60	9.44
1960	3569.37	1857.07	1712.30	404.63	3164.74	108.45	11.34
1965	3901.47	2022.78	1878.69	405.64	3495.83	107.67	10.40
1970	4480.76	2324.73	2156.03	481.97	3998.79	107.82	10.76
1975	4991.36	2594.18	2397.18	531.82	4459.54	108.22	10.65
1980	5280.95	2740.40	2540.55	671.05	4609.90	107.87	12.71
1985	5622.49	2928.44	2694.05	915.90	4706.59	108.70	16.29
1986	5695.73	2966.85	2728.88	963.15	4732.58	108.72	16.91
1987	5782.61	3012.59	2770.02	1003.28	4779.33	108.76	17.35
1988	5915.68	3079.65	2836.03	1044.12	4871.56	108.59	17.65
1989	6013.62	3130.76	2882.86	1049.25	4964.37	108.60	17.45
1990	6110.89	3178.31	2932.58	1072.46	5038.43	108.38	17.55
1991	6166.33	3208.42	2957.91	1147.86	5018.47	108.47	18.61
1992	6207.78	3231.73	2976.05	1217.74	4990.04	108.59	19.62
1993	6245.58	3249.20	2996.38	1205.95	5039.63	108.44	19.31
1994	6302.58	3279.07	3023.51	1356.56	4946.02	108.45	21.52
1995	6392.00	3322.27	3069.73	1550.99	4841.01	108.23	24.26
1996	6428.00	3339.25	3088.75	1606.95	4821.05	108.11	25.00
1997	6465.00	3356.43	3108.57	1629.00	4836.00	107.97	25.20
1998	6502.00	3374.33	3127.67	1684.00	4818.00	107.89	25.90
1999	6532.00	3389.32	3142.68	1724.00	4808.00	107.85	26.39
2000	6562.05	3422.77	3139.28	1952.21	4609.84	109.03	29.75
2001	6595.85	3409.72	3186.13	2031.52	4564.33	107.02	30.80
2002	6628.50	3433.56	3194.94	2121.12	4507.38	107.47	32.00
2003	6662.80	3453.33	3209.47	2232.04	4430.76	107.60	33.50
2004	6697.70	3470.75	3226.95	2377.68	4320.02	107.56	35.50
2005	6732.10	3490.59	3241.51	2490.88	4241.22	107.68	37.00
2006	6768.10	3513.35	3254.75	2619.93	4148.17	107.95	38.71
2007	6805.70	3533.87	3271.83	2752.91	4052.79	108.01	40.50
2008	6845.20	3549.30	3295.90	2885.25	3959.95	107.69	42.10
2009	6900.20	3583.24	3316.96	2980.89	3919.31	108.03	43.20
2010	7089.53	3674.49	3415.04	3069.77	4019.76	107.60	43.30
2011	7135.60	3699.10	3436.50	3218.16	3917.44	107.64	45.10
2012	6638.93	3415.68	3223.25	3097.06	3541.87	105.97	46.65
2013	6690.60	3451.50	3239.10	3208.81	3481.79	106.56	47.96
2014	6737.2	3471.1	3266.1	3320.1	3417.1	106.28	49.28
2015	6783.0	3496.1	3286.9	3451.9	3331.1	106.36	50.89
2016	6822.0	3517.6	3304.4	3598.6	3223.4	106.45	52.75
2017	6860.2	3534.8	3325.4	3747.0	3113.1	106.30	54.62
2018	6898.8	3558.4	3340.4	3864.7	3034.1	106.53	56.02
2019	6918.4	3571.0	3347.4	3958.7	2959.7	106.68	57.22
2020	6644.49	3399.57	3244.92	3904.62	2739.87	104.77	58.76
2021	6622.00	3392.00	3230.00	3954.01	2667.99	105.02	59.71

注：2012年起，总人口指标调整为常住人口。

1-5 主要年份城乡居民生活发展状况

指 标	2010		2013		2014		2015		2016	
	城镇	农村	城镇	农村	城镇	农村	城镇	农村	城镇	农村
户均常住人口(人)	2.90	3.88	2.94	3.97	2.90	3.19	3.00	3.28	3.1	3.22
居民可支配收入(元/人)	16565.70	5621.96	24351.99	9028.55	26570.2	10060.17	28838.10	10992.5	31283.9	11930.4
居民生活消费支出(元/人)	11825.33	4310.37	16867.25	7832.64	18334.7	9024.84	19501.40	9690.6	21420	10629.9
教育文化娱乐支出(元/人)	1418.85	315.93	2016.38	733.77	2537.5	1112.12	2934.10	1276.4	3406.1	1477.3
交通通信支出(元/人)	1541.40	343.82	2141.20	798.84	2462.1	871.88	2430.20	920.2	2837.1	1083.1
医疗保健支出(元/人)	776.85	293.59	1022.80	747.08	1209.8	771.41	1174.60	844.1	1362.6	986.5
就业者负担人数(人)	2.07	1.36	1.95	1.51	1.81	1.50	1.90	1.50	1.96	1.68
居住面积(平方米/人)	37.51	42.01	39.97	52.93	39.52	54.25	41.02	57.26	44.04	60.63
耐用消费品拥有量(台/百户)										
彩色电视机	125.80	96.08	115.03	113.72	116.58	112.17	115.23	112.53	117.21	114.03
普通电话	72.00	54.56	41.34	24.07	48.91	27.93	39.26	19.70	31.57	16.49
移动电话	169.53	122.87	213.37	238.60	223.81	227.35	235.36	242.07	249.52	259.48
家用电脑	52.68	4.39	65.77	18.49	71.28	19.34	76.66	19.76	78.29	20.57
汽车	7.69	0.84	17.99	5.47	21.05	5.94	25.27	8.09	32.02	11.25
空调器	108.37	10.54	121.92	33.33	129.24	34.00	139.61	36.19	154.97	42.32

1-5 续表

指 标	2017		2018		2019		2020		2021	
	城镇	农村	城镇	农村	城镇	农村	城镇	农村	城镇	农村
户均常住人口(人)	3.03	3.18	3.17	3.23	3.15	3.18	3.15	3.23	3.22	3.16
居民可支配收入(元/人)	33947.9	12935.8	36698.3	14092.5	39841.9	15394.8	41697.5	16584.6	44866.1	18295.2
居民生活消费支出(元/人)	23162.6	11533.6	25064.2	12720.5	26924.0	13968.8	26796.4	14974.0	28293.8	16950.7
教育文化娱乐支出(元/人)	3972.9	1710.2	3924.5	1678.6	4172.2	1851.0	3360.8	1783.8	3859.5	2212.1
交通通信支出(元/人)	2904.6	1234.5	3220.3	1449.7	3425.2	1642.9	3722.5	1730.5	3802.7	1921.0
医疗保健支出(元/人)	1693.0	1171.8	2034.5	1385.5	2305.2	1614.5	2350.5	1706.6	2399.2	1827.5
就业者负担人数(人)	1.98	1.71	2.03	1.83	2.02	1.87	2.06	1.95	1.99	1.85
居住面积(平方米/人)	46.48	63.52	48.76	63.57	49.66	63.94	51.13	65.28	52.30	63.89
耐用消费品拥有量(台/百户)										
彩色电视机	119.14	115.45	119.81	113.36	120.07	115.00	119.61	115.93	117.82	112.76
普通电话	30.03	17.89	15.32	11.33	9.96	7.83	7.80	5.25	5.57	4.35
移动电话	253.98	267.22	272.68	285.56	274.79	286.00	274.75	288.45	278.27	292.93
家用电脑	79.62	22.18	74.94	27.43	74.93	27.25	73.46	27.73	56.64	26.29
家用汽车	34.32	12.46	33.10	12.51	36.33	14.62	43.24	20.96	46.64	26.02
空调器	159.76	45.87	179.96	65.83	184.98	71.79	182.84	72.38	191.07	91.75

二、住户调查

资料整理人员：罗金城

2-1 湖南居民收支与生活状况调查基本情况

指　标	2016	2017	2018	2019	2020	2021
基本情况						
户均常住人口(人/户)	3.13	3.11	3.20	3.16	3.19	3.19
户均常住从业人口(人/户)	1.74	1.69	1.66	1.63	1.59	1.66
平均每户家庭从业人口比重(%)	55.50	54.58	51.88	51.47	62.89	60.20
平均每一从业人口负担人数(包括从业者本人)(人)	1.80	1.83	1.93	1.94	2.01	1.92
住户成员受教育程度(6岁以上)(%)						
未上过学	2.52	2.63	3.13	2.98	2.83	2.30
小学	25.71	28.51	28.92	28.26	28.48	27.72
初中	36.79	33.83	33.43	33.69	33.56	35.09
高中	20.18	20.24	18.96	19.38	19.31	20.70
大学专科	8.65	8.57	8.71	8.78	8.76	8.04
大学本科及以上	6.14	6.22	6.85	6.91	7.07	6.15
常住从业人员就业类型(%)						
雇主	1.52	1.02	0.77	0.71	0.32	0.32
公职人员	3.30	3.53	3.99	4.30	4.04	3.06
事业单位人员	6.16	6.29	6.28	6.19	5.96	5.29
国有企业雇员	4.46	4.18	3.13	3.04	2.80	2.20
其他雇员	36.31	38.41	42.14	43.38	43.00	45.79
农业自营	35.59	34.02	31.15	29.09	29.76	28.82
非农自营	12.67	12.55	12.54	13.29	14.11	14.52
常住从业人员从事主要行业(%)						
第一产业	36.76	35.23	32.22	30.07	30.74	30.06
第二产业	20.64	20.49	20.13	20.14	19.90	23.21
第三产业	42.60	44.28	47.65	49.79	49.36	46.73
常住劳动力文化程度(%)						
未上过学	1.76	1.68	2.28	2.11	2.26	1.69
小学	22.12	21.17	21.62	20.94	21.75	21.01
初中	39.84	39.09	38.11	38.36	38.01	40.59
高中	20.15	22.23	20.82	21.40	20.89	21.70
大学专科	9.60	10.03	10.34	10.29	10.12	9.34
大学本科及以上	6.53	5.80	6.84	6.90	6.99	5.67
常住户家庭收入与支出						
居民可支配收入(元/人)	21114.79	23102.71	25240.75	27679.71	29379.86	31992.73
居民现金可支配收入(元/人)	20004.05	21807.70	23880.60	26124.33	27229.26	30130.93
现金可支配收入占可支配收入比重(%)	94.74	94.39	94.61	94.38	92.68	94.18
居民消费支出(元/人)	15750.46	17160.40	18807.94	20478.88	20997.62	22798.17
居民现金消费支出(元/人)	13265.77	14507.60	15681.66	17069.05	17337.17	18913.69
居民现金消费支出占消费支出比重(%)	84.22	84.54	83.38	83.35	82.57	82.96

2-2 湖南居民可支配收入和现金可支配收入

指 标	2016		2017		2018		2019		2020		2021	
	绝对数	构成	绝对数	构成	绝对数	构成	绝对数	构成	绝对数	构成	绝对数	构成
	(元/人)	(%)	(元/人)	(%)	(元/人)	(%)	(元/人)	(%)	(元/人)	(%)	(元/人)	(%)
可支配收入	**21114.8**		**23102.7**		**25240.7**		**27679.7**		**29379.9**		**31992.7**	
工资性收入	10796.9	51.1	11836.6	51.2	12797.9	50.7	13917.5	50.3	14664.5	49.9	15926.6	49.8
工资	10151.1	48.1	11132.4	48.2	12258.4	48.6	13311.0	48.1	13990.4	47.6	15216.1	47.6
实物福利	56.7	0.3	61.6	0.3	97.4	0.4	101.9	0.4	114.5	0.4	137.1	0.4
其他	589.1	2.8	642.6	2.8	442.2	1.8	504.6	1.8	559.6	1.9	573.4	1.8
经营净收入	4233.8	20.1	4483.5	19.4	5015.9	19.9	5609.3	20.3	6033.9	20.5	6709.5	21.0
第一产业净收入	1408.5	6.7	1436.4	6.2	1509.0	6.0	1655.7	6.0	1849.2	6.3	2134.1	6.7
农业	978.7	4.6	999.8	4.3	1047.3	4.1	1129.5	4.1	1286.3	4.4	1482.9	4.6
林业	54.7	0.3	59.7	0.3	106.0	0.4	89.8	0.3	76.0	0.3	102.4	0.3
牧业	312.3	1.5	307.6	1.3	266.4	1.1	320.8	1.2	379.8	1.3	415.1	1.3
渔业	62.8	0.3	69.3	0.3	89.2	0.4	115.7	0.4	107.1	0.4	133.7	0.4
第二产业经营净收入	474.7	2.2	507.1	2.2	589.9	2.3	653.6	2.4	693.1	2.4	747.3	2.3
第三产业经营净收入	2350.6	11.1	2540.1	11.0	2917.0	11.6	3299.9	11.9	3491.6	11.9	3828.1	12.0
财产净收入	1503.5	7.1	1626.8	7.0	1923.1	7.6	2089.2	7.5	2226.1	7.6	2413.5	7.5
转移净收入	4580.7	21.7	5155.7	22.3	5503.8	21.8	6063.7	21.9	6455.4	22.0	6943.2	21.7
转移性收入	5337.0	25.3	6016.6	26.0	6692.1	26.5	7342.3	26.5	7797.3	26.5	8424.5	26.3
养老金或离退休金	3334.7	15.8	3751.6	16.2	3462.9	13.7	3849.8	13.9	3933.3	13.4	4096.1	12.8
现金可支配收入	**20004.1**		**21807.7**		**23880.6**		**26124.3**		**27229.3**		**30130.9**	
现金工资性收入	10740.2	53.7	11775.0	54.0	12700.5	53.2	13815.6	52.9	14550.0	53.4	15789.5	52.4
工资	10151.1	50.7	11132.4	51.0	12258.4	51.3	13311.0	51.0	13990.4	51.4	15216.1	50.5
其他工资性收入	589.1	2.9	642.6	2.9	442.2	1.9	504.6	1.9	559.6	2.1	573.4	1.9
现金经营净收入	3994.1	20.0	4160.4	19.1	4933.5	20.7	5462.9	20.9	5419.5	19.9	6339.1	21.0
第一产业净收入	931.4	4.7	868.1	4.0	1059.0	4.4	1164.4	4.5	904.9	3.3	1453.2	4.8
农业	560.7	2.8	524.1	2.4	687.9	2.9	760.1	2.9	532.3	2.0	986.6	3.3
林业	37.4	0.2	29.4	0.1	70.5	0.3	49.3	0.2	43.6	0.2	52.3	0.2
牧业	279.7	1.4	256.4	1.2	217.2	0.9	242.8	0.9	227.3	0.8	281.8	0.9
渔业	53.7	0.3	58.2	0.3	83.4	0.3	112.2	0.4	101.7	0.4	132.5	0.4
第二产业净收入	523.0	2.6	559.2	2.6	702.6	2.9	734.8	2.8	792.4	2.9	865.4	2.9
第三产业净收入	2539.7	12.7	2733.1	12.5	3171.9	13.3	3563.7	13.6	3722.2	13.7	4020.4	13.3
现金财产净收入	869.3	4.3	945.0	4.3	1070.7	4.5	1167.0	4.5	1268.0	4.7	1500.7	5.0
现金转移净收入	4400.3	22.0	4927.2	22.6	5175.8	21.7	5678.8	21.7	5991.8	22.0	6501.7	21.6
现金转移性收入	5156.7	25.8	5788.0	26.5	6364.2	26.7	6957.4	26.6	7333.7	26.9	7982.9	26.5
养老金或离退休金	3334.7	16.7	3751.6	17.2	3462.9	14.5	3849.8	14.7	3933.3	14.4	4096.1	13.6

2-3 湖南居民消费支出和现金消费支出

指标	2016		2017		2018		2019		2020		2021	
	绝对数	构成	绝对数	构成	绝对数	构成	绝对数	构成	绝对数	构成	绝对数	构成
	(元/人)	(%)	(元/人)	(%)	(元/人)	(%)	(元/人)	(%)	(元/人)	(%)	(元/人)	(%)
消费支出	**15750.5**		**17160.4**		**18807.9**		**20478.9**		**20997.6**		**22798.2**	
食品烟酒	4812.0	30.6	5003.6	29.2	5260.0	28.0	5771.0	28.2	6251.7	29.8	6736.5	29.5
衣着	1057.9	6.7	1086.1	6.3	1215.5	6.5	1262.2	6.2	1236.9	5.9	1329.3	5.8
居住	3104.6	19.7	3428.9	20.0	3976.1	21.1	4306.1	21.0	4436.2	21.1	4811.5	21.1
生活用品及服务	993.1	6.3	1054.0	6.1	1190.2	6.3	1226.2	6.0	1289.0	6.1	1411.2	6.2
交通通信	1915.5	12.2	2042.6	11.9	2322.9	12.4	2538.5	12.4	2745.5	13.1	2891.0	12.7
教育文化娱乐	2392.7	15.2	2805.1	16.3	2786.2	14.8	3017.4	14.7	2587.3	12.3	3061.3	13.4
医疗保健	1165.0	7.4	1424.0	8.3	1705.5	9.1	1961.6	9.6	2034.7	9.7	2122.2	9.3
其他用品和服务	309.8	2.0	316.1	1.8	351.5	1.9	395.8	1.9	416.3	2.0	435.0	1.9
现金消费支出	**13265.8**		**14507.6**		**15681.7**		**17069.1**		**17337.2**		**18913.7**	
食品烟酒	4344.0	32.7	4514.3	31.1	4826.4	30.8	5325.0	31.2	5677.4	32.7	6108.2	32.3
衣着	1057.0	8.0	1085.7	7.5	1214.4	7.7	1261.5	7.4	1236.4	7.1	1328.6	7.0
居住	1269.6	9.6	1495.3	10.3	1609.8	10.3	1745.9	10.2	1822.0	10.5	2000.8	10.6
生活用品及服务	990.4	7.5	1051.3	7.2	1186.5	7.6	1216.2	7.1	1280.4	7.4	1397.9	7.4
交通通信	1913.9	14.4	2041.0	14.1	2308.9	14.7	2527.4	14.8	2734.8	15.8	2879.7	15.2
教育文化娱乐	2392.3	18.0	2804.6	19.3	2785.2	17.8	3016.1	17.7	2586.5	14.9	3060.7	16.2
医疗保健	990.8	7.5	1201.7	8.3	1404.4	9.0	1585.5	9.3	1590.9	9.2	1709.0	9.0
其他用品和服务	307.8	2.3	313.7	2.2	346.2	2.2	391.4	2.3	408.7	2.4	428.8	2.3
现金消费支出占消费支出比重		**84.2**		**84.5**		**83.4**		**83.3**		**82.6**		**83.0**
食品烟酒		90.3		90.2		91.8		92.3		90.8		90.7
衣着		99.9		100.0		99.9		99.9		100.0		99.9
居住		40.9		43.6		40.5		40.5		41.1		41.6
生活用品及服务		99.7		99.7		99.7		99.2		99.3		99.1
交通通信		99.9		99.9		99.4		99.6		99.6		99.6
教育文化娱乐		100.0		100.0		100.0		100.0		100.0		100.0
医疗保健		85.0		84.4		82.3		80.8		78.2		80.5
其他用品和服务		99.3		99.3		98.5		98.9		98.2		98.6

2-4 湖南居民消费支出细项

指 标	2016		2017		2018		2019		2020		2021	
	绝对数	构成	绝对数	构成	绝对数	构成	绝对数	构成	绝对数	构成	绝对数	构成
	(元/人)	(%)	(元/人)	(%)	(元/人)	(%)	(元/人)	(%)	(元/人)	(%)	(元/人)	(%)
消费支出	**15750.5**		**17160.4**		**18807.9**		**20478.9**		**20997.6**		**22798.2**	
食品烟酒	4812.0	30.6	5003.6	29.2	5260.0	28.0	5771.0	28.2	6251.7	29.8	6736.5	29.5
食品	3631.2	23.1	3729.3	21.7	3653.1	19.4	3899.7	19.0	4502.2	21.4	4633.3	20.3
烟酒	470.8	3.0	468.8	2.7	522.0	2.8	581.9	2.8	610.7	2.9	739.2	3.2
饮料	78.9	0.5	86.6	0.5	86.7	0.5	93.7	0.5	99.4	0.5	122.6	0.5
饮食服务	631.1	4.0	718.9	4.2	998.3	5.3	1195.7	5.8	1039.4	5.0	1241.4	5.4
衣着	1057.9	6.7	1086.1	6.3	1215.5	6.5	1262.2	6.2	1236.9	5.9	1329.3	5.8
衣类	824.0	5.2	852.3	5.0	1001.5	5.3	1035.4	5.1	1013.9	4.8	1090.4	4.8
鞋类	233.8	1.5	233.9	1.4	214.0	1.1	226.9	1.1	223.0	1.1	238.9	1.0
居住	3104.6	19.7	3428.9	20.0	3976.1	21.1	4306.1	21.0	4436.2	21.1	4811.5	21.1
租赁房房租	76.8	0.5	89.3	0.5	128.3	0.7	142.7	0.7	125.8	0.6	104.2	0.5
住房维修及管理	501.8	3.2	630.5	3.7	717.6	3.8	819.1	4.0	887.6	4.2	1018.2	4.5
水电燃料及其他	702.7	4.5	802.0	4.7	793.8	4.2	822.6	4.0	837.1	4.0	927.1	4.1
自有住房折算租金	1823.3	11.6	1907.1	11.1	2336.3	12.4	2521.7	12.3	2585.6	12.3	2762.0	12.1
生活用品及服务	993.1	6.3	1054.0	6.1	1190.2	6.3	1226.2	6.0	1289.0	6.1	1411.2	6.2
家具及室内装饰品	146.9	0.9	172.7	1.0	186.2	1.0	201.3	1.0	228.7	1.1	235.7	1.0
家用器具	274.2	1.7	285.5	1.7	355.0	1.9	317.4	1.5	335.2	1.6	412.8	1.8
家用纺织品	95.7	0.6	104.6	0.6	113.0	0.6	126.5	0.6	117.0	0.6	130.0	0.6
家庭日用杂品	260.8	1.7	265.0	1.5	269.9	1.4	274.6	1.3	281.5	1.3	292.6	1.3
个人护理用品	139.0	0.9	157.5	0.9	201.6	1.1	234.4	1.1	254.3	1.2	267.6	1.2
家庭服务	76.5	0.5	68.7	0.4	64.4	0.3	72.0	0.4	72.2	0.3	72.5	0.3
交通通信	1915.5	12.2	2042.6	11.9	2322.9	12.4	2538.5	12.4	2745.5	13.1	2891.0	12.7
交通	1271.8	8.1	1410.2	8.2	1709.6	9.1	1976.6	9.7	2095.6	10.0	2196.7	9.6
通信	643.7	4.1	632.4	3.7	613.2	3.3	561.9	2.7	649.9	3.1	694.4	3.0
教育文化娱乐	2392.7	15.2	2805.1	16.3	2786.2	14.8	3017.4	14.7	2587.3	12.3	3061.3	13.4
教育	1477.4	9.4	1694.1	9.9	1656.0	8.8	1977.6	9.7	1861.2	8.9	2317.7	10.2
文化娱乐	915.2	5.8	1111.0	6.5	1130.2	6.0	1039.8	5.1	726.1	3.5	743.6	3.3
医疗保健	1165.0	7.4	1424.0	8.3	1705.5	9.1	1961.6	9.6	2034.7	9.7	2122.2	9.3
医疗器具及药品	404.8	2.6	455.4	2.7	513.6	2.7	513.2	2.5	537.9	2.6	521.6	2.3
医疗服务	760.1	4.8	968.6	5.6	1191.9	6.3	1448.4	7.1	1496.9	7.1	1600.6	7.0
其他用品和服务	309.8	2.0	316.1	1.8	351.5	1.9	395.8	1.9	416.3	2.0	435.0	1.9
其他用品	186.3	1.2	187.4	1.1	199.7	1.1	218.4	1.1	229.2	1.1	235.9	1.0
其他服务	123.5	0.8	128.7	0.7	151.8	0.8	177.4	0.9	187.2	0.9	199.1	0.9

2-5 湖南居民现金消费支出细项

指标	2016		2017		2018		2019		2020		2021	
	绝对数 (元/人)	构成 (%)	绝对数 (元/人)	构成 (%)	绝对数 (元/人)	构成 (%)	绝对数 (元/人)	构成 (%)	绝对数 (元/人)	构成 (%)	绝对数 (元/人)	构成 (%)
现金消费支出	**13265.8**		**14507.6**		**15681.7**		**17069.1**		**17337.2**		**18913.7**	
食品烟酒	4344.0	33.9	4514.3	31.1	4826.4	30.8	5325.0	31.2	5677.4	32.7	6108.2	32.3
食品	3208.1	24.7	3289.7	22.7	3288.0	21.0	3520.7	20.6	4001.4	23.1	4099.2	21.7
烟酒	469.6	3.7	467.8	3.2	521.4	3.3	581.6	3.4	610.3	3.5	739.1	3.9
饮料	78.6	0.7	86.1	0.6	85.1	0.5	92.4	0.5	97.6	0.6	119.5	0.6
饮食服务	587.7	4.9	670.8	4.6	931.9	5.9	1130.2	6.6	968.1	5.6	1150.4	6.1
衣着	1057.0	8.6	1085.7	7.5	1214.4	7.7	1261.5	7.4	1236.4	7.1	1328.6	7.0
衣类	823.2	6.6	851.8	5.9	1000.3	6.4	1034.6	6.1	1013.5	5.8	1089.7	5.8
鞋类	233.8	1.9	233.9	1.6	214.0	1.4	226.9	1.3	223.0	1.3	238.9	1.3
居住	1269.6	9.7	1495.3	10.3	1609.8	10.3	1745.9	10.2	1822.0	10.5	2000.8	10.6
租赁房房租	76.8	0.7	89.3	0.6	128.3	0.8	142.7	0.8	125.8	0.7	104.2	0.6
住房维修及管理	501.8	3.7	630.5	4.3	717.6	4.6	819.1	4.8	887.6	5.1	1018.2	5.4
水电燃料及其他	691.0	5.4	775.4	5.3	763.8	4.9	784.2	4.6	808.6	4.7	878.4	4.6
生活用品及服务	990.4	7.3	1051.3	7.2	1186.5	7.6	1216.2	7.1	1280.4	7.4	1397.9	7.4
家具及室内装饰品	146.8	1.2	172.5	1.2	186.2	1.2	201.2	1.2	228.4	1.3	235.4	1.2
家用器具	274.2	1.9	285.5	2.0	355.0	2.3	317.4	1.9	335.2	1.9	412.8	2.2
家用纺织品	95.7	0.8	104.6	0.7	113.0	0.7	126.5	0.7	117.0	0.7	130.0	0.7
家庭日用杂品	258.2	2.1	262.5	1.8	266.2	1.7	264.6	1.6	273.3	1.6	279.7	1.5
个人护理用品	139.0	1.0	157.5	1.1	201.6	1.3	234.4	1.4	254.3	1.5	267.6	1.4
家庭服务	76.5	0.3	68.7	0.5	64.4	0.4	72.0	0.4	72.2	0.4	72.5	0.4
交通通信	1913.9	13.5	2041.0	14.1	2308.9	14.7	2527.4	14.8	2734.8	15.8	2879.7	15.2
交通	1270.2	8.6	1408.6	9.7	1695.6	10.8	1965.5	11.5	2084.9	12.0	2185.3	11.6
通信	643.7	4.9	632.4	4.4	613.2	3.9	561.9	3.3	649.9	3.7	694.4	3.7
教育文化娱乐	2392.3	17.1	2804.6	19.3	2785.2	17.8	3016.1	17.7	2586.5	14.9	3060.7	16.2
教育	1477.4	10.9	1694.0	11.7	1656.0	10.6	1977.6	11.6	1861.0	10.7	2317.7	12.3
文化娱乐	914.8	6.2	1110.5	7.7	1129.1	7.2	1038.5	6.1	725.4	4.2	742.9	3.9
医疗保健	990.8	7.1	1201.7	8.3	1404.4	9.0	1585.5	9.3	1590.9	9.2	1709.0	9.0
医疗器具及药品	403.4	3.1	454.6	3.1	511.3	3.3	512.4	3.0	536.4	3.1	521.1	2.8
医疗服务	587.4	4.0	747.1	5.1	893.0	5.7	1073.0	6.3	1054.4	6.1	1187.9	6.3
其他用品和服务	307.8	2.8	313.7	2.2	346.2	2.2	391.4	2.3	408.7	2.4	428.8	2.3
其他用品	185.7	1.7	186.4	1.3	198.1	1.3	216.1	1.3	224.5	1.3	232.0	1.2
其他服务	122.1	1.1	127.3	0.9	148.1	0.9	175.3	1.0	184.2	1.1	196.8	1.0

2-6 湖南居民主要食品消费量

单位：公斤/人

指　　标	2016	2017	2018	2019	2020	2021
粮食	144.4	146.6	137.6	144.1	157.2	161.5
谷物	136.0	138.1	128.4	134.2	146.6	151.2
薯类	1.3	1.3	1.4	1.3	1.4	1.2
豆类	7.1	7.2	7.8	8.6	9.1	9.1
#大豆	0.9	0.8	1.1	0.6	0.6	0.5
食用油	11.9	12.4	11.8	11.7	12.5	14.0
#食用植物油	9.3	9.7	9.0	9.5	10.6	11.1
蔬菜及食用菌	101.4	104.9	94.4	97.9	104.5	104.4
#鲜菜	99.2	102.3	91.4	94.5	101.5	101.8
肉类及其制品	29.5	31.8	34.5	30.3	27.1	36.9
#猪肉	25.1	27.1	29.8	25.7	22.7	32.0
牛肉	1.8	1.9	1.9	2.2	2.2	2.2
羊肉	0.6	0.7	0.6	0.6	0.6	0.7
家禽	10.7	10.7	10.8	13.7	15.8	15.3
水产品	12.3	11.8	11.9	14.8	14.6	14.6
蛋类	7.6	8.0	7.8	8.7	10.3	10.9
奶类	5.4	5.7	6.7	6.9	7.4	8.9
干鲜瓜果类	52.2	53.0	57.5	60.6	57.0	61.9
#鲜瓜果	47.8	48.5	52.8	55.2	52.2	56.8
坚果类	3.2	3.5	3.5	4.0	3.6	3.9
食糖	1.4	1.4	1.3	1.2	1.2	1.1

2-7 湖南居民年末主要耐用消费品拥有量

单位：平均每百户

指　　标	2016	2017	2018	2019	2020	2021
家用汽车(辆)	21.39	23.30	22.76	25.58	32.44	36.56
摩托车(辆)	56.31	56.02	57.74	57.19	56.88	60.69
电动助力车(台)	18.02	20.70	21.88	25.21	26.75	32.23
洗衣机(台)	87.44	90.43	95.06	97.17	97.89	100.78
电冰箱、柜(台)	95.79	98.07	101.89	103.82	105.37	108.74
微波炉(台)	25.83	27.08	25.69	26.46	26.50	26.36
彩色电视机(台)	115.04	117.28	116.57	117.56	117.83	115.35
空调(台)	96.97	102.35	122.63	128.92	129.30	142.50
热水器(台)	74.52	78.47	88.47	91.25	94.27	97.11
排油烟机(台)	43.28	47.36	52.86	56.73	57.26	60.35
固定电话(线)	23.83	23.91	13.32	8.90	6.56	4.98
移动电话(部)	253.33	260.65	279.15	280.34	281.39	285.44
计算机(台)	48.65	50.66	51.08	51.31	51.29	41.80
照相机(台)	13.47	13.67	10.01	9.83	9.84	5.31

2-8 湖南居民第一产业生产经营收支情况

单位：元/人

指　标	2016	2017	2018	2019	2020	2021
生产经营收入	1408.5	1436.4	1509.0	1655.7	1849.2	2134.1
农业	978.7	999.8	1047.3	1129.5	1286.3	1482.9
林业	54.7	59.7	106.0	89.8	76.0	102.4
牧业	312.3	307.6	266.4	320.8	379.8	415.1
渔业	62.8	69.3	89.2	115.7	107.1	133.7
生产经营现金收入	2091.3	2068.2	2356.3	2366.7	2178.7	2945.3
农业	1013.3	1029.1	1315.2	1421.7	1240.7	1790.4
林业	49.8	41.1	105.3	73.5	66.3	87.6
牧业	940.3	901.9	744.2	614.5	593.5	695.6
渔业	87.9	96.1	191.6	257.0	278.2	371.7
生产经营费用支出	1241.1	1272.8	1361.9	1263.6	1330.2	1559.7
农业	470.6	522.7	647.9	676.3	719.3	813.7
林业	12.4	11.7	34.8	24.2	22.7	35.3
牧业	723.8	700.4	570.4	406.7	410.2	469.0
渔业	34.3	37.9	108.9	156.3	177.9	241.7
生产经营现金费用支出	1159.8	1200.0	1297.3	1202.3	1273.8	1492.1
农业	452.6	505.0	627.3	661.6	708.4	803.8
林业	12.4	11.7	34.8	24.2	22.7	35.3
牧业	660.6	645.5	527.0	371.6	366.2	413.8
渔业	34.2	37.9	108.1	144.8	176.5	239.2

2-9 历年城镇居民生活

年　份	人均可支配收入	指数（1978年为100）	消费支出	#食品支出	每一就业者负担人数（人）	人均居住面积（平方米）
1978	323.9	100.0	289.6	166.1	1.90	3.90
1980	475.9	125.2	425.5	244.1	1.76	4.30
1981	505.1	118.7	465.8	260.3	1.72	4.80
1982	519.0	116.8	449.4	264.5	1.70	5.10
1983	564.0	123.2	492.7	289.4	1.72	5.40
1984	645.0	138.0	540.8	310.4	1.71	5.80
1985	760.8	161.8	685.3	366.5	1.88	6.00
1986	904.4	182.5	775.3	427.9	1.90	6.40
1987	1017.8	184.5	871.6	497.1	1.87	6.50
1988	1255.0	181.0	1142.7	580.7	1.84	6.90
1989	1492.6	183.5	1234.0	678.3	1.82	7.00
1990	1591.5	194.5	1294.0	720.3	1.80	6.91
1991	1783.2	207.3	1446.0	772.1	1.80	7.07
1992	2166.5	221.9	1732.0	881.6	1.76	7.41
1993	2816.5	245.8	2194.0	1049.4	1.73	8.14
1994	3887.6	271.9	3138.0	1496.8	1.70	7.93
1995	4699.2	278.7	3886.0	1898.1	1.67	7.75
1996	5052.1	279.2	4098.0	1986.6	1.64	8.06
1997	5209.7	280.1	4317.2	1972.8	1.64	8.66
1998	5434.3	290.7	4371.0	1907.6	1.62	9.91
1999	5815.4	312.2	4800.0	1942.2	1.66	10.77
2000	6218.7	328.9	5218.8	1943.7	1.71	11.75
2001	6780.6	362.6	5546.2	1943.6	1.77	11.80
2002	6958.6	399.7	5574.7	1985.9	1.97	12.40
2003	7674.2	434.7	6082.6	2179.3	1.89	24.43
2004	8617.5	468.9	6884.6	2479.6	1.88	25.39
2005	9524.0	507.6	7505.0	2689.4	2.05	22.03
2006	10504.7	551.2	8169.3	2850.9	2.03	22.54
2007	12293.5	613.2	8990.7	3243.9	1.99	34.71
2008	13821.2	651.2	9945.5	3970.4	2.10	36.52
2009	15084.3	713.1	10828.2	4174.6	2.06	37.25
2010	16565.7	759.4	11825.3	4322.1	2.07	37.51
2011	18844.1	819.4	13402.9	4943.9	2.15	39.69
2012	21318.8	907.1	14609.0	5441.6	2.05	40.22
2013	24352.0	970.6	16867.3	5323.0	1.95	39.97
2014	26570.2	1037.6	18334.7	5596.0	1.84	39.52
2015	28838.1	1109.2	19501.4	6075.5	1.90	41.02
2016	31283.9	1181.3	21420.0	6407.7	1.96	44.04
2017	33947.9	1261.6	23162.6	6585.0	1.98	46.48
2018	36698.3	1338.6	25064.2	6848.9	2.03	48.76
2019	39841.9	1413.7	26924.0	7499.6	2.02	49.66
2020	41697.5	1450.4	26796.4	7807.1	2.06	51.14
2021	44866.1	1520.0	28293.8	8129.8	1.99	52.30

注：1. 1991年及以前的可支配收入均系全部收入，2002年起，可支配收入剔除了出售财物收入和个人交纳的社会保障支出。
2. 2002-2012年，消费支出中的居住支出，剔除了自有房屋折算金。2013年起，加入自有住房折算租金。

2-10 历年城镇居民人均家庭收入及来源

单位：元

年 份	可支配收入	全部收入	工资性收入	经营净收入	财产性收入	转移性收入
1978	323.9	323.9	306.0			
1980	475.9	475.9	466.2			9.7
1981	505.1	505.1	496.6	0.3		8.2
1982	519.0	519.0	507.3	0.1		11.6
1983	564.0	564.0	549.7			14.3
1984	645.0	645.0	627.7	0.4		16.9
1985	760.8	760.8	651.1	9.5		100.2
1986	904.4	904.4	752.4	9.7		142.4
1987	1017.8	1017.8	840.4	11.2		166.2
1988	1255.0	1255.0	1078.7	21.3		155.0
1989	1492.6	1492.6	1213.2	28.2	14.2	237.0
1990	1591.5	1591.5	1327.7	23.6	16.4	223.7
1991	1783.2	1783.2	1567.0	14.4	19.8	182.1
1992	2166.6	2172.0	1768.2	18.2	28.8	356.8
1993	2821.6	2822.0	2298.9	31.2	54.5	437.4
1994	3892.7	3893.0	3154.5	27.8	81.5	629.2
1995	4699.2	4705.2	3971.1	26.0	81.6	626.5
1996	5052.1	5060.0	4309.5	44.3	86.8	619.4
1997	5209.7	5248.9	4433.6	35.2	112.0	668.1
1998	5434.3	5474.6	4517.5	35.4	142.6	779.1
1999	5815.4	5855.7	4723.6	52.4	153.9	925.8
2000	6218.7	6261.2	4954.2	140.1	158.8	1008.1
2001	6780.6	6832.6	5168.4	170.0	239.5	1254.7
2002	6958.6	7371.8	5408.2	235.4	111.0	1617.2
2003	7674.2	8145.1	5984.8	356.2	100.7	1703.4
2004	8617.5	9190.2	6807.3	494.0	92.9	1796.0
2005	9524.0	10106.1	6805.4	872.2	195.6	2232.9
2006	10504.7	11146.1	7401.7	929.8	287.2	2527.3
2007	12293.5	14148.9	8612.5	2343.4	170.9	3022.1
2008	13821.2	14577.3	9071.0	1575.1	316.5	3614.7
2009	15084.3	16078.1	9854.1	1744.4	419.2	4060.5
2010	16565.7	17657.1	10782.0	1880.9	541.1	4453.0
2011	18844.1	20083.9	11550.1	2674.2	770.7	5089.0
2012	21318.8	22804.6	13237.1	3008.3	867.8	5691.4
2013	24352.0	26107.6	13453.0	3254.8	2387.3	5256.8
2014	26570.2	28796.4	14661.7	3566.7	2628.6	5713.1
2015	28838.1	31468.3	15902.8	3993.6	2801.0	6140.8
2016	31283.9	35055.6	17274.9	4339.2	3009.6	6660.2
2017	33947.9	38845.9	18765.9	4605.8	3204.1	7372.2
2018	36698.3	42316.8	20021.5	5252.5	3715.3	7708.9
2019	39841.9	46345.4	21534.1	5946.8	3950.9	8410.1
2020	41697.5	47985.1	22457.3	6255.2	4146.1	8839.0
2021	44866.1	52258.7	24160.9	6878.0	4436.0	9391.2

2-11 历年城镇居民人均消费性分类支出

单位：元

年 份	消费性支出	食品	衣着	居住	家庭设备用品及服务	交通和通讯	文教娱乐用品及服务	医疗保健	其他商品和服务
1978	289.6	166.1					99.5		24.0
1980	425.5	244.1	54.0	17.0	46.3	6.4	32.8	2.8	22.2
1981	465.8	260.3	57.8	18.5	50.6	5.8	47.0	3.8	21.9
1982	449.4	264.5	54.8	20.0	42.7	6.1	35.6	4.2	21.4
1983	492.7	289.4	61.9	21.4	46.8	7.2	39.1	4.2	22.7
1984	540.8	310.4	70.4	22.2	53.9	7.8	47.5	4.2	24.4
1985	685.3	366.5	86.5	33.0	80.2	7.6	74.8	8.3	28.6
1986	775.3	427.9	102.0	36.4	89.0	8.4	67.2	9.7	34.7
1987	871.6	497.1	101.5	36.0	96.6	9.4	77.3	10.3	43.3
1988	1142.7	580.7	132.0	54.9	168.1	11.9	110.9	18.4	65.8
1989	1234.4	678.3	146.4	51.5	144.9	14.9	108.3	21.6	68.6
1990	1294.1	720.3	170.4	60.0	124.6	26.8	122.8	19.2	50.0
1991	1445.5	772.1	197.6	71.3	142.8	33.2	135.4	25.6	67.6
1992	1731.6	881.6	237.0	95.9	164.7	39.3	176.8	41.1	95.3
1993	2194.0	1049.4	305.0	141.8	230.6	72.4	215.2	57.7	121.9
1994	3138.2	1496.8	420.7	184.5	301.9	184.6	316.6	82.1	151.0
1995	3885.6	1898.1	481.1	244.3	370.7	206.9	408.4	108.7	167.5
1996	4098.3	1986.6	507.1	267.8	334.1	210.6	460.9	149.8	181.4
1997	4317.2	1972.8	497.6	316.7	327.8	276.7	576.4	161.3	188.1
1998	4371.0	1907.6	458.4	411.2	332.2	255.8	642.7	183.9	179.2
1999	4800.0	1942.2	512.3	492.6	401.4	321.3	697.2	206.1	226.5
2000	5218.8	1943.7	495.2	576.7	544.5	395.6	753.8	270.2	239.1
2001	5546.2	1943.6	551.5	662.4	460.1	474.7	826.9	328.6	298.4
2002	5574.7	1985.9	577.7	581.9	420.4	596.0	883.6	343.7	185.6
2003	6082.6	2179.3	621.3	586.9	420.2	680.2	993.9	391.3	209.5
2004	6884.6	2479.6	689.5	640.7	388.2	881.9	1091.3	475.6	237.9
2005	7505.0	2689.4	790.7	771.5	451.0	801.3	1138.7	601.3	261.2
2006	8169.3	2850.9	868.2	871.7	513.6	965.1	1182.2	632.5	285.0
2007	8990.7	3243.9	1017.6	869.6	603.2	986.9	1285.2	668.5	315.8
2008	9945.5	3970.4	1090.7	960.8	674.8	971.1	1110.1	791.0	376.6
2009	10828.2	4174.6	1146.3	1074.7	798.4	1233.8	1207.7	784.7	408.1
2010	11825.3	4322.1	1277.5	1182.3	903.8	1541.4	1418.9	776.9	402.5
2011	13402.9	4943.9	1499.0	1292.6	940.8	1975.5	1526.1	790.8	434.3
2012	14609.0	5441.6	1624.6	1301.6	1034.3	2084.2	1737.6	918.4	466.7
2013	16867.3	5323.0	1387.9	3427.8	1108.3	2141.2	2016.4	1022.8	439.8
2014	18334.7	5596.0	1442.1	3567.6	1098.6	2462.1	2537.5	1209.8	421.0
2015	19501.4	6075.5	1638.1	3519.6	1202.6	2430.2	2934.1	1174.6	526.6
2016	21420.0	6407.7	1666.4	3918.7	1384.1	2837.1	3406.1	1362.6	437.4
2017	23162.6	6585.0	1682.4	4353.2	1492.6	2904.6	3972.9	1693.0	478.9
2018	25064.2	6848.9	1823.5	5060.9	1635.6	3220.3	3924.5	2034.4	516.0
2019	26924.0	7499.6	1843.7	5447.8	1660.4	3425.2	4172.2	2305.2	569.8
2020	26796.4	7807.1	1778.4	5465.5	1708.7	3722.5	3360.8	2350.5	602.8
2021	28293.8	8129.8	1857.0	5795.6	1830.0	3802.7	3859.5	2399.2	620.0

注：1.1992年以前的数据，按现行的指标进行重新计算。
2.2002-2012年，消费支出中的居住支出，剔除了自有住房折算金，2013年起，加入自有住房折算租金。

2-12 历年城镇居民可支配收入指数

年 份	可支配收入(元/人)	以上年为100		以1978年为100	
		货币收入	实际收入	货币收入	实际收入
1978	323.9			100.0	100.0
1980	475.9			146.9	125.2
1985	760.8	117.0	104.6	234.9	161.8
1990	1591.5	106.0	105.4	491.4	194.5
1995	4699.2	121.0	102.5	1452.6	278.7
1999	5815.4	107.0	107.4	1795.2	312.2
2000	6218.7	106.9	105.5	1919.9	328.9
2001	6780.6	109.0	110.2	2092.7	362.6
2002	6958.6	109.8	110.2	2298.6	399.7
2003	7674.2	110.3	108.8	2534.9	434.7
2004	8617.5	112.3	107.9	2846.2	468.9
2005	9524.0	110.5	108.2	3145.6	507.6
2006	10504.7	110.3	108.6	3469.6	551.6
2007	12293.5	117.0	111.2	4059.4	613.2
2008	13821.2	112.4	106.2	4562.8	651.2
2009	15084.3	109.1	109.5	4978.0	713.1
2010	16565.7	109.8	106.5	5465.9	759.4
2011	18844.1	113.8	107.9	6220.2	819.4
2012	21318.8	113.1	110.7	7035.0	907.1
2013	24352.0	109.8	107.0	7724.4	970.6
2014	26570.2	109.1	106.9	8427.4	1037.6
2015	28838.1	108.5	106.9	9146.7	1109.2
2016	31283.9	108.5	106.5	9924.1	1181.3
2017	33947.9	108.5	106.8	10769.2	1261.6
2018	36698.3	108.1	106.1	11641.6	1338.6
2019	39841.9	108.6	105.6	12638.8	1413.7
2020	41697.5	104.7	102.6	13232.8	1450.4
2021	44866.1	107.6	104.8	14238.5	1520.0

注：1.实际收入指数,指扣除价格上涨因素后的指数。
2.1991年及以前的可支配收入均系全部收入。
3.2002年起，可支配收入剔除了出售财物收入和个人交纳的社会保障支出，消费支出中，居住支出剔除了自有房屋折算金。

2-13 城镇居民家庭基本情况(2014-2021年)

项　　目	2014	2015	2016	2017	2018	2019	2020	2021
调查户数(户)	**2121**	**2381**	**2511**	**2493**	**2990**	**2990**	**3330**	**3340**
平均每户家庭人口(人)	2.94	3.00	3.10	3.03	3.17	3.15	3.15	3.22
平均每户就业人口(人)	1.60	1.58	1.62	1.69	1.56	1.56	1.53	1.62
平均每户就业面(包括就业者)(%)	54.40	52.77	52.27	55.93	49.21	49.41	65.44	61.87
平均每人全部年收入(元)	28796.4	31468.3	35055.6	38845.9	42316.8	46345.4	47985.1	52258.7
#人均可支配收入(元)	26570.2	28838.1	31283.9	33947.9	36698.3	39841.9	41697.5	44866.1
工资性收入	14661.7	15902.8	17274.9	18765.9	20021.5	21534.1	22457.3	24160.9
经营净收入	3566.7	3993.6	4339.2	4605.8	5252.5	5946.8	6255.2	6878.0
财产净收入	2628.6	2801.0	3009.6	3204.1	3715.3	3950.9	4146.1	4436.0
转移净收入	5713.1	6140.8	6660.2	7372.2	7708.9	8410.1	8839.0	9391.2
人均消费支出(元)	**18334.7**	**19501.4**	**21420.0**	**23162.6**	**25064.2**	**26924.0**	**26796.4**	**28293.8**
#食品烟酒	5596.0	6075.5	6407.7	6585.0	6848.9	7499.6	7807.1	8129.8
衣着	1442.1	1638.1	1666.4	1682.4	1823.5	1843.7	1778.4	1857.0
居住	3567.6	3519.6	3918.7	4353.2	5060.9	5447.8	5465.5	5795.6
生活用品及服务	1098.6	1202.6	1384.1	1492.6	1635.6	1660.4	1708.7	1830.0
交通通信	2462.1	2430.2	2837.1	2904.6	3220.3	3425.2	3722.5	3802.7
教育文化娱乐	2537.5	2934.1	3406.1	3972.9	3924.5	4172.2	3360.8	3859.5
医疗保健	1209.8	1174.6	1362.6	1693.0	2034.4	2305.2	2350.5	2399.2
其他用品和服务	421.0	526.6	437.4	478.9	516.0	569.8	602.8	620.0
可支配收入中位数	**25711.0**	**27216.0**	**29064.0**	**31600.0**	**33213.0**	**36036.1**	**37477.5**	**40176.6**

2-14 城镇居民家庭居住情况(2016-2021年)

项　　目	2016	2017	2018	2019	2020	2021
期内住户常住成员数(人/户)	3.10	3.03	3.17	3.15	3.15	3.22
自有现住房建筑面积(平方米/人)	44.04	46.48	48.76	49.66	51.14	52.30
现住房房屋来源(%)						
租赁公房	2.5	1.5	2.1	2.6	2.3	1.7
租赁私房	3.3	3.0	3.1	3.2	3.2	1.6
自建住房	29.2	29.0	35.3	35.2	38.2	47.9
购买商品房	38.8	39.8	43.9	43.4	41.6	38.3
购买房改住房	18.3	19.0	9.6	8.9	8.8	5.6
购买保障性住房	3.0	3.2	2.2	2.3	2.0	1.7
拆迁安置房	2.3	2.1	1.9	2.2	2.3	2.0
继承或获赠住房	0.7	0.7	0.4	0.5	0.3	0.4
免费借用房	0.6	0.4	0.8	1.0	0.7	0.5
雇主提供免费住房	0.4	0.4	0.2	0.3	0.2	0.1
其他来源	0.9	0.9	0.4	0.4	0.4	0.2
本住户居住空间样式(%)						
单栋楼房	25.9	25.3	33.0	33.3	35.7	44.9
单栋平房	2.8	3.0	3.1	3.0	3.0	3.8
四居室及以上单元房	8.0	8.7	7.9	8.6	8.2	7.4
三居室单元房	35.2	35.5	34.8	34.9	34.4	28.0
二居室单元房	24.5	25.0	18.4	17.5	16.3	14.2
一居室单元房	1.3	0.9	1.9	1.9	1.6	1.1
筒子楼或连片平房	1.5	1.3	0.9	0.8	0.7	0.5
其他	0.8	0.3	0.1	0.1	0.1	0.1
住户主要饮用水来源情况(%)						
经过净化处理的自来水	87.4	87.4	86.0	86.8	85.6	81.1
受保护的井水和泉水	5.5	5.6	7.0	6.8	7.9	12.6
不受保护的井水和泉水	3.1	3.3	1.1	0.8	1.1	2.7
江河湖泊水	0.2	0.1	1.0	0.7	0.6	0.1
收集雨水	0.1	0.1		0.0	0.0	0.0
桶装水	3.7	3.4	4.7	4.8	4.6	3.5
其他水源	0.2	0.0	0.2	0.1	0.2	0.0
住户厕所类型(%)						
水冲式卫生厕所	94.7	95.0	95.2	97.8	97.5	97.4
水冲式非卫生厕所	1.7	1.9	0.9	1.3	1.3	0.5
卫生旱厕	1.1	1.1	1.0	0.5	0.4	0.6
普通旱厕	1.7	1.6	2.5	0.3	0.8	1.4
无厕所	0.8	0.3	0.5	0.1	0.0	0.1
住户洗澡设施情况(%)						
统一供热水	3.7	3.5	2.5	1.6	1.7	2.2
家庭自装热水器	89.2	89.8	92.4	94.2	94.0	94.6
其他	2.5	2.2	2.3	2.3	2.2	1.8
无洗澡设施	4.7	4.4	2.8	1.8	2.0	1.4
住户主要取暖设备状况(%)						
由市政或小区集中供暖	2.3	2.3	1.3	0.3	0.4	0.3
自行供暖	79.0	79.6	78.9	82.3	83.5	86.4
无取暖设备	18.8	18.1	19.8	17.4	16.2	13.3
主要炊用能源状况(%)						
柴草	0.6	0.7	1.0	0.8	1.3	2.2
煤炭	5.0	3.0	1.9	1.8	1.4	1.4
罐装液化石油气	37.9	36.7	38.6	38.2	41.6	45.9
管道液化石油气	2.8	2.6	2.6	2.8	0.6	1.1
管道煤气	3.2	3.2	2.8	3.4	1.2	1.4
管道天然气	35.5	37.7	40.8	41.8	42.3	40.6
电	14.6	15.8	12.3	11.0	11.3	7.2
燃料用油	0.0	0.0				
沼气	0.1	0.1	0.1	0.0	0.1	0.2
其他	0.1	0.1	0.0	0.1	0.1	0.0
无炊用行为	0.2	0.2	0.1	0.2	0.1	0.0

2-15 城镇居民家庭总收入与总支出(2016-2021年)

单位：元/人

项　　目	2016	2017	2018	2019	2020	2021
总收入(未扣除生产费用)	**35055.6**	**38845.9**	**42316.8**	**46345.4**	**47985.1**	**52258.7**
可支配收入	**31283.9**	**33947.9**	**36698.3**	**39841.9**	**41697.5**	**44866.1**
工资性收入	**17274.9**	**18765.9**	**20021.5**	**21534.1**	**22457.3**	**24160.9**
工资	16335.8	17729.6	19099.3	20477.1	21259.9	22931.9
实物福利	98.0	99.8	156.7	157.0	169.2	177.5
其他	841.1	936.5	765.6	900.1	1028.2	1051.5
经营净收入	**4339.2**	**4605.8**	**5252.5**	**5946.8**	**6255.2**	**6878.0**
第一产业经营净收入	209.1	185.5	368.4	422.9	492.4	651.1
第二产业经营净收入	612.4	671.0	754.5	837.0	894.0	950.3
第三产业经营净收入	3517.6	3749.3	4129.6	4686.8	4868.9	5276.6
批发和零售业	1897.10	2279.84	2630.18	2900.72	3263.54	3096.6
交通运输、仓储和邮政业	418.25	449.44	238.01	330.04	379.25	537.9
住宿和餐饮业	254.00	271.97	455.21	428.59	309.38	565.1
房地产业	42.80	-0.50	-3.39	-5.99	-1.25	1.0
租赁和商务服务业	58.75	132.22	64.33	62.69	66.93	60.3
居民服务、修理和其他服务业	702.27	535.12	560.59	709.76	578.40	747.6
其他	140.10	79.67	171.30	249.14	276.74	225.4
农林牧渔服务业	4.33	1.52	13.32	11.89	-4.10	42.6
财产净收入	**3009.6**	**3204.1**	**3715.3**	**3950.9**	**4146.0**	**4436.0**
利息净收入	149.1	116.2	97.1	175.3	267.4	463.5
红利收入	503.4	530.0	842.9	800.6	883.6	824.2
储蓄性保险净收益	2.3	5.4	20.9	5.4	10.3	6.8
转让承包土地经营权租金净收入	6.4	10.8	16.9	13.1	21.5	37.8
出租房屋财产性净收入	922.7	1029.3	841.3	979.6	949.9	1190.7
出租机械、专利、版权等资产的净收入	45.5	29.2	24.1	65.4	64.8	59.8
其他财产净收入	44.0	74.3	143.5	76.4	68.1	82.7
房屋虚拟租金	1336.2	1408.8	1728.5	1835.2	1880.4	1770.6
转移净收入	**6660.2**	**7372.2**	**7708.9**	**8410.1**	**8839.0**	**9391.2**
转移性收入	7989.7	8873.3	9561.1	10440.1	10848.8	11576.7
养老金或离退休金	6539.3	7206.1	6355.0	6947.9	6974.0	7143.6
社会救济和补助	93.4	93.3	88.9	106.4	115.4	155.1
政策性生活补贴	23.7	30.4	45.1	63.7	74.5	154.9
报销医疗费	191.4	258.7	357.8	395.6	515.8	421.5
家庭外出从业人员寄回带回收入	630.9	699.9	1862.9	2132.4	2216.7	2626.8
赡养收入	394.8	449.5	577.9	608.7	773.1	853.5
其他经常转移收入	94.0	112.5	218.5	128.8	125.1	131.5
从政府和组织得到的实物产品和服务折价	10.6	8.1	27.1	32.5	16.5	28.0
现金政策性惠农补贴	11.6	14.7	27.9	23.9	37.7	61.8
转移性支出	1329.5	1501.1	1852.2	2030.0	2009.8	2185.5
#个人所得税	61.6	67.5	144.7	99.9	107.9	107.5
社会保障支出	1010.7	1153.0	1366.1	1581.1	1604.9	1767.5

2-15 续表　　单位：元/人

项　　目	2016	2017	2018	2019	2020	2021
总支出	**31251.1**	**35083.0**	**38692.9**	**41846.9**	**40329.7**	**43165.0**
消费支出	**21420.0**	**23162.6**	**25064.2**	**26924.0**	**26796.4**	**28293.8**
食品烟酒	6407.7	6585.0	6848.9	7499.6	7807.1	8129.8
衣着	1666.4	1682.4	1823.5	1843.7	1778.4	1857.0
居住	3918.7	4353.2	5060.9	5447.8	5465.5	5795.6
生活用品及服务	1384.1	1492.6	1635.6	1660.4	1708.7	1830.0
交通通信	2837.1	2904.6	3220.3	3425.2	3722.5	3802.7
教育文化娱乐	3406.1	3972.9	3924.5	4172.2	3360.8	3859.5
医疗保健	1362.6	1693.0	2034.4	2305.2	2350.5	2399.2
其他用品和服务	437.4	478.9	516.0	569.8	602.8	620.0
生产经营费用支出	**2030.8**	**2968.5**	**3191.9**	**3846.3**	**3751.6**	**4649.5**
第一产业经营费用支出	153.2	268.0	429.4	460.8	393.7	685.0
第二产业经营费用支出	318.0	301.9	778.2	692.4	456.8	630.8
第三产业经营费用支出	1559.6	2398.6	1984.3	2693.0	2901.2	3333.8
财产性支出	**25.9**	**14.8**	**79.1**	**92.5**	**91.5**	**90.4**
生活贷款利息支出	19.2	9.6	71.5	86.3	77.5	76.5
其他财产性支出	6.7	5.2	7.6	6.2	14.0	13.9
转移性支出	**1329.5**	**1500.9**	**1852.2**	**2030.0**	**2009.8**	**2185.5**
个人所得税	61.6	67.5	144.7	99.9	107.9	107.5
社会保障支出	1010.7	1153.0	1366.1	1581.1	1604.9	1767.5
外来从业人员寄给家人的支出	0.3	1.9	2.2	1.1	2.1	5.6
赡养支出	182.2	145.0	241.4	228.1	187.1	187.5
其他转移性支出	74.7	133.5	97.9	119.8	107.8	117.4
部分商业保险支出	**113.5**	**126.3**	**250.4**	**278.4**	**276.3**	**319.9**
意外伤害保险	14.1	16.7	18.1	17.2	16.8	20.0
商业医疗保险(含大病保险)	37.5	50.8	90.0	92.3	129.6	160.9
其他非储蓄性商业保险	11.1	15.3	34.4	40.0	36.3	43.8
其他储蓄性商业保险	50.8	43.5	107.9	129.0	93.5	95.2
购置资产及非经常性转移支出	**5269.1**	**6030.7**	**6307.2**	**6701.7**	**5385.9**	**5761.6**
购置资产支出	1171.2	1948.4	2078.3	1976.1	1755.7	1449.0
非经常性转移支出	4097.9	4082.2	4228.9	4725.6	3630.2	4312.6
借贷性支出	**1062.4**	**1279.1**	**1948.0**	**1974.0**	**2018.1**	**1864.2**
存入储蓄款	383.5	479.5	189.8	145.7	97.4	120.9
借出款	23.0	18.5	29.2	54.7	38.5	45.8
归还借款	107.7	150.5	184.8	227.3	271.2	260.9
购买有价证券	48.3	56.9	39.3	96.9	13.3	63.7
其他投资支出	20.8	12.0	57.0	63.3	205.5	98.9
归还住房贷款	400.7	467.2	1185.9	1106.2	1135.9	981.6
归还汽车贷款	36.1	69.4	189.3	218.0	195.7	217.5
归还教育贷款	0.9			2.3	1.6	0.3
归还其他贷款	16.2	21.9	58.3	48.2	53.9	71.8
其他借贷支出	25.1	3.1	14.5	11.4	5.0	3.0

2-16 分季度城镇居民人均收支(2021年)

单位：元

指标名称	一季度	上半年	前三季度	全年
可支配收入	**12156**	**21492**	**32249**	**44866**
工资性收入	6836	11734	17536	24161
经营净收入	1763	3328	5180	6878
财产净收入	1164	1999	3132	4436
转移净收入	2393	4431	6401	9391
生活消费支出	**7377**	**13563**	**20200**	**28294**
食品烟酒	2343	4064	5896	8130
衣着	552	964	1284	1857
居住	1512	2727	4174	5796
生活用品及服务	419	877	1287	1830
交通通信	954	1725	2724	3803
教育文化娱乐	816	1674	2589	3859
医疗保健	620	1184	1790	2399
其他用品和服务	161	347	455	620

2-17 历年农村居民生活

年 份	平均每人每年(元)					每一劳动力负担人数(人)	农村人均居住面积(平方米)
	可支配收入	收入指数(1978=100)	总支出	生活消费支出	#食品支出		
1978	142.56		167.10	140.07	97.93	2.33	10.50
1980	219.72	147.6	236.13	192.95	127.70	2.09	11.15
1981	241.70	160.5	265.29	207.59	135.98	1.95	11.87
1982	284.40	186.5	323.22	248.69	164.02	2.00	12.89
1983	315.70	205.0	409.19	273.86	175.62	1.77	16.10
1984	348.20	221.9	441.76	293.19	190.96	1.74	16.77
1985	395.26	239.4	519.85	348.45	219.43	1.69	18.20
1986	439.70	255.9	568.00	386.35	228.96	1.68	19.25
1987	471.30	257.4	639.14	434.75	245.68	1.67	20.01
1988	515.35	244.8	730.06	480.75	266.89	1.65	20.48
1989	558.34	236.5	786.48	516.29	290.35	1.63	21.57
1990	664.23	229.4	930.23	608.73	390.73	1.65	22.27
1991	688.91	234.4	1008.06	655.54	412.63	1.69	22.58
1992	739.40	239.7	1116.06	707.79	442.56	1.67	23.12
1993	851.90	244.5	1306.48	816.56	498.95	1.63	24.56
1994	1155.00	257.0	1766.51	1088.73	665.72	1.60	24.23
1995	1425.16	270.4	2203.36	1367.30	823.91	1.60	25.57
1996	1792.30	292.8	2784.64	1736.71	1025.32	1.56	26.88
1997	2037.06	318.9	2853.42	1815.79	1078.00	1.56	27.37
1998	2064.85	326.6	2829.93	1889.18	1107.23	1.54	28.79
1999	2147.18	344.6	2772.35	1920.15	1122.96	1.52	29.88
2000	2197.2	361.1	2964.9	1942.9	1053.4	1.46	30.92
2001	2299.5	379.5	3030.1	1990.3	1053.2	1.45	32.87
2002	2397.9	398.5	3114.7	2068.7	1086.1	1.44	34.05
2003	2532.9	417.2	3184.3	2139.2	1111.3	1.42	35.09
2004	2837.8	450.6	3729.1	2472.3	1338.7	1.40	36.55
2005	3117.7	483.0	4289.5	2756.4	1433.0	1.40	38.38
2006	3389.8	519.7	4502.7	3013.1	1463.3	1.38	39.28
2007	3904.3	562.8	5009.9	3377.4	1675.2	1.37	40.18
2008	4512.5	607.8	5695.0	3805.0	1947.5	1.37	40.72
2009	4910.0	664.3	6024.2	4020.9	1967.5	1.36	41.69
2010	5622.0	737.1	6507.9	4310.4	2087.9	1.36	42.01
2011	6567.1	815.2	8480.5	5179.4	2343.1	1.35	46.62
2012	7440.2	909.0	9356.8	5870.1	2574.8	1.36	46.78
2013	9028.6	998.0	14349.5	7832.6	2708.9	1.51	52.93
2014	10060.2	1096.8	16612.3	9024.8	3095.2	1.50	54.2
2015	10992.5	1185.6	17387.2	9690.6	3188.9	1.50	57.3
2016	11930.4	1262.7	18231.3	10629.9	3370.7	1.68	60.6
2017	12935.8	1353.6	19309.0	11533.6	3521.2	1.71	63.5
2018	14092.5	1445.7	23632.9	12720.5	3713.9	1.83	63.6
2019	15394.8	1531.8	24603.3	13968.8	4024.9	1.87	63.9
2020	16584.6	1603.8	25198.1	14974.0	4635.9	1.95	65.3
2021	18295.2	1769.0	29636.7	16950.7	5254.1	1.85	63.9

注：从2013年开始收入指标改为可支配收入，收支口径有所变化。主要变化是参与平均的人口由家庭户籍人口改为家庭常住人口。居住面积也因人口口径变化而变化，指标名称由农村人均居住面积改为农村居民人均自有现住房面积。收入指数扣除价格因素影响。

2-18 历年农村居民人均家庭收入及来源

单位：元

年 份	可支配收入	工资性收入	经营净收入	财产净收入	转移净收入
1978	142.56				
1979	177.12				
1980	219.72	104.21	88.51		26.99
1981	243.17	110.52	102.49		30.17
1982	284.39	132.32	124.55		27.52
1983	315.67	50.10	236.04		29.53
1984	348.20	52.99	266.45		28.76
1985	395.26	53.81	326.23		15.22
1986	439.66	59.18	364.40		16.08
1987	471.30	74.85	379.53		16.92
1988	515.35	86.53	409.52		19.31
1989	558.34	99.88	436.21		22.25
1990	664.23	85.11	557.10		22.03
1991	688.91	94.16	570.76		23.99
1992	739.42	114.01	601.11		24.30
1993	851.87	135.85	685.85		30.17
1994	1155.00	206.77	903.01		45.22
1995	1425.16	268.00	1095.89		61.27
1996	1792.25	352.07	1367.11		73.07
1997	2037.06	459.97	1508.55		68.54
1998	2064.85	613.10	1383.34		68.41
1999	2147.18	695.62	1372.68		78.88
2000	2197.2	789.7	1329.1	20.7	57.6
2001	2299.5	840.1	1371.1	23.2	65.1
2002	2397.9	914.3	1376.7	29.0	77.9
2003	2532.9	988.4	1427.2	32.3	85.0
2004	2837.8	1081.2	1614.6	41.9	100.1
2005	3117.7	1228.8	1713.4	42.1	133.6
2006	3389.8	1449.7	1743.5	42.5	154.2
2007	3904.3	1712.3	1963.9	39.9	188.1
2008	4512.5	1990.5	2196.6	57.1	268.3
2009	4910.0	2234.0	2257.3	81.2	337.5
2010	5622.0	2655.6	2463.9	101.6	400.9
2011	6567.1	3240.8	2725.2	112.2	488.9
2012	7440.2	3847.6	2903.2	112.8	576.6
2013	9028.6	3671.6	3255.5	130.7	1970.7
2014	10060.2	4088.1	3638.9	165.6	2167.5
2015	10992.5	4515.2	3911.7	174.1	2391.5
2016	11930.4	4946.2	4138.6	143.1	2702.5
2017	12935.8	5340.8	4368.9	148.2	3077.9
2018	14092.5	5769.3	4785.7	179.3	3358.2
2019	15394.8	6224.0	5268.3	208.8	3693.6
2020	16584.6	6569.6	5804.0	231.7	3979.3
2021	18295.2	7165.0	6530.2	261.5	4338.5

注：从2013年开始收入指标改为可支配收入，口径与纯收入有所变化。主要变化是参与平均的人口由家庭户籍人口改为家庭常住人口。

2-19 历年农村居民生活消费分类支出

单位：元/人

年 份	生活消费支出	食品烟酒	衣着	居住	生活用品及服务	交通通信	教育文化娱乐	医疗保健	其他用品和服务
1978	140.07	97.93	14.29	18.15					
1980	192.85	127.91	20.46	27.29	3.05	0.51	7.54	3.15	2.94
1981	207.59	135.98	23.06	27.85					
1982	248.69	164.02	24.74	35.83					
1983	273.86	175.62	26.71	41.77	16.27	1.29	6.38	4.70	1.12
1984	293.19	191.19	28.81	41.51	16.15	1.62	7.03	5.53	1.33
1985	348.45	219.57	33.77	50.96	15.69	6.63	11.92	7.49	2.42
1986	386.35	229.13	36.47	66.81	23.92	2.65	16.08	8.33	2.96
1987	434.75	248.06	36.93	79.33	29.70	3.08	22.97	10.68	4.00
1988	480.75	269.77	38.69	88.38	33.00	3.86	31.52	11.61	3.92
1989	516.29	293.98	39.64	87.67	33.53	4.64	37.05	16.14	3.64
1990	608.73	390.73	37.29	82.75	28.62	8.83	39.18	18.29	3.04
1991	655.54	412.63	42.87	92.29	34.67	6.79	41.14	20.56	4.59
1992	707.29	442.56	43.51	98.80	35.92	8.23	52.59	22.69	3.49
1993	816.55	498.95	45.40	108.07	40.13	16.14	74.16	24.37	9.33
1994	1088.73	665.72	61.23	148.63	50.39	21.59	98.91	29.28	12.98
1995	1367.30	823.91	73.51	192.42	68.79	26.29	128.84	35.78	17.75
1996	1736.71	1025.32	96.04	229.74	84.74	38.70	176.96	58.66	26.55
1997	1821.13	1081.60	90.53	241.93	84.24	46.30	187.99	58.26	30.29
1998	1889.18	1107.23	91.45	251.73	85.69	45.90	206.60	61.69	38.88
1999	1920.15	1122.96	82.65	267.92	79.73	60.24	207.67	62.13	36.86
2000	1942.9	1053.4	89.8	251.9	78.1	99.4	222.5	82.2	65.7
2001	1990.3	1053.2	93.4	268.7	80.8	102.4	234.4	95.7	61.8
2002	2068.7	1086.1	97.9	271.3	84.8	118.6	248.6	102.8	58.7
2003	2139.2	1111.3	106.2	272.0	79.6	146.9	270.5	105.2	47.5
2004	2472.3	1338.7	112.4	293.2	92.4	174.5	280.0	124.1	57.1
2005	2756.4	1433.0	127.9	307.3	114.3	219.0	329.3	168.2	57.5
2006	3013.1	1463.3	137.7	420.8	129.8	249.6	341.7	196.5	73.6
2007	3377.4	1675.2	161.8	508.3	152.6	278.8	293.9	220.0	86.9
2008	3805.0	1947.5	169.1	629.8	171.1	286.0	278.7	244.2	78.7
2009	4020.9	1967.5	182.5	691.6	203.7	341.3	291.0	258.1	85.3
2010	4310.4	2087.9	209.9	719.2	243.9	343.8	315.9	293.6	96.2
2011	5179.4	2343.1	260.4	969.7	330.7	421.7	346.6	396.5	110.6
2012	5870.1	2574.8	318.0	1088.2	373.5	481.6	400.2	497.2	136.6
2013	7832.6	2708.9	403.1	1764.6	511.6	798.8	733.8	747.1	164.6
2014	9024.8	3095.2	468.0	1982.4	541.9	871.9	1112.1	771.4	181.9
2015	9690.6	3188.9	494.5	2191.0	604.7	920.2	1276.4	844.1	170.7
2016	10629.9	3370.7	508.3	2369.4	639.9	1083.1	1477.3	986.5	194.6
2017	11533.6	3521.2	527.2	2562.5	642.8	1234.5	1710.2	1171.8	163.4
2018	12720.5	3713.9	624.1	2920.6	756.8	1449.7	1678.6	1385.5	191.4
2019	13968.8	4024.9	674.9	3152.9	787.7	1642.9	1851.0	1614.5	220.1
2020	14974.0	4635.9	674.4	3367.0	853.0	1730.5	1783.8	1706.6	222.6
2021	16950.7	5254.1	767.9	3764.4	965.5	1921.0	2212.1	1827.5	238.2

注：从2013年开始支出口径有所变化。

2-20 农村居民家庭基本情况(2011-2021年)

项 目	2011	2012	2013	2014	2015	2016	2017	2018	2019	2020	2021
调查村数 (个)	**370**	**370**	**330**	**330**	**330**	**330**	**330**	**301**	**301**	**267**	**266**
已通电话村所占比重 (%)	100.0	100.0	100.0	100.0	100.0	100.0	100.0	100.0	100.0	100.0	100.0
已通公路村所占比重 (%)	99.7	99.7	99.4	99.7	99.7	99.7	100.0	100.0	100.0	100.0	100.0
调查户数 (户)	**3700**	**3700**	**3292**	**3799**	**3563**	**3516**	**3522**	**3010**	**3010**	**2670**	**2660**
调查户人口(常住人口) (人)	14678	14680	12932	12125	11434	11293	11198	9774	9613	8538	8432
平均每户常住人口 (人)	3.97	3.97	3.97	3.19	3.28	3.22	3.18	3.23	3.18	3.2	3.16
平均每户整半劳动力 (人)	2.93	2.91	3.02	2.15	2.12	2.13	2.09	2.08	2.04	2.1	2.07
平均每个劳动力负担人口(人)	1.35	1.36	1.46	1.48	1.50	1.51	1.45	1.55	1.56	1.95	1.85
平均每人经营耕地面积(亩)	1.18	1.22	1.10	1.46	1.49	1.53	1.56	1.71	1.55	1.89	1.85
平均每人经营水面面积(亩)	0.04	0.03	0.04	0.06	0.04	0.33	0.35	0.12	0.16	0.13	0.10
平均每百个劳动力中(%)											
不识字或识字很少	2.9	2.9	4.0	3.9	3.4	3.0	2.9	3.9	3.7	3.9	2.6
小学程度	26.7	26.6	32.6	32.7	32.8	34.3	34.4	33.3	33.0	34.0	30.8
初中程度	50.7	50.6	47.3	46.9	47.8	48.1	48.0	45.0	45.1	44.5	47.4
高中程度	13.7	13.8	13.3	13.6	13.8	12.5	12.5	14.7	15.0	14.5	16.6
大专以上	2.8	2.9	2.8	2.9	2.3	2.1	2.3	3.1	3.2	3.1	2.6

注：从2013年起，为住房一体化改革后的调整数据。

2-21 历年农民人均收入指数

年 份	当年价纯收入(元)	以上年为100		以1978年为100		以1990年为100	
		按当年价格计算	扣除价格因素	按当年价格计算	扣除价格因素	按当年价格计算	扣除价格因素
1978	142.6			100.0	100.0		
1980	219.7	124.1	119.6	154.1	147.6		
1981	241.7	110.0	108.2	169.5	160.5		
1982	284.4	117.7	116.2	199.5	186.5		
1983	315.7	111.0	109.9	221.4	205.0		
1984	348.2	110.3	108.2	244.2	221.9		
1985	395.3	113.5	107.9	277.3	239.4		
1986	439.7	111.2	106.9	308.4	255.9		
1987	471.3	107.2	100.6	330.6	257.4		
1988	515.4	109.3	95.1	361.5	244.8		
1989	558.3	108.3	96.6	391.6	236.5		
1990	664.2	119.0	97.0	465.9	229.4	100.0	100.0
1991	688.9	103.7	102.2	483.2	234.4	103.7	102.2
1992	739.4	107.3	102.0	518.7	239.7	111.3	104.2
1993	851.9	115.2	102.0	597.6	244.5	128.2	106.1
1994	1155.0	135.6	105.1	810.2	257.0	173.9	111.6
1995	1425.2	123.4	105.2	999.7	270.4	214.6	117.4
1996	1792.3	125.8	108.3	1257.2	292.8	269.8	127.1
1997	2037.1	113.7	108.9	1428.9	318.9	306.7	138.5
1998	2064.9	101.4	102.4	1448.4	326.6	310.9	141.8
1999	2147.2	104.0	105.5	1506.3	344.6	323.3	149.6
2000	2197.2	102.3	104.8	1540.8	361.1	330.8	156.8
2001	2299.5	104.7	105.1	1613.2	379.5	346.2	164.8
2002	2397.9	104.3	105.0	1682.0	398.5	361.1	173.0
2003	2532.9	105.6	104.7	1776.2	417.2	381.3	181.1
2004	2837.8	112.0	108.0	1989.3	450.6	427.1	195.6
2005	3117.7	109.9	107.2	2186.2	483.0	469.4	209.7
2006	3389.7	108.7	107.6	2376.4	519.7	510.2	225.6
2007	3904.3	115.2	108.3	2737.6	562.8	587.8	244.3
2008	4512.5	115.6	108.0	3164.7	607.8	679.5	263.8
2009	4910.0	108.8	109.3	3443.2	664.3	739.3	288.3
2010	5622.0	114.5	111.0	3943.6	737.1	846.4	321.3
2011	6567.1	116.8	110.6	4606.1	815.2	988.6	355.4
2012	7440.2	113.3	111.5	5218.7	908.9	1120.1	396.3
2013	9028.6	112.5	109.8	6331.4	998.0	1359.3	435.1
2014	10060.2	111.4	109.9	7054.8	1096.8	1514.6	478.2
2015	10992.5	109.3	108.1	7708.6	1185.6	1655.0	516.9
2016	11930.4	108.5	106.5	8363.8	1262.7	1795.6	550.5
2017	12935.8	108.4	107.2	9066.4	1353.6	1946.5	590.1
2018	14092.5	108.9	106.8	9873.3	1445.7	2119.7	630.3
2019	15394.8	109.2	106.0	10781.7	1532.4	2314.7	668.1
2020	16584.6	107.7	104.7	11611.9	1604.4	2493.0	699.5
2021	18295.2	110.3	110.3	12807.9	1769.7	2749.7	771.5

注：从2013年起为新口径可支配收入。

2-22 农村居民人均总收入(2012-2021年)

单位：元

项　　目	2012	2013	2014	2015	2016	2017	2018	2019	2020	2021
平均每人总收入	**10030.3**	**11539.2**	**13292.2**	**14421.9**	**15562.7**	**16637.3**	**20329.4**	**21366.3**	**22598.4**	**26019.9**
工资性收入	3847.6	3671.4	4088.1	4515.2	4946.2	5340.8	5769.3	6224.0	6569.6	7165.0
家庭经营收入	5049.3	5544.2	6614.0	7108.5	7528.1	7805.4	10472.6	10707.8	11157.5	13491.1
第一产业	3636.6	3757.4	4364.0	4771.9	4836.8	4935.4	5024.7	5099.9	5716.4	6391.0
农业收入	2390.6	2316.6	2705.3	2764.9	2723.8	2838.1	3005.8	3149.1	3611.4	4011.3
林业收入	88.6	199.3	223.0	211.7	123.2	134.6	189.2	163.9	149.0	173.7
牧业收入	1071.6	1148.1	1301.4	1634.8	1812.5	1761.8	1488.4	1316.9	1458.0	1565.8
渔业收入	85.8	91.8	134.4	160.5	177.3	201.0	341.2	470.0	498.1	640.2
第二产业	483.7	332.1	482.1	554.5	597.8	643.5	1800.5	1529.6	1474.5	1492.7
工业收入	164.8	177.3	210.1	308.6	279.9	338.9	1427.4	979.4	1087.2	723.4
建筑业收入	319.0	154.8	272.0	245.9	317.9	304.5	373.1	550.2	387.4	769.3
第三产业	929.0	1454.7	1767.8	1782.1	2093.4	2226.5	3647.4	4078.3	3966.6	5607.3
交通、运输、邮电业收入	364.4	460.8	522.5	563.3	590.1	597.8	713.8	702.4	586.9	714.9
财产性收入	112.8	132.1	175.5	179.2	147.3	152.6	186.9	221.2	243.8	293.4
转移性收入	1020.7	2191.5	2414.6	2619.0	2941.1	3338.6	3900.6	4213.3	4627.5	5070.4

注：2013、2014年为新口径数据，交通运输邮电业改为交通运输、仓储和邮政业，批发和零售贸易、餐饮业收入改为批发和零售业。

2-23 农村居民人均总支出(2012-2021年)

单位：元

项 目	2012	2013	2014	2015	2016	2017	2018	2019	2020	2021
平均每人总支出	**9356.8**	**14349.5**	**16612.3**	**17387.2**	**18231.3**	**19309.0**	**23632.9**	**24603.3**	**25198.1**	**29636.7**
家庭经营费用支出	1984.9	2018.7	2686.7	2935.9	3154.0	3224.8	5258.2	5113.0	4949.6	6585.4
第一产业	1551.4	1607.2	2051.9	2265.4	2223.7	2214.8	2269.3	2074.4	2303.0	2490.4
农业支出	760.9	765.6	1032.8	939.8	867.3	867.6	1058.4	1075.9	1231.6	1268.0
林业支出	27.6	25.6	47.8	51.5	21.6	20.9	33.3	22.3	35.0	32.0
牧业支出	728.7	766.0	914.2	1210.2	1273.0	1256.1	999.2	706.9	719.0	769.5
渔业支出	34.2	26.5	57.2	63.9	61.8	70.2	178.4	269.4	317.3	420.9
第二产业	151.7	81.7	146.5	183.4	217.8	268.7	1250.5	1009.8	892.3	896.2
工业支出	83.9	47.5	73.9	132.1	125.7	188.7	1095.2	685.3	741.6	394.7
建筑业支出	67.8	34.1	72.6	51.4	92.1	80.0	155.3	324.5	150.6	501.5
第三产业	281.8	329.8	488.3	487.0	712.6	741.2	1738.3	2028.8	1754.3	3198.8
交通运输、邮电业支出	122.9	124.7	167.8	157.8	187.6	174.4	260.2	295.2	163.9	262.3
购置生产性固定资产支出	189.1	174.2	183.3	189.8	163.0	169.8	308.4	229.1	446.6	282.9
建造生产性固定资产雇工支出	1.4	2.2	2.0	3.4	1.4	5.1	8.3	4.9	2.1	0.3
生活消费支出	5870.1	7832.6	9024.8	9690.6	10629.9	11533.6	12720.5	13968.8	14974.0	16950.7
财产性支出	5.5	5.5	6.2	5.1	4.2	4.4	7.5	12.4	12.1	32.0
转移性支出	1294.4	220.8	247.0	227.5	238.7	260.7	542.4	519.7	648.2	731.9

注：2013、2014年为新口径数据，交通运输邮电业改为交通运输、仓储和邮政业，批发和零售贸易、餐饮业收入改为批发和零售业。

2-24 农村居民人均收入来源构成(2012-2021年)

单位：元

项 目	2012	2013	2014	2015	2016	2017	2018	2019	2020	2021
平均每人纯收入(可支配收入)	**7440.2**	**9028.6**	**10060.2**	**10992.5**	**11930.4**	**12935.8**	**14092.5**	**15394.8**	**16584.6**	**18295.2**
可支配收入中位数		**8271.0**	**9297.0**	**10032.0**	**11041.0**	**11877.0**	**12701.0**	**13920.3**	**14839.0**	**16496.0**
按纯收入来源分										
工资性收入	3847.6	3671.6	4088.1	4515.2	4946.2	5340.8	5769.3	6224.0	6569.6	7165.0
家庭经营纯收入	2903.2	3255.5	3638.9	3911.7	4138.6	4368.9	4785.7	5268.3	5804.0	6530.2
农业收入	1579.1	1481.2	1590.0	1750.2	1779.5	1895.2	1847.5	1979.1	2265.1	2594.8
林业收入	60.8	172.9	174.1	158.8	101.1	113.0	155.3	138.9	112.8	140.8
牧业收入	301.3	334.7	334.6	380.3	496.6	471.1	458.3	588.0	703.5	764.3
渔业收入	50.9	63.0	75.8	94.4	114.4	129.7	157.6	195.0	177.1	212.1
工业收入	73.9	119.4	125.0	165.5	143.6	139.6	233.0	260.7	241.1	281.9
建筑业收入	245.9	107.4	186.3	173.3	206.7	213.8	192.5	203.8	226.1	249.3
交通运输及邮电业收入	207.5	283.6	306.8	364.5	363.0	384.8	397.8	362.9	374.4	408.6
财产性收入	112.8	130.7	165.6	174.1	143.1	148.2	179.3	208.8	231.7	261.5
转移性收入	576.6	1970.7	2167.5	2391.5	2702.5	3077.9	3358.2	3693.6	3979.3	4338.5
按现金和实物分										
现金纯收入	6342.2	8258.8	9036.6	10020.3	10998.5	11761.3	13258.1	14309.5	14638.8	16834.8
实物纯收入	1098.0	769.7	1023.6	972.2	931.9	1174.5	834.4	1085.2	1945.8	1460.4

注：从2013年开始收入指标改为可支配收入，口径与纯收入有所变化。主要变化是参与平均的人口由家庭户籍人口改为家庭常住人口。经营纯收入改为经营净收入，财产性收入改为财产净收入，转移性收入改为转移净收入。现金纯收入改为现金可支配收入，实物纯收入改为实物可支配收入。交通运输邮电业改为交通运输、仓储和邮政业，批发和零售贸易、餐饮业收入改为批发和零售业、住宿和餐饮业。

2-25 农村居民家庭人均生活消费支出(2014-2021年)

单位：元

项　目	2014	2015	2016	2017	2018	2019	2020	2021
生活消费支出	**9024.8**	**9690.6**	**10629.9**	**11533.6**	**12720.5**	**13968.8**	**14974.0**	**16950.7**
按消费类别分:								
食品烟酒	3095.2	3188.9	3370.7	3521.2	3713.9	4024.9	4635.9	5254.1
衣着	468.0	494.5	508.3	527.2	624.1	674.9	674.4	767.9
居住	1982.4	2191.0	2369.4	2562.5	2920.6	3152.9	3367.0	3764.4
生活用品及服务	541.9	604.7	639.9	642.8	756.8	787.7	853.0	965.5
交通通信	871.9	920.2	1083.1	1234.5	1449.7	1642.9	1730.5	1921.0
教育文化娱乐	1112.1	1276.4	1477.3	1710.2	1678.6	1851.0	1783.8	2212.1
医疗保健	771.4	844.1	986.5	1171.8	1385.5	1614.5	1706.6	1827.5
其他用品和服务	181.9	170.7	194.6	163.4	191.4	220.1	222.6	238.2
按消费性质分:								
货币性消费								
食品烟酒	2285.3	2415.3	2612.5	2710.9	3067.7	3347.4	3747.6	4363.3
衣着	467.7	493.9	507.8	526.7	622.8	674.1	673.9	767.5
居住	855.7	915.4	929.3	1028.9	1108.4	1199.8	1377.0	1358.9
生活用品及服务	538.3	600.8	638.3	641.0	753.9	779.6	844.3	949.9
交通通信	871.4	920.1	1083.1	1233.6	1438.8	1641.5	1721.5	1915.0
教育文化娱乐	1112.0	1276.2	1477.2	1709.9	1678.2	1850.8	1783.8	2212.1
医疗保健	634.9	703.0	830.7	984.9	1133.4	1288.9	1340.0	1423.7
其他用品和服务	178.2	167.5	192.6	161.2	189.2	217.5	220.1	235.3
实物性消费								
食品烟酒	809.9	773.6	758.2	810.3	646.2	677.4	888.3	890.8
衣着	0.3	0.7	0.5	0.5	1.2	0.7	0.5	0.3
居住	1126.7	1275.7	1440.1	1533.5	1812.2	1953.0	1990.0	2405.5

注：2013、2014年为新口径数据，食品消费指食品烟酒消费，家庭设备用品及服务改为生活用品及服务，文教用品及服务改为教育文化娱乐。

2-26 农村居民人均现金收入(2012-2021年)

单位：元

项 目	2012	2013	2014	2015	2016	2017	2018	2019	2020	2021
现金收入	**8726.86**	**8258.83**	**9036.57**	**10020.35**	**10998.47**	**11761.28**	**13258.07**	**14309.55**	**14638.81**	**16834.79**
工资性收入	3847.53	3655.90	4066.95	4499.95	4926.91	5314.91	5729.61	6177.78	6511.88	7070.89
家庭经营现金收入	3760.80	2607.97	2775.48	3100.87	3386.65	3413.27	4263.44	4570.66	4308.12	5596.96
第一产业	2348.12	1296.78	1160.33	1434.69	1625.80	1553.28	1804.42	2001.37	1513.64	2591.95
农业现金收入	1292.74	835.94	759.79	953.68	1014.99	1011.11	1200.27	1307.45	856.74	1767.79
林业现金收入	79.86	83.92	69.60	73.61	69.78	55.69	88.99	62.57	52.23	55.15
牧业现金收入	895.19	277.15	265.02	325.64	442.31	376.67	368.71	441.97	437.51	558.22
渔业现金收入	80.33	58.72	65.92	81.76	98.72	109.80	146.46	189.39	167.16	210.79
第二产业	483.70	250.39	335.59	371.07	380.05	374.72	549.99	519.75	582.23	596.54
工业现金收入	164.76	129.71	136.19	176.53	154.25	150.20	326.97	288.86	327.63	328.75
建筑业现金收入	318.94	120.69	199.41	194.54	225.80	224.50	217.74	225.71	236.71	267.79
第三产业	928.99	1060.80	1279.56	1295.11	1380.79	1485.27	1909.03	2049.54	2212.25	2408.48
交通运输、邮电业现金收入	364.43	336.14	377.31	405.50	402.46	423.39	453.59	407.17	423.04	452.58
财产性收入	104.12	132.09	169.38	174.11	143.11	147.96	179.34	208.80	231.71	261.45
转移性收入	1014.39	1862.88	2024.75	2245.42	2702.48	2885.14	3085.69	3352.31	3587.09	3905.48
非收入现金所得	**2405.92**	**1359.11**	**2384.82**	**2233.19**	**2569.70**	**2324.56**	**2804.48**	**3342.70**	**2057.82**	**2272.03**
银行信用社得到的贷款	32.94	30.28	31.12	198.81	64.11	120.20	159.17	88.72	28.98	48.61
借入款	495.27	624.27	549.20	407.63	387.16	471.51	407.18	280.53	356.62	277.71
收回借出款	471.64	299.98	291.55	317.02	177.79	148.96	331.64	225.31	72.63	120.77
从银行信用社取回存款	680.16	1250.28	1156.21	1251.62	1163.94	957.84	1142.60	1036.17	1146.85	985.55

注：从2013年开始收入指标改为可支配收入，口径与纯收入有所变化。主要变化是参与平均的人口由家庭户籍人口改为家庭常住人口。经营纯收入改为经营净收入，财产性收入改为财产净收入，转移性收入改为转移净收入。交通运输邮电业改为交通运输、仓储和邮政业，批发和零售贸易、餐饮业收入改为批发和零售业、住宿和餐饮业。

2-27 农村居民人均现金支出(2012-2021年)

单位：元

项　　目	2012	2013	2014	2015	2016	2017	2018	2019	2020	2021
平均每人现金支出	**8378.0**	**12362.4**	**14380.8**	**15040.6**	**15721.6**	**16634.8**	**20787.6**	**21519.5**	**21829.3**	**25797.5**
生产费用支出	2050.2	1894.6	2536.5	2787.7	3002.8	3087.2	5140.9	4998.4	4846.5	6471.2
第一产业	1428.7	1483.1	1901.8	2117.3	2072.5	2077.2	2152.0	1959.8	2199.9	2376.2
农业支出	743.3	746.1	1000.9	905.3	833.7	834.2	1020.9	1049.2	1210.7	1251.0
林业支出	25.2	25.5	45.3	50.5	21.6	20.8	33.3	22.3	35.0	32.0
牧业支出	626.6	663.9	800.4	1097.9	1155.6	1152.0	920.1	641.1	639.6	675.2
渔业支出	33.6	24.2	55.2	63.5	61.6	70.2	177.7	247.2	314.6	418.0
第二产业	151.2	81.7	146.5	183.4	217.8	268.7	1250.5	1009.8	892.3	896.2
#建筑业支出	67.8	34.1	72.6	51.4	92.1	80.0	155.3	324.5	150.6	501.5
第三产业	279.9	329.8	488.3	487.0	712.6	741.2	1738.3	2028.8	1754.3	3198.8
#交通运输、邮电业支出	122.9	124.7	167.8	157.8	187.6	174.4	260.2	295.2	163.9	262.3
购置生产性固定资产支出	189.1	174.2	183.3	189.8	163.0	169.8	308.4	229.1	446.6	282.9
建造生产性固定资产雇工支出	1.4	2.2	2.0	3.4	1.4	5.1	8.3	4.9	2.1	0.3
生活消费支出	5023.9	6723.1	7042.9	7596.1	8396.7	8997.0	9992.5	10999.6	11708.3	13225.7
财产性支出	5.5	5.5	6.2	5.1	4.2	4.4	7.5	12.4	12.1	32.0
转移性支出	1287.1	220.8	247.0	227.5	238.7	260.7	542.4	519.7	648.2	731.9

注：2013、2014为新口径数据，部分数据缺失是由于新口径指标体系中已经没有该类指标划分。交通运输邮电业改为交通运输、仓储和邮政业，批发和零售贸易、餐饮业收入改为批发和零售业、住宿和餐饮业。

2-28 农村居民平均每百户年末耐用消费品拥有量(2012-2021年)

品 名	2012	2013	2014	2015	2016	2017	2018	2019	2020	2021
吸尘器(台)	0.16							0.73	0.86	0.89
微波炉(台)	4.84	7.93	8.14	6.89	7.58	7.94	8.92	9.27	9.89	12.71
热水器(台)	24.38	37.10	41.63	44.57	54.29	59.03	73.75	77.85	81.92	89.77
洗衣机(台)	62.27	66.64	69.43	71.86	76.86	80.24	86.47	89.80	90.60	96.77
电冰箱(台)	77.46	81.45	85.25	87.39	91.38	93.73	99.73	102.66	104.60	108.36
摩托车(辆)	64.49	61.86	69.38	74.97	77.55	76.45	78.40	78.55	77.36	78.89
生活用汽车(台)	2.59	5.47	5.94	8.09	11.25	12.46	12.51	14.62	20.96	26.02
中高档乐器(架)	0.22	0.51	0.61	0.73	0.90	1.02	1.23	1.45	1.46	1.45
彩色电视机(台)	111.24	110.42	112.17	112.53	114.03	115.45	113.36	115.00	115.93	112.76
照相机(架)	3.14	5.05	5.17	4.26	2.75	3.09	2.18	2.15	1.93	1.27
空调机(台)	24.32	31.40	34.00	36.19	42.32	45.87	65.83	71.79	72.38	91.75
抽油烟机(台)	6.81	12.30	13.09	14.60	18.65	20.94	28.30	32.07	32.31	42.09
家用计算机(台)	11.95	16.90	19.34	19.76	20.57	22.18	27.43	27.25	27.73	26.29
固定电话机(台)	28.41	12.30	27.93	19.70	16.49	17.89	11.33	7.83	5.25	4.35
移动电话机(台)	192.84	217.97	227.35	242.07	259.48	267.22	285.56	286.00	288.45	292.93

注：从2013年起为新口径数据。

2-29 农村居民拥有生产性固定资产(2012-2021年)

项 目	2012	2013	2014	2015	2016	2017	2018	2019	2020	2021
按原值计算(每户拥有)										
合计(元)	**8904.32**	**13892.47**	**13413.36**	**12400.17**	**11170.28**	**9905.90**	**20234.55**	**15324.90**	**19123.36**	**17688.74**
农业	2775.88	3943.64	3916.22	3568.28	3721.28	3589.21	4844.62	4489.22	5547.35	7044.86
林业	5.91	64.59	54.23	66.41	26.10	29.63	30.05	130.07	52.91	42.79
牧业	2358.82	2930.85	2496.74	2114.42	2071.32	1652.36	1497.71	1045.86	1713.10	1516.56
渔业	38.58	105.66	69.56	102.52	52.59	52.10	251.28	270.16	179.46	341.38
制造业	260.66	528.70	242.80	443.14	490.29	483.67	4557.18	1340.92	4188.21	2159.11
电力煤气与水的生产及供应	0.59	198.52	122.89	12.96	14.24	13.15	47.25	65.05	27.46	61.38
建筑业	257.87	644.37	621.91	1013.30	922.18	510.57	1221.64	1043.91	513.93	876.75
交通运输业、仓储和邮政业	1962.12	2774.17	2269.31	1957.27	1904.74	1838.32	2707.12	2108.96	2352.91	2086.86
批发和零售贸易业	545.21	1223.92	2377.90	1426.48	1318.98	1075.07	3298.58	3392.81	3190.14	1979.18
住宿和餐饮业	107.16	285.55	178.06	157.63	98.73	164.77	377.93	301.53	202.22	376.72
居民服务与其他服务业	276.06	886.67	767.36	387.22	462.62	363.59	1088.53	790.35	613.92	1074.82
其他	103.55	261.77	128.75	1078.94	74.97	121.69	307.55	346.06	541.75	128.33
按实物统计(每百户拥有)										
大中型拖拉机(台)	0.51	0.74	0.66	0.55	0.26	0.67	1.08	0.80	0.87	1.04
小型和手扶拖拉机(台)	4.03	6.52	6.36	5.65	5.81	5.59	230.31	4.72	55.82	3.82
机动脱粒机(台)	18.00	15.50	16.86	11.01	9.07	9.99	10.98	9.52	8.07	7.56
农用动力机械(台)	31.89	12.10	12.71	122.25	5.99	6.15	32.50	22.17	5.66	6.35
收割机(台)	1.22	1.35	1.74	35.89	1.70	1.18	2.66	2.17	1.90	1.31
产品畜(头)	22.49	75.90	103.37	30.14	57.52	137.87	72.62	27.99	36.41	22.94

注：部分数据缺失是由于新口径指标体系中已经没有该类指标划分。
交通运输邮电业改为交通运输、仓储和邮政业，批发和零售贸易、餐饮业收入改为批发和零售业。

2-30 农村住户平均每户购买商品情况(2015-2021年)

项目	2015		2016		2017		2018	
	实物量	金额(元)	实物量	金额(元)	实物量	金额(元)	实物量	金额(元)
购买食品		**7660.9**		**8405.1**		**8619.3**		**9662.9**
粮食(原粮)(公斤)		605.6		637.0		685.9		806.2
食用植物油(公斤)	15.1	218.5	16.2	231.2	18.0	253.5	17.7	262.1
动物油(公斤)	11.1	162.3	9.4	167.4	9.7	139.9	9.4	110.7
蔬菜(公斤)	55.7	359.6	62.1	382.5	63.1	371.1	78.8	417.3
猪肉(公斤)	66.7	1551.1	67.3	1840.2	72.5	1818.5	86.9	1821.4
牛肉(公斤)	2.2	138.3	2.7	175.1	2.8	183.8	3.6	220.3
羊肉(公斤)	0.8	49.6	1.1	58.6	1.2	65.4	1.3	74.7
鸡(公斤)	8.0	195.9	8.3	200.8	7.8	191.7	10.3	253.4
鸭(公斤)	4.4	95.7	5.1	109.0	4.3	93.1	6.5	132.2
鲜蛋(公斤)	7.1	113.1	7.3	112.6	6.9	102.6	9.4	136.8
鲜奶(公斤)	2.4	26.3	2.4	29.5	2.6	35.4	4.4	59.0
卷烟(盒)	115.0	846.7	119.1	922.3	118.8	926.1	116.5	1111.7
啤酒(公斤)	10.6	61.0	10.5	63.1	9.7	56.8	8.1	47.0
白酒(公斤)	6.4	135.7	6.2	144.7	6.0	155.0	5.2	134.9
果酒(公斤)	0.1	2.1	0.0	1.8	0.0	2.4	0.0	2.0
茶叶(公斤)	0.3	20.0	0.3	18.9	0.3	23.0	0.3	24.4
豆制品(公斤)		124.8		126.3		124.8		125.2
水果(公斤)	105.1	760.2	115.4	795.3	115.1	832.4	118.7	671.1
糕点(公斤)		143.4		157.6		159.8		170.8
糖果(公斤)		59.5		65.9		57.6		69.8
购买衣着		**1566.4**		**1633.4**		**1674.7**		**2012.2**
服装(件)		1181.8		1189.9		1273.2		1600.3
鞋类(双)		384.6		393.4		401.5		411.9
购买居住用品		**2908.3**		**2991.0**		**3271.5**		**3582.0**
煤(公斤)	187.9	156.3	149.2	125.5	130.8	116.9	128.3	110.4
生活用水(吨)	25.4	48.1	28.5	58.7	29.3	66.4	45.6	95.1
生活用电(度)	1195.9	726.5	1377.5	833.7	1637.2	989.4	1789.3	1076.3

2-30 续表 1

项目	2019		2020		2021	
	实物量	金额(元)	实物量	金额(元)	实物量	金额(元)
购买食品		**10633.2**		**12041.3**		**13790.2**
粮食(原粮)(公斤)		876.0		1014.4		1085.6
食用植物油(公斤)	20.9	297.5	25.7	378.5	25.1	400.3
动物油(公斤)	7.1	103.4	6.4	148.4	10.0	169.5
蔬菜(公斤)	85.5	483.3	88.3	518.0	116.7	635.0
猪肉(公斤)	71.8	1732.2	60.6	2640.1	97.8	2787.1
牛肉(公斤)	4.2	269.8	4.2	316.6	4.7	362.5
羊肉(公斤)	1.2	71.5	1.2	83.2	1.5	103.1
鸡(公斤)	14.4	351.9	14.7	350.8	16.1	375.1
鸭(公斤)	8.9	196.5	9.7	204.7	8.6	179.1
鲜蛋(公斤)	11.7	167.3	12.9	176.7	13.5	178.3
鲜奶(公斤)	6.5	87.3	8.1	110.2	12.2	168.9
卷烟(盒)	111.3	1236.5	115.7	1330.5	124.8	1615.9
啤酒(公斤)	7.3	42.7	7.4	44.1	8.8	54.4
白酒(公斤)	5.1	137.7	4.6	132.6	5.7	147.6
果酒(公斤)	0.1	4.3	0.1	3.1	0.1	4.5
茶叶(公斤)	0.3	22.1	0.4	27.1	0.4	34.4
豆制品(公斤)		142.4		165.5		164.3
水果(公斤)	130.3	774.3	119.5	725.1	153.1	921.1
糕点(公斤)		186.1		196.7		235.2
糖果(公斤)		60.8		62.4		78.7
购买衣着		**2139.9**		**2155.6**		**2424.4**
服装(件)		1686.0		1687.5		1915.4
鞋类(双)		453.9		468.1		509.0
购买居住用品		**3810.4**		**4426.8**		**4287.0**
煤(公斤)	95.5	94.4	85.4	83.5	75.8	88.0
生活用水(吨)	40.7	89.2	51.8	116.0	61.3	129.9
生活用电(度)	1878.9	1141.4	2015.3	1222.2	2133.8	1290.4

2-30 续表 2

项 目	2015		2016		2017		2018	
	实物量	金额(元)	实物量	金额(元)	实物量	金额(元)	实物量	金额(元)
购买文化体育用品		**654.0**		**775.0**		**822.7**		**887.3**
组合音响(台)		5.1		4.3		5.0		1.3
彩色电视机(台)		145.0		174.9		160.4		124.5
购买日用品		**1906.9**		**2054.4**		**2037.9**		**2354.5**
洗衣机(台)		84.6		80.5		68.0		82.3
电冰箱(台)		85.8		120.1		104.2		130.8
空调机(台)		70.1		94.7		101.5		150.6
购买交通、通讯工具和用品		**2847.8**		**3401.8**		**3843.5**		**4477.9**
自行车(辆)	0.0	13.4	0.0	12.5	0.0	10.2	0.0	9.8
电动自行车(辆)	0.0	41.6	0.0	62.2	0.0	39.6	0.0	76.5
摩托车(辆)	0.0	152.5	0.0	175.7	0.0	195.2	0.1	228.5
汽车(辆)	0.0	452.5	0.0	777.1	0.0	983.3	0.1	994.0
固定电话(部)	0.0	1.9	0.0	2.0	0.0	3.1	0.0	1.3
手机(部)	0.4	259.4	0.5	358.7	0.4	365.2	0.5	489.0
购买药品及医疗用品药品(元)		**789.8**		**852.1**		**819.9**		**1203.6**
购买生产资料		**6732.3**		**6673.1**		**6604.5**		**6956.1**
小麦种籽(公斤)	0.4	2.1	0.6	3.0	0.9	3.0	1.0	3.7
稻谷种籽(公斤)	6.1	125.0	6.3	131.4	6.8	123.1	6.7	129.7
玉米种籽(公斤)	1.4	32.9	1.3	25.6	1.2	24.6	0.9	20.4
化肥(公斤)	480.7	1044.4	471.1	950.6	400.7	902.5	406.8	980.5
农药(公斤)		404.6		367.4		387.2		491.3
农用薄膜(公斤)	0.8	14.0	0.8	11.8	0.6	8.9	0.6	10.3
购买农林牧渔业机械		**209.4**		**309.1**		**228.2**		**264.4**

注：部分数据缺失是由于新口径指标体系中已经没有该类指标划分。

2-30 续表 3

项 目	2019		2020		2021	
	实物量	金额(元)	实物量	金额(元)	实物量	金额(元)
购买文化体育用品		**805.2**		**704.8**		**806.4**
组合音响(台)		2.6		2.3		7.5
彩色电视机(台)		163.4		105.2		105.2
购买日用品		**2383.1**		**2603.7**		**2875.2**
洗衣机(台)		89.9		77.0		95.4
电冰箱(台)		141.6		172.2		197.9
空调机(台)		157.9		195.1		207.9
购买交通、通讯工具和用品		**4995.4**		**5117.6**		**5698.6**
自行车(辆)	0.0	8.6	0.0	9.6	0.0	9.4
电动自行车(辆)	0.0	62.8	0.0	100.7	0.0	109.6
摩托车(辆)	0.0	185.2	0.0	209.9	0.0	224.2
汽车(辆)		1099.7		1162.8		980.4
固定电话(部)		0.8	0.0	0.1		0.2
手机(部)	0.3	367.3	0.3	460.3		523.7
购买药品及医疗用品药品(元)		**1157.6**		**1194.4**		**1216.1**
购买生产资料		**6230.1**		**7097.5**		**7511.1**
小麦种籽(公斤)	0.6	2.6	0.3	1.8	0.4	1.4
稻谷种籽(公斤)	6.5	173.0	9.5	194.6	10.1	204.5
玉米种籽(公斤)	0.7	17.8	0.7	19.2	1.1	19.7
化肥(公斤)	404.6	1049.4	447.4	1159.9	576.2	1373.5
农药(公斤)		527.0		632.3		594.3
农用薄膜(公斤)	0.8	13.3	1.3	17.1	1.5	23.1
购买农林牧渔业机械		**167.3**		**272.3**		**288.0**

2-31 农村居民全年主要消费品人均消费量(2012-2021年)

单位：公斤

指 标	2012	2013	2014	2015	2016	2017	2018	2019	2020	2021
粮食(原粮)	198.55	165.59	182.84	187.95	183.32	186.98	165.53	178.00	191.64	189.27
小麦	3.83	4.66	7.35	7.55	7.56	7.79	10.71	13.76	14.98	15.86
稻谷	187.46	150.69	162.18	165.04	160.86	163.83	135.39	142.22	153.64	151.62
玉米	2.54	2.18	1.96	3.09	3.00	3.51	5.16	5.75	5.94	5.49
薯类	2.13	1.12	1.38	1.99	1.81	1.85	1.77	1.39	1.58	1.20
豆类及豆制品	1.94	3.83	5.60	6.38	6.33	6.26	7.06	8.03	8.52	8.73
#大豆	1.54	0.67	0.99	1.27	1.26	1.26	1.46	0.88	0.82	0.73
蔬菜	121.79	92.53	109.42	103.87	100.29	102.70	86.60	88.28	97.77	102.42
油脂类	8.34	8.95	15.99	11.67	10.89	11.64	11.91	11.64	12.97	14.16
#植物油	4.75	5.95	12.30	7.91	7.72	8.33	8.76	9.24	10.87	10.88
动物油	3.58	2.99	3.70	3.76	3.17	3.31	3.15	2.41	2.10	3.29
肉类及其制品	26.59	26.87	35.64	36.29	26.00	28.78	32.31	27.98	22.96	34.76
#猪肉	17.66	18.70	25.18	25.13	23.72	26.34	29.54	25.19	20.22	31.55
牛肉	0.39	0.46	0.62	0.71	0.88	0.95	1.15	1.34	1.36	1.51
羊肉	0.11	0.17	0.20	0.29	0.40	0.48	0.45	0.40	0.42	0.51
家禽	6.08	6.42	8.05	9.08	10.32	10.92	10.73	13.74	16.83	16.41
其他肉禽及制品	2.35	1.12	0.46	1.41	0.33	0.31	0.45	0.55	0.63	0.76
蛋类及蛋制品	4.92	4.93	6.85	7.27	7.57	7.86	7.74	9.19	11.09	12.34
奶和奶制品	1.32	2.39	3.08	2.90	2.69	2.80	3.31	3.71	4.07	6.28
水产品	6.23	6.10	8.55	8.65	8.96	8.88	9.34	11.74	11.78	12.79
#鱼类	5.81	5.69	7.94	8.03	8.29	8.21	8.49	10.54	10.63	11.20
虾贝蟹类	0.08	0.08	0.13	0.14	0.16	0.20	0.27	0.59	0.60	0.85
藻类	0.10	0.10	0.13	0.15	0.15	0.16	0.15	0.17	0.16	0.20
其他水产品	0.24	0.22	0.35	0.33	0.36	0.32	0.43	0.44	0.39	0.54
食糖	1.05	0.97	1.81	2.11	1.43	1.33	1.26	1.29	1.24	1.28
酒	6.05	5.88	6.55	5.66	5.29	5.01	4.25	4.25	4.13	4.97
#白酒	1.76	1.98	2.76	2.32	2.01	1.95	1.74	1.94	1.82	2.17
啤酒	3.35	3.18	3.76	3.32	3.27	3.05	2.50	2.28	2.29	2.77
果酒	0.02	0.03	0.03	0.02	0.01	0.01	0.01	0.02	0.02	0.03
干鲜瓜果类	27.09	27.39	38.67	42.28	44.55	44.43	47.46	50.31	46.01	56.20
坚果及果仁制品	1.44	1.46	2.29	2.41	2.42	2.62	2.96	3.44	3.08	3.73

2-32 农村居民主要农、牧产品生产情况(2012-2021年)

项目	2012	2013	2014	2015	2016	2017	2018	2019	2020	2021
粮食(公斤/人)	538.55	454.97	571.03	615.70	630.92	639.59	644.69	632.90	661.98	705.77
棉花(公斤/人)	26.20	15.11	16.45	10.48	9.78	10.22	9.20	9.92	5.95	4.00
油料(公斤/人)	22.71	17.61	25.58	24.81	20.32	21.35	27.36	22.02	60.80	37.53

注：部分数据缺失是由于新口径指标体系中已经没有该类指标划分。

2-33 农村居民主要农、牧产品出售情况(2012-2021年)

项目	2012	2013	2014	2015	2016	2017	2018	2019	2020	2021
粮食(公斤/人)	200.79	243.23	316.77	321.65	355.40	332.20	387.39	384.04	275.20	431.13
棉花(公斤/人)	25.31	18.01	11.84	18.99	6.96	12.09	9.61	8.53	6.24	4.58
油料(公斤/人)	10.00	8.37	11.34	12.30	8.64	6.75	10.50	8.60	11.68	47.71
麻类(公斤/人)	0.06	0.09	0.16	0.01	0.00	0.00	0.01	0.00	0.00	0.00
糖料(公斤/人)	3.64	2.07	4.65	6.69	5.00	3.24	0.19	0.56	0.99	0.08
烟叶(公斤/人)	8.07	10.65	12.25	12.26	10.30	7.94	8.51	12.27	9.28	14.30
蔬菜(公斤/人)	55.77	47.45	60.14	95.33	115.38	90.05	103.15	84.43	82.02	154.50
水果(公斤/人)	70.49	94.24	100.95	108.45	120.31	94.41	166.55	166.66	187.19	169.74
茶叶(公斤/人)	2.29	1.05	1.22	1.79	0.81	0.88	0.93	0.77	0.91	0.54
猪肉(公斤/户)	141.42	152.42	145.80	196.46	163.73	189.81	186.37	123.27	69.21	88.29
牛肉(公斤/户)	1.76	4.50	3.59	6.35	5.05	6.15	5.56	5.67	2.50	9.98
羊肉(公斤/户)	1.28	1.32	2.85	2.81	3.36	3.82	2.45	4.47	3.00	3.32
家禽(公斤/户)	8.33	14.16	12.83	17.58	47.52	42.04	13.22	20.84	18.06	11.95
禽蛋(公斤/户)	6.30	10.11	19.26	23.81	26.11	27.79	39.70	22.77	40.20	6.03
水产品(公斤/户)	28.22	43.25	34.59	37.11	47.77	45.66	71.05	102.32	123.93	133.39

2-34 分季度农村居民人均收支(2021年)

单位：元

指标名称	一季度	上半年	前三季度	全年
可支配收入	**5102**	**8635**	**12917**	**18295**
工资性收入	2243	3929	5694	7165
经营净收入	1396	2210	3599	6530
财产净收入	79	120	198	261
转移净收入	1384	2375	3426	4339
生活消费支出	**4357**	**7972**	**11475**	**16951**
食品烟酒	1458	2306	3237	5254
衣着	262	408	486	768
居住	925	1906	2787	3764
生活用品及服务	268	454	698	965
交通通信	514	1002	1504	1921
教育文化娱乐	490	915	1291	2212
医疗保健	377	853	1281	1827
其他用品和服务	63	130	191	238

2-35 各市州住户调查主要指标（2021年）

地　区	全体居民人均可支配收入(元)	城镇居民人均可支配收入		农村居民人均可支配收入		人均消费支　出(元)
		绝对值(元)	增速(%)	绝对值(元)	增速(%)	
长沙市	55587	62145	7.2	38195	9.9	37587
株洲市	42402	52399	7.4	25657	10.4	27031
湘潭市	37170	44772	7.1	25036	10.6	26924
衡阳市	32577	41364	7.5	23499	10.3	24960
邵阳市	23118	33374	8.2	15700	11.2	17905
岳阳市	31236	39799	8.3	20168	10.9	22936
常德市	28733	38339	8.1	19904	10.8	23632
张家界市	20699	29780	6.8	12669	9.8	16903
益阳市	27845	35842	7.7	20741	10.2	21240
郴州市	29600	39874	7.8	19303	10.1	21399
永州市	25679	35128	7.0	18062	10.2	20731
怀化市	21635	32634	7.6	13321	11.1	16862
娄底市	24010	34702	7.9	15628	10.5	18328
湘西州	19660	29774	6.9	12332	9.7	15014

注：与以前的城镇居民人均可支配收入、农村居民人均纯收入相比，2013年分市州城乡居民人均可支配收入在指标名称、口径、范围上有较大变化。主要包括：农村居民人均纯收入指标改为农村居民人均可支配收入；城镇范围由原来的市区和城关镇扩大到了县以下的建制镇和城乡结合区；指标口径城乡都有变化，新的城镇居民人均可支配收入包含从单位获得的实物、免费午餐和居民自有住房折算的租金等项目，同时转移性收入也要减去个人所得税、社会保障支出、赡养支出等转移性支出，只计算净额。农村居民收入由于打工时间较长的农民工计算为城镇常住人口而减少了参与平均的人口。

2-36 各市州全体居民

项　　目	长沙	株洲	湘潭	衡阳	邵阳
可支配收入	55587	42402	37170	32577	23118
工资性收入	31674	22733	20357	19030	11317
经营净收入	8882	7118	6001	4786	3886
财产净收入	5876	3721	2375	2027	1764
转移净收入	9156	8829	8437	6735	6151
消费支出	37587	27031	26924	24960	17905
食品烟酒	9952	7471	8357	7665	5854
衣着	2290	1588	2000	1704	979
居住	7068	6158	4807	4905	4073
生活用品及服务	2686	1660	1781	1630	882
交通通信	4544	3426	3051	2863	1709
教育文化娱乐	7688	3702	4332	3920	2411
医疗保健	2569	2487	2095	1774	1719
其他用品和服务	790	540	501	500	279

2-37 各市州城镇居民

项　　目	长沙	株洲	湘潭	衡阳	邵阳
可支配收入	62145	52399	44772	41364	33374
工资性收入	34834	29618	24902	25839	16997
经营净收入	8094	6711	5192	4410	4355
财产净收入	7846	5307	3395	3667	3703
转移净收入	11372	10764	11283	7450	8318
消费支出	41324	30987	30965	29206	20974
食品烟酒	11076	8614	9643	8944	7298
衣着	2623	1957	2574	2298	1434
居住	7754	6563	5137	5176	4247
生活用品及服务	2992	1962	2085	1894	1062
交通通信	4516	3965	3656	3356	2059
教育文化娱乐	8523	4312	5164	4736	2810
医疗保健	2904	2905	2101	2096	1705
其他用品和服务	936	709	604	707	360

人均收支情况(2021年)

单位：元

岳阳	常德	张家界	益阳	郴州	永州	怀化	娄底	湘西
31236	28733	20699	27845	29600	25679	21635	24010	19660
18229	12434	10350	13079	15767	11268	11558	12678	10658
5092	7872	3748	6864	6692	6059	3680	3368	3342
1717	1642	1718	1715	2439	1885	1036	1004	1033
6198	6785	4882	6187	4702	6467	5361	6959	4626
22936	23632	16903	21240	21399	20731	16862	18328	15014
6686	6802	4659	6593	6426	6361	5291	5609	4585
1553	1533	1160	1234	1254	1102	1138	1202	943
4823	4915	4449	4475	4234	4885	3325	3726	3117
1478	1426	976	1136	1228	1135	1030	1316	893
3233	2670	1686	3139	2425	2301	1826	1669	1659
2733	3736	2390	2543	3795	3056	2549	2429	2027
1912	2093	1293	1684	1683	1573	1329	2060	1502
518	457	290	435	355	319	373	316	287

人均收支情况(2021年)

单位：元

岳阳	常德	张家界	益阳	郴州	永州	怀化	娄底	湘西
39799	38339	29780	35842	39874	35128	32634	34702	29774
24611	18100	15769	18284	22775	17023	19299	20027	17866
4535	8114	4100	6395	7238	6355	3766	3181	3185
2745	3171	3491	2831	4244	3835	2152	2093	2153
7907	8955	6421	8332	5618	7915	7417	9401	6570
26764	28502	20591	24314	25842	25558	23713	23066	18739
7892	8239	5679	8020	7664	7250	7075	6902	5741
2011	2108	1600	1651	1697	1670	1826	1760	1453
5114	5313	5331	4852	4677	6089	4322	3990	3661
1768	1741	1188	1371	1520	1551	1590	1711	1193
3861	3223	2259	3333	2986	2810	2555	2259	2061
3292	5080	2983	2945	5033	3875	3811	3486	2438
2125	2133	1226	1765	1797	1812	1826	2484	1837
701	665	325	377	469	500	708	473	355

2-38 各市州农村居民

项　目	长沙	株洲	湘潭	衡阳	邵阳
可支配收入	38195	25657	25036	23499	15700
工资性收入	23293	11201	13103	11996	7209
经营净收入	10972	7801	7293	5174	3547
财产净收入	651	1065	748	333	361
转移净收入	3279	5589	3893	5996	4583
消费支出	27676	20406	20473	20574	15685
食品烟酒	6971	5557	6304	6343	4810
衣着	1408	970	1084	1091	649
居住	5250	5479	4279	4626	3947
生活用品及服务	1875	1156	1295	1357	752
交通通信	4617	2523	2084	2354	1456
教育文化娱乐	5472	2680	3004	3077	2122
医疗保健	1680	1786	2086	1441	1730
其他用品和服务	403	256	337	285	220

人均收支情况(2021年)

单位：元

岳阳	常德	张家界	益阳	郴州	永州	怀化	娄底	湘西
20168	19904	12669	20741	19303	18062	13321	15628	12332
9981	7227	5559	8455	8744	6630	5707	6917	5436
5811	7649	3438	7281	6145	5820	3615	3514	3456
388	237	150	723	629	312	192	151	222
3988	4790	3522	4281	3784	5300	3807	5045	3218
17988	19157	13643	18510	16946	16839	11683	14614	12315
5128	5482	3757	5325	5185	5644	3942	4596	3748
961	1005	772	864	810	644	618	765	574
4446	4550	3670	4140	3790	3915	2573	3520	2724
1104	1136	788	928	936	799	607	1006	675
2421	2162	1178	2967	1862	1890	1275	1206	1368
2011	2501	1866	2186	2555	2395	1595	1601	1730
1636	2056	1353	1613	1569	1380	954	1728	1259
283	266	259	487	240	173	121	193	239

2-39 各市州全体

项　　目	长沙	株洲	湘潭	衡阳	邵阳
期内住户常住成员数(人/户)	**3.30**	**3.19**	**3.15**	**3.44**	**3.20**
居住空间样式(%)					
单栋楼房	36.2	59.5	41.4	62.9	65.6
单栋平房	2.4	3.0	3.9	4.8	7.5
四居室及以上单元房	5.1	5.1	7.4	6.6	3.8
三居室单元房	31.7	14.0	29.2	19.7	13.6
二居室单元房	22.1	16.9	16.1	5.9	7.6
一居室单元房	1.7	1.3	2.0	0.0	0.7
筒子楼或连片平房	0.8	0.1	0.0	0.0	0.6
其他	0.0	0.1	0.0	0.1	0.6
现住房房屋来源(%)					
租赁公房	0.7	0.0	2.6	0.1	2.4
租赁私房	3.1	0.7	0.8	0.1	1.8
自建住房	36.4	62.0	45.0	70.1	72.9
购买商品房	44.4	29.4	40.0	26.1	14.9
购买房改住房	8.4	5.6	4.3	1.3	3.8
购买保障性住房	1.7	1.2	3.6	0.5	1.0
拆迁安置房	4.0	0.5	1.3	1.7	1.3
继承或获赠住房	0.9	0.0	0.4	0.1	0.4
免费借用房	0.4	0.4	0.7	0.0	0.7
雇主提供免费住房	0.0	0.0	0.7	0.0	0.0
其他来源	0.0	0.2	0.6	0.0	0.8
现住房总建筑面积(平方米/人)	**47.39**	**66.75**	**55.24**	**58.01**	**64.38**
住户主要饮用水来源情况(%)					
经过净化处理的自来水	73.1	66.0	67.7	56.9	74.2
受保护的井水和泉水	18.9	25.7	26.1	31.1	19.9
不受保护的井水和泉水	5.7	1.4	3.1	8.3	3.2
江河湖泊水	0.0	0.0	0.2	0.1	0.1
收集雨水	0.0	0.0	0.0	0.0	0.0
桶装水	2.1	6.9	2.5	3.6	2.3
其他水源	0.2	0.0	0.4	0.0	0.3
住户厕所类型(%)					
水冲式卫生厕所	99.6	99.1	98.5	90.8	79.5
水冲式非卫生厕所	0.2	0.2	0.2	2.1	5.1
卫生旱厕	0.0	0.5	0.9	2.8	5.2
普通旱厕	0.2	0.1	0.0	4.2	10.0
无厕所	0.0	0.1	0.4	0.1	0.2
住户洗澡设施情况(%)					
统一供热水	2.9	2.0	1.2	1.5	1.5
家庭自装热水器	94.9	90.9	95.7	92.6	81.3
其他	1.8	6.6	1.6	4.2	6.3
无洗澡设施	0.4	0.5	1.5	1.7	10.9
住户主要取暖设备状况(%)					
由市政或小区集中供暖	0.9	0.0	0.4	0.0	0.0
自行供暖	92.1	95.8	81.1	89.4	58.8
无取暖设备	7.0	4.2	18.5	10.6	41.2
主要炊用能源状况(%)					
柴草	0.8	3.2	4.3	3.7	11.5
煤炭	2.5	5.3	0.2	3.1	0.9
罐装液化石油气	30.7	36.1	37.9	61.8	49.3
管道液化石油气	2.1	0.6	2.1	0.6	1.2
管道煤气	0.7	0.1	1.5	2.5	5.0
管道天然气	57.7	49.0	49.1	21.2	9.4
电	5.5	5.6	3.2	6.9	22.7
燃料用油	0.0	0.0	0.0	0.1	0.0
沼气	0.0	0.1	1.0	0.0	0.0
其他	0.0	0.0	0.4	0.1	0.0
无炊用行为	0.0	0.0	0.3	0.0	0.0

居民住房情况(2021年)

岳阳	常德	张家界	益阳	郴州	永州	怀化	娄底	湘西
2.92	**2.99**	**3.33**	**2.96**	**3.13**	**3.36**	**3.18**	**3.04**	**3.72**
52.5	61.5	63.7	60.2	55.3	64.4	44.8	54.6	52.9
10.1	12.8	9.1	10.9	6.3	8.6	23.6	4.9	29.0
8.2	4.4	3.1	2.3	6.0	5.0	5.3	8.7	3.3
22.1	14.6	16.2	18.6	22.0	18.9	21.1	22.0	10.0
5.8	6.0	6.3	4.4	8.0	2.5	4.4	8.2	4.1
1.0	0.6	0.7	2.0	1.5	0.0	0.5	0.5	0.3
0.3	0.1	0.7	1.6	0.8	0.1	0.2	1.1	0.0
0.0	0.0	0.2	0.0	0.1	0.5	0.1	0.0	0.4
0.5	0.9	2.7	2.4	3.2	0.4	0.8	0.8	0.5
0.9	0.2	0.9	0.9	2.0	0.5	0.7	5.2	1.1
63.9	73.7	72.7	67.8	61.5	72.2	66.4	63.5	79.8
25.8	23.5	18.6	22.4	25.3	22.7	24.3	19.9	12.1
5.0	1.5	0.6	1.7	2.6	1.8	4.0	4.3	1.1
2.6	0.0	0.7	0.4	0.8	1.0	0.3	1.5	1.1
0.6	0.2	2.7	2.2	2.2	0.6	2.4	0.4	2.6
0.3	0.0	0.0	0.1	0.2	0.5	0.5	0.5	0.3
0.3	0.0	0.3	0.1	1.2	0.1	0.2	3.4	0.6
0.1	0.0	0.0	1.3	0.0	0.0	0.0	0.0	0.1
0.0	0.0	0.8	0.7	1.0	0.2	0.4	0.5	0.5
56.65	**63.38**	**62.72**	**61.27**	**57.78**	**63.96**	**50.10**	**67.29**	**47.10**
79.4	91.4	61.6	80.4	72.4	60.8	68.0	71.2	54.4
8.1	3.0	25.4	18.1	21.7	27.2	24.9	21.0	26.7
12.1	0.4	5.6	0.9	2.5	6.5	3.6	0.7	10.6
0.3	3.9	0.3	0.5	0.1	0.2	0.1	0.2	1.6
0.1	0.0	0.0	0.0	0.0	0.0	0.0	0.0	0.0
0.0	0.4	7.1	0.0	3.3	4.7	3.3	6.9	6.2
0.0	0.9	0.0	0.1	0.0	0.6	0.1	0.0	0.5
99.0	99.4	92.6	98.0	94.6	94.9	83.7	89.7	68.1
0.2	0.0	2.5	1.4	1.8	1.0	7.3	1.9	19.7
0.3	0.3	0.4	0.3	0.9	1.7	2.3	5.6	5.2
0.4	0.3	4.5	0.1	2.6	2.4	6.7	2.8	7.0
0.1	0.0	0.0	0.2	0.1	0.0	0.0	0.0	0.0
1.5	0.3	0.4	2.7	0.9	2.2	1.5	0.2	1.2
96.2	97.4	86.5	93.1	89.6	87.8	82.4	87.4	73.9
2.2	2.0	8.6	2.6	5.9	6.0	8.9	12.2	10.7
0.1	0.3	4.5	1.6	3.6	4.0	7.2	0.2	14.2
0.0	0.0	0.0	0.0	0.0	0.0	0.0	0.0	0.0
97.1	99.1	74.0	73.5	96.1	77.4	85.1	99.3	67.7
2.9	0.9	26.0	26.5	3.9	22.6	14.9	0.7	32.3
1.9	10.2	21.9	4.9	2.3	2.9	22.8	2.5	32.4
0.2	0.3	0.0	0.4	1.8	0.3	0.4	6.6	1.0
61.4	57.7	51.1	56.8	66.1	79.3	51.2	48.4	46.0
1.8	0.0	0.2	2.0	1.4	0.5	0.5	0.2	0.3
0.2	0.0	0.0	1.5	0.6	0.1	0.2	0.0	0.0
29.3	30.4	21.0	27.8	13.4	4.1	6.6	15.0	3.0
5.1	1.2	5.4	4.8	12.7	12.4	17.4	26.6	16.6
0.1	0.0	0.0	0.0	0.1	0.0	0.0	0.0	0.2
0.0	0.1	0.4	0.5	0.0	0.4	0.0	0.3	0.3
0.0	0.0	0.0	0.0	0.1	0.0	0.9	0.2	0.2
0.0	0.1	0.0	1.3	1.5	0.0	0.0	0.2	0.0

2-40 各市州城镇

项目	长沙	株洲	湘潭	衡阳	邵阳
期内住户常住成员数(人/户)	**3.13**	**3.15**	**3.00**	**3.45**	**3.12**
居住空间样式(%)					
单栋楼房	20.8	40.2	14.2	36.9	38.3
单栋平房	0.4	0.8	1.6	1.5	2.4
四居室及以上单元房	6.6	8.0	11.3	12.2	8.1
三居室单元房	40.5	22.1	44.9	37.8	30.4
二居室单元房	28.5	26.6	24.9	11.6	17.4
一居室单元房	2.2	2.1	3.1	0.0	1.7
筒子楼或连片平房	1.0	0.2	0.0	0.0	1.4
其他	0.0	0.0	0.0	0.0	0.3
现住房房屋来源(%)					
租赁公房	0.9	0.1	3.8	0.2	5.3
租赁私房	3.7	1.1	1.2	0.1	3.6
自建住房	18.4	41.0	16.4	42.9	41.0
购买商品房	58.0	46.4	61.4	50.3	34.0
购买房改住房	10.9	8.0	6.7	2.5	8.7
购买保障性住房	2.3	1.9	5.6	0.9	2.3
拆迁安置房	4.1	0.7	1.3	3.1	1.8
继承或获赠住房	1.2	0.0	0.5	0.0	0.8
免费借用房	0.5	0.5	1.1	0.0	0.8
雇主提供免费住房	0.0	0.0	1.1	0.0	0.1
其他来源	0.0	0.3	0.9	0.0	1.6
现住房总建筑面积(平方米/人)	**42.19**	**58.41**	**51.14**	**50.64**	**55.60**
住户主要饮用水来源情况(%)					
经过净化处理的自来水	85.1	87.4	96.6	81.4	95.3
受保护的井水和泉水	9.3	6.8	0.4	9.7	4.0
不受保护的井水和泉水	2.9	1.5	0.0	5.1	0.1
江河湖泊水	0.0	0.0	0.0	0.0	0.1
收集雨水	0.0	0.0	0.0	0.0	0.0
桶装水	2.7	4.3	3.0	3.8	0.5
其他水源	0.0	0.0	0.0	0.0	0.0
住户厕所类型(%)					
水冲式卫生厕所	100.0	99.8	99.4	96.7	97.2
水冲式非卫生厕所	0.0	0.0	0.0	2.8	0.4
卫生旱厕	0.0	0.0	0.0	0.3	0.8
普通旱厕	0.0	0.0	0.0	0.0	1.5
无厕所	0.0	0.2	0.6	0.2	0.1
住户洗澡设施情况(%)					
统一供热水	3.3	2.2	0.0	2.5	2.1
家庭自装热水器	95.5	95.7	98.7	96.6	94.0
其他	1.2	1.8	0.6	0.8	2.0
无洗澡设施	0.0	0.3	0.7	0.1	1.9
住户主要取暖设备状况(%)					
由市政或小区集中供暖	1.2	0.0	0.7	0.0	0.0
自行供暖	91.0	94.5	85.3	89.8	71.4
无取暖设备	7.8	5.5	14.0	10.2	28.6
主要炊用能源状况(%)					
柴草	0.7	0.2	0.0	0.0	0.2
煤炭	0.3	0.7	0.1	1.8	0.6
罐装液化石油气	16.6	19.9	16.5	46.1	42.5
管道液化石油气	2.6	0.4	3.2	1.1	2.8
管道煤气	0.9	0.2	2.3	4.6	11.7
管道天然气	74.2	75.6	74.2	40.9	20.3
电	4.7	3.0	2.4	5.3	21.9
燃料用油	0.0	0.0	0.0	0.2	0.0
沼气	0.0	0.0	0.1	0.0	0.0
其他	0.0	0.0	0.7	0.0	0.0
无炊用行为	0.0	0.0	0.5	0.0	0.0

居民住房情况(2021年)

岳阳	常德	张家界	益阳	郴州	永州	怀化	娄底	湘西
2.94	**3.10**	**3.50**	**2.92**	**3.11**	**3.49**	**3.17**	**3.10**	**3.89**
32.1	40.2	39.7	37.2	27.2	38.0	26.5	19.7	50.3
1.7	4.4	1.6	3.2	1.7	3.1	4.9	1.6	7.8
14.5	9.5	7.0	4.9	9.1	10.6	11.5	14.6	7.7
39.2	31.4	36.1	38.5	42.1	42.6	46.5	43.8	23.6
10.3	13.0	14.0	9.1	15.8	5.6	9.1	17.0	9.9
1.7	1.3	1.6	4.1	2.9	0.0	1.1	0.7	0.7
0.5	0.2	0.0	3.0	1.2	0.0	0.4	2.6	0.0
0.0	0.0	0.0	0.0	0.0	0.1	0.0	0.0	0.0
0.9	1.9	6.0	4.8	6.4	0.9	1.9	1.9	0.8
1.6	0.5	0.9	1.4	3.0	1.3	1.1	7.9	2.6
36.4	43.6	41.7	34.8	28.4	38.8	28.7	28.0	56.6
45.8	50.5	41.6	45.4	48.0	50.6	54.3	44.7	29.7
8.9	3.0	1.3	3.5	4.7	4.1	8.4	9.4	2.7
4.7	0.1	1.4	0.8	1.5	2.3	0.7	2.9	2.6
1.1	0.5	5.2	4.5	3.6	0.6	3.0	1.0	2.2
0.3	0.0	0.0	0.2	0.3	1.0	0.6	0.7	0.2
0.3	0.0	0.8	0.2	2.3	0.2	0.4	2.3	1.5
0.0	0.0	0.0	2.8	0.0	0.0	0.1	0.0	0.3
0.0	0.0	1.1	1.5	1.8	0.2	0.8	1.2	0.8
50.62	**55.89**	**56.55**	**54.05**	**51.77**	**58.01**	**44.00**	**45.80**	**46.81**
91.7	97.6	92.3	94.0	87.7	90.3	87.0	88.0	70.7
0.7	1.4	2.0	5.5	9.0	2.6	6.5	1.2	6.3
7.1	0.0	0.0	0.3	1.1	0.5	0.2	0.0	8.9
0.5	0.0	0.0	0.0	0.3	0.0	0.2	0.0	0.0
0.0	0.0	0.0	0.0	0.0	0.0	0.0	0.0	0.0
0.0	1.0	5.7	0.0	1.9	6.6	6.1	10.8	14.1
0.0	0.0	0.0	0.2	0.0	0.0	0.0	0.0	0.0
99.6	100.0	99.4	99.1	98.6	99.1	98.2	97.6	89.1
0.0	0.0	0.0	0.3	0.8	0.0	0.9	0.6	8.7
0.0	0.0	0.0	0.0	0.0	0.2	0.0	0.4	0.0
0.1	0.0	0.6	0.1	0.6	0.7	0.8	1.4	2.2
0.3	0.0	0.0	0.5	0.0	0.0	0.1	0.0	0.0
2.0	0.1	0.6	4.2	1.1	1.8	1.5	0.4	0.9
96.7	99.4	98.8	93.3	93.5	95.7	95.7	94.8	91.7
1.2	0.4	0.0	0.5	4.0	1.7	1.9	4.4	3.8
0.1	0.1	0.6	2.0	1.4	0.8	0.9	0.4	3.6
0.0	0.0	0.0	0.0	0.0	0.0	0.0	0.0	0.0
97.0	99.5	88.1	80.8	95.1	77.3	91.8	98.9	69.7
3.0	0.5	11.9	19.2	4.9	22.7	8.2	1.1	30.3
0.4	0.8	0.5	0.5	0.1	0.0	0.8	0.0	3.6
0.0	0.4	0.1	0.0	0.8	0.0	0.4	3.7	1.9
40.6	35.5	46.2	32.6	50.4	76.0	63.0	36.9	71.8
3.1	0.0	0.4	3.1	2.8	1.0	0.6	0.3	0.2
0.4	0.0	0.0	1.3	1.1	0.3	0.3	0.0	0.0
52.0	62.8	46.2	55.3	26.2	9.1	14.4	33.9	7.5
3.2	0.5	6.6	4.3	15.6	13.6	20.1	25.2	14.9
0.3	0.0	0.0	0.0	0.0	0.0	0.0	0.0	0.0
0.0	0.0	0.0	0.3	0.0	0.0	0.0	0.0	0.0
0.0	0.0	0.0	0.0	0.1	0.0	0.4	0.0	0.1
0.0	0.0	0.0	2.6	2.9	0.0	0.0	0.0	0.0

2-41 各市州农村

项 目	长沙	株洲	湘潭	衡阳	邵阳
期内住户常住成员数(人/户)	**3.85**	**3.25**	**3.42**	**3.43**	**3.27**
居住空间样式(%)					
单栋楼房	86.6	92.9	90.9	89.5	86.4
单栋平房	9.1	6.7	8.0	8.1	11.4
四居室及以上单元房	0.2	0.0	0.3	0.8	0.5
三居室单元房	3.0	0.0	0.7	1.1	0.7
二居室单元房	1.1	0.0	0.1	0.2	0.1
一居室单元房	0.0	0.0	0.0	0.0	0.0
筒子楼或连片平房	0.0	0.0	0.0	0.0	0.0
其他	0.0	0.4	0.0	0.3	0.9
现住房房屋来源(%)					
租赁公房	0.0	0.0	0.6	0.0	0.1
租赁私房	1.2	0.0	0.0	0.2	0.4
自建住房	95.0	98.4	97.0	98.0	97.1
购买商品房	0.0	0.0	0.9	1.3	0.5
购买房改住房	0.0	1.6	0.0	0.0	0.1
购买保障性住房	0.0	0.0	0.0	0.0	0.1
拆迁安置房	3.8	0.0	1.4	0.3	0.8
继承或获赠住房	0.0	0.0	0.1	0.2	0.1
免费借用房	0.0	0.0	0.0	0.0	0.6
雇主提供免费住房	0.0	0.0	0.0	0.0	0.0
其他来源	0.0	0.0	0.0	0.0	0.2
现住房总建筑面积(平方米/人)	**61.17**	**80.73**	**61.78**	**65.63**	**70.73**
住户主要饮用水来源情况(%)					
经过净化处理的自来水	34.3	29.1	15.2	31.8	58.2
受保护的井水和泉水	50.2	58.3	72.9	53.0	31.9
不受保护的井水和泉水	14.5	1.4	8.8	11.6	5.6
江河湖泊水	0.0	0.0	0.4	0.2	0.1
收集雨水	0.0	0.0	0.0	0.0	0.1
桶装水	0.0	11.2	1.5	3.4	3.6
其他水源	1.0	0.0	1.2	0.0	0.5
住户厕所类型(%)					
水冲式卫生厕所	98.3	98.0	96.9	84.8	66.1
水冲式非卫生厕所	0.7	0.4	0.5	1.4	8.7
卫生旱厕	0.0	1.3	2.6	5.4	8.5
普通旱厕	1.0	0.3	0.0	8.4	16.5
无厕所	0.0	0.0	0.0	0.0	0.2
住户洗澡设施情况(%)					
统一供热水	1.6	1.7	3.3	0.5	1.1
家庭自装热水器	93.1	82.8	90.2	88.6	71.7
其他	3.9	14.9	3.5	7.6	9.6
无洗澡设施	1.4	0.6	3.0	3.3	17.6
住户主要取暖设备状况(%)					
由市政或小区集中供暖	0.0	0.0	0.0	0.0	0.0
自行供暖	94.2	98.0	73.3	89.0	49.3
无取暖设备	5.8	2.0	26.7	11.0	50.7
主要炊用能源状况(%)					
柴草	0.9	8.3	12.1	7.4	20.0
煤炭	9.8	13.1	0.2	4.4	1.1
罐装液化石油气	76.7	64.3	77.0	78.0	54.4
管道液化石油气	0.4	1.1	0.0	0.0	0.1
管道煤气	0.0	0.0	0.0	0.5	0.0
管道天然气	4.1	3.0	3.5	1.0	1.1
电	8.1	9.9	4.7	8.5	23.2
燃料用油	0.0	0.0	0.0	0.0	0.1
沼气	0.0	0.3	2.5	0.0	0.0
其他	0.0	0.0	0.0	0.2	0.0
无炊用行为	0.0	0.0	0.0	0.0	0.0

居民住房情况(2021年)

岳阳	常德	张家界	益阳	郴州	永州	怀化	娄底	湘西
2.90	**2.89**	**3.20**	**3.00**	**3.15**	**3.26**	**3.20**	**2.99**	**3.60**
78.7	79.8	83.1	81.2	83.8	84.3	58.8	80.9	54.6
20.8	19.9	15.2	17.9	11.1	12.8	37.9	7.3	43.3
0.2	0.0	0.0	0.0	2.8	0.8	0.5	4.3	0.3
0.3	0.3	0.0	0.5	1.6	1.1	1.6	5.5	0.9
0.0	0.0	0.1	0.2	0.1	0.1	0.8	1.6	0.2
0.0	0.0	0.0	0.0	0.0	0.0	0.1	0.4	0.0
0.0	0.0	1.3	0.3	0.4	0.1	0.1	0.0	0.0
0.0	0.0	0.3	0.0	0.2	0.8	0.2	0.0	0.7
0.0	0.0	0.0	0.1	0.0	0.0	0.0	0.0	0.3
0.0	0.0	0.8	0.4	1.0	0.0	0.3	3.1	0.1
98.9	99.5	97.8	98.0	95.2	97.5	95.2	90.3	95.5
0.2	0.4	0.1	1.4	2.2	1.7	1.3	1.1	0.3
0.0	0.1	0.0	0.0	0.5	0.1	0.6	0.4	0.0
0.0	0.0	0.1	0.0	0.0	0.0	0.1	0.4	0.0
0.0	0.0	0.7	0.1	0.8	0.5	1.9	0.0	3.0
0.3	0.0	0.0	0.0	0.1	0.0	0.5	0.4	0.4
0.3	0.0	0.0	0.0	0.1	0.0	0.0	4.3	0.1
0.3	0.0	0.0	0.0	0.0	0.0	0.0	0.0	0.0
0.0	0.0	0.5	0.0	0.1	0.2	0.1	0.0	0.3
64.44	**70.26**	**68.18**	**67.68**	**63.80**	**68.75**	**54.71**	**84.14**	**47.32**
63.8	86.2	36.9	67.9	56.8	38.5	53.5	58.4	43.5
17.4	4.3	44.2	29.7	34.7	45.8	39.0	36.1	40.3
18.5	0.7	10.1	1.5	3.8	11.1	6.3	1.3	11.8
0.1	7.2	0.5	0.9	0.0	0.3	0.0	0.3	2.7
0.2	0.0	0.0	0.0	0.0	0.0	0.0	0.0	0.0
0.0	0.0	8.3	0.0	4.6	3.3	1.1	3.9	0.9
0.0	1.6	0.0	0.0	0.1	1.0	0.1	0.0	0.8
98.3	98.9	87.0	97.0	90.5	91.7	72.7	83.7	54.0
0.4	0.0	4.6	2.5	2.8	1.7	12.1	2.9	27.1
0.7	0.5	0.7	0.5	1.9	2.9	4.1	9.5	8.7
0.6	0.6	7.7	0.0	4.7	3.7	11.1	3.9	10.2
0.0	0.0	0.0	0.0	0.1	0.0	0.0	0.0	0.0
0.8	0.5	0.3	1.3	0.6	2.4	1.5	0.1	1.4
95.5	95.8	76.6	92.9	85.7	81.9	72.3	81.8	61.9
3.5	3.3	15.5	4.5	7.8	9.3	14.2	18.1	15.3
0.2	0.4	7.6	1.3	5.9	6.4	12.0	0.0	21.4
0.0	0.0	0.0	0.0	0.0	0.0	0.0	0.0	0.0
97.2	98.8	62.6	66.8	97.1	77.5	79.9	99.5	66.4
2.8	1.2	37.4	33.2	2.9	22.5	20.1	0.5	33.6
3.9	18.2	39.2	9.0	4.5	5.2	39.6	4.3	51.7
0.5	0.2	0.0	0.8	2.9	0.5	0.4	8.8	0.4
87.8	76.6	55.1	78.8	82.1	81.8	42.2	57.1	28.8
0.0	0.0	0.0	0.9	0.0	0.1	0.3	0.1	0.3
0.0	0.0	0.0	1.7	0.1	0.0	0.2	0.0	0.0
0.3	2.8	0.6	2.6	0.5	0.2	0.6	0.7	0.0
7.5	1.9	4.4	5.3	9.7	11.5	15.3	27.7	17.7
0.0	0.0	0.0	0.0	0.2	0.0	0.0	0.0	0.3
0.0	0.2	0.6	0.8	0.0	0.6	0.1	0.5	0.6
0.0	0.0	0.0	0.0	0.0	0.1	1.3	0.4	0.2
0.0	0.1	0.1	0.1	0.0	0.0	0.0	0.4	0.0

2-42 各市州全体居民平均每百户拥有耐用消费品数量(2021年)

项　　目	长沙	株洲	湘潭	衡阳	邵阳	岳阳	常德
家用汽车(辆)	68.55	46.16	47.64	36.24	28.71	46.07	36.78
摩托车(辆)	37.01	75.10	48.13	65.62	44.64	60.17	56.16
助力车(辆)	31.93	22.15	38.52	31.12	25.76	31.03	51.01
洗衣机(台)	109.21	102.62	106.57	99.20	94.95	105.12	102.95
电冰箱(台)	112.88	105.85	104.89	106.29	99.60	118.38	114.02
微波炉(台)	54.85	29.54	37.89	26.46	21.07	36.32	33.37
彩色电视机(台)	123.45	126.80	125.78	111.51	104.44	123.46	124.11
空调(台)	262.65	192.14	209.97	139.53	66.54	201.33	181.38
热水器(台)	104.60	97.53	102.04	99.38	84.97	103.45	105.57
洗碗机(台)	3.77	1.97	3.14	2.33	0.61	2.13	1.29
排油烟机(台)	90.05	72.37	72.42	73.12	47.99	84.57	62.55
固定电话(部)	10.14	7.53	14.58	9.75	7.27	5.75	2.91
移动电话(部)	275.11	280.88	274.15	301.87	261.91	281.13	272.50
计算机(台)	70.80	56.75	65.16	47.96	37.39	41.84	40.18
照相机(架)	19.00	7.30	9.20	4.77	6.39	6.28	5.62
中高档乐器(件)	9.19	7.64	8.37	3.67	2.50	4.17	4.18
健身器材(套)	11.40	8.73	8.73	5.06	3.97	3.80	4.18

2-42 续表

项　　目	张家界	益阳	郴州	永州	怀化	娄底	湘西
家用汽车(辆)	38.07	39.65	33.24	38.15	24.12	32.96	21.57
摩托车(辆)	65.45	53.44	59.54	68.58	51.72	47.90	53.95
助力车(辆)	19.29	35.05	21.60	42.86	15.55	18.79	7.75
洗衣机(台)	101.27	104.61	95.28	90.44	93.83	102.29	95.84
电冰箱(台)	112.64	109.85	100.61	101.86	104.08	108.89	98.91
微波炉(台)	28.88	24.30	21.00	29.60	20.23	21.94	16.69
彩色电视机(台)	111.82	117.14	105.35	114.72	107.82	110.19	107.65
空调(台)	133.83	164.49	91.82	83.31	92.41	132.49	56.47
热水器(台)	94.54	101.22	95.27	94.66	88.95	92.74	81.49
洗碗机(台)	1.21	1.04	1.56	2.80	0.74	0.40	0.37
排油烟机(台)	53.81	62.95	74.80	66.03	49.34	62.58	31.30
固定电话(部)	2.28	5.62	3.77	3.56	4.82	3.50	2.77
移动电话(部)	297.99	271.96	270.09	298.49	284.03	274.28	312.50
计算机(台)	47.11	41.40	43.44	56.49	40.15	42.81	29.23
照相机(架)	4.77	1.87	4.75	6.76	6.90	5.44	3.27
中高档乐器(件)	5.43	3.40	2.75	5.03	4.62	4.22	0.71
健身器材(套)	6.66	8.05	6.27	5.35	5.07	4.67	2.55

2-43 各市州城镇居民平均每百户耐用消费品拥有量(2021年)

项　目	长沙	株洲	湘潭	衡阳	邵阳	岳阳	常德
家用汽车(辆)	68.62	54.13	56.70	45.33	37.88	51.01	45.44
摩托车(辆)	24.64	53.33	26.91	42.71	25.06	34.67	35.25
助力车(辆)	26.97	27.81	42.48	40.80	24.73	24.40	50.73
洗衣机(台)	108.49	105.35	106.73	101.82	100.86	107.26	104.15
电冰箱(台)	110.11	106.53	102.55	109.17	102.53	116.85	111.20
微波炉(台)	62.04	41.68	47.01	39.76	37.05	48.29	47.84
彩色电视机(台)	119.35	122.70	122.17	116.57	104.36	122.75	121.78
空调(台)	276.06	232.89	240.83	187.95	108.29	236.53	229.04
热水器(台)	106.41	106.52	106.51	108.02	100.40	105.41	105.73
洗碗机(台)	4.54	2.30	3.45	3.35	1.01	2.07	1.95
排油烟机(台)	94.60	85.40	89.84	92.05	72.85	91.41	82.51
固定电话(部)	9.33	7.06	12.76	6.94	7.11	6.75	1.59
移动电话(部)	262.08	271.25	259.13	297.55	259.72	268.19	267.64
计算机(台)	79.62	70.01	77.11	66.32	55.35	57.90	59.80
照相机(架)	23.68	10.15	12.74	8.40	12.54	10.52	7.34
中高档乐器(件)	11.33	10.76	12.00	5.43	4.49	6.93	6.96
健身器材(套)	13.12	11.25	11.28	8.63	6.94	5.83	6.12

2-43 续表

项　目	张家界	益阳	郴州	永州	怀化	娄底	湘西
家用汽车(辆)	51.97	47.18	43.66	52.96	33.82	46.21	31.38
摩托车(辆)	46.92	30.37	39.47	48.43	32.32	31.43	44.73
助力车(辆)	23.40	31.80	28.07	54.82	20.97	19.97	9.81
洗衣机(台)	110.14	101.84	97.29	103.23	101.75	104.80	105.85
电冰箱(台)	115.26	106.40	99.77	104.06	102.85	109.38	102.72
微波炉(台)	44.45	34.92	33.07	49.88	36.78	36.54	32.03
彩色电视机(台)	115.97	113.89	106.27	118.87	106.63	115.91	116.65
空调(台)	203.48	202.55	133.35	139.28	158.02	200.50	106.14
热水器(台)	110.75	102.63	101.80	105.15	103.39	105.74	98.37
洗碗机(台)	2.24	1.76	2.10	4.31	1.14	0.87	0.40
排油烟机(台)	83.19	76.93	84.38	91.14	79.69	75.78	61.10
固定电话(部)	3.03	3.51	3.50	4.74	4.30	4.15	2.77
移动电话(部)	297.15	256.50	263.14	290.54	270.95	277.18	306.26
计算机(台)	71.05	50.15	62.86	87.49	61.72	64.03	52.14
照相机(架)	7.63	3.04	8.03	13.65	13.70	11.88	6.12
中高档乐器(件)	6.05	5.32	4.62	8.37	8.56	6.79	0.62
健身器材(套)	11.50	8.52	11.26	11.00	8.93	7.30	5.32

2-44 各市州农村居民平均每百户耐用消费品拥有量(2021年)

项　　目	长沙	株洲	湘潭	衡阳	邵阳	岳阳	常德
家用汽车(辆)	68.31	32.39	31.12	26.92	21.76	39.78	29.37
摩托车(辆)	77.30	112.67	86.78	89.08	59.48	92.67	74.08
助力车(辆)	48.06	12.37	31.30	21.20	26.53	39.48	51.25
洗衣机(台)	111.54	97.92	106.28	96.52	90.47	102.38	101.93
电冰箱(台)	121.91	104.67	109.15	103.33	97.39	120.33	116.45
微波炉(台)	31.43	8.56	21.27	12.85	8.96	21.08	20.98
彩色电视机(台)	136.83	133.89	132.36	106.32	104.51	124.36	126.10
空调(台)	218.97	121.80	153.76	89.94	34.90	156.48	140.57
热水器(台)	98.70	82.00	93.89	90.53	73.27	100.96	105.43
洗碗机(台)	1.24	1.41	2.55	1.28	0.31	2.20	0.73
排油烟机(台)	75.23	49.89	40.68	53.74	29.15	75.85	45.45
固定电话(部)	12.75	8.35	17.88	12.64	7.39	4.47	4.04
移动电话(部)	317.55	297.51	301.52	306.29	263.58	297.62	276.66
计算机(台)	42.08	33.86	43.39	29.15	23.78	21.38	23.39
照相机(架)	3.78	2.37	2.77	1.04	1.73	0.87	4.15
中高档乐器(件)	2.21	2.25	1.77	1.86	0.99	0.64	1.80
健身器材(套)	5.80	4.37	4.07	1.40	1.71	1.21	2.51

2-44 续表

项　目	张家界	益阳	郴州	永州	怀化	娄底	湘西
家用汽车(辆)	26.82	32.76	22.64	26.99	16.72	22.95	15.00
摩托车(辆)	80.45	74.53	79.96	83.78	66.52	60.34	60.14
助力车(辆)	15.97	38.01	15.02	33.85	11.41	17.90	6.37
洗衣机(台)	94.08	107.15	93.23	80.80	87.80	100.39	89.13
电冰箱(台)	110.52	113.00	101.48	100.20	105.02	108.51	96.35
微波炉(台)	16.28	14.59	8.74	14.32	7.60	10.92	6.40
彩色电视机(台)	108.46	120.11	104.42	111.59	108.73	105.87	101.61
空调(台)	77.45	129.70	49.57	41.11	42.35	81.13	23.14
热水器(台)	81.40	99.93	88.63	86.75	77.93	82.93	70.16
洗碗机(台)	0.38	0.38	1.01	1.66	0.44	0.03	0.35
排油烟机(台)	30.03	50.17	65.06	47.10	26.18	52.61	11.31
固定电话(部)	1.66	7.54	4.04	2.67	5.21	3.02	2.77
移动电话(部)	298.67	286.08	277.16	304.48	294.00	272.10	316.69
计算机(台)	27.72	33.41	23.68	33.12	23.70	26.79	13.85
照相机(架)	2.45	0.80	1.42	1.57	1.71	0.58	1.36
中高档乐器(件)	4.92	1.64	0.84	2.51	1.61	2.29	0.77
健身器材(套)	2.75	7.63	1.21	1.09	2.12	2.69	0.69

2-45 按户数五等份分组的城乡居民家庭人均可支配收入(2021年)

单位：元

项 目	低收入户	中低收入户	中等收入户	中高收入户	高收入户
城镇					
#可支配收入	17095.0	29159.3	40357.4	55830.4	99391.6
工资性收入	9446.4	16105.9	22622.6	29970.5	51564.6
经营净收入	2014.3	3515.1	4217.9	7066.1	21141.3
财产净收入	1458.1	2757.0	4174.7	5683.2	12211.3
转移净收入	4176.1	6781.4	9342.3	13110.5	14474.4
#消费支出	15566.7	20392.4	25956.6	33871.3	51103.0
农村					
#可支配收入	5814.0	12304.5	16982.7	22457.1	41700.2
工资性收入	2601.9	5421.7	8360.0	10264.9	12748.9
经营净收入	788.0	2853.3	3943.2	7168.0	22008.5
财产净收入	80.1	157.1	226.1	243.0	736.4
转移净收入	2344.1	3872.5	4453.5	4781.3	6206.4
#消费支出	12728.1	14829.0	16039.2	19375.6	24687.4

2-46 按户数五等份分组的城乡居民家庭人均可支配收入(2021年)

增速：%

项 目	低收入户	中低收入户	中等收入户	中高收入户	高收入户
城镇					
#可支配收入	9.2	8.2	7.7	7.1	6.6
工资性收入	9.8	8.7	7.7	7.0	5.6
经营净收入	6.1	8.8	10.6	11.3	12.7
财产净收入	10.0	8.2	7.6	5.4	4.1
转移净收入	9.2	6.8	6.6	5.8	3.6
#消费支出	7.6	6.9	5.5	4.1	4.0
农村					
#可支配收入	13.3	12.5	10.5	9.6	8.7
工资性收入	15.4	14.8	9.6	8.7	8.1
经营净收入	10.8	10.9	13.4	11.8	9.3
财产净收入	34.4	25.7	14.8	9.8	9.0
转移净收入	11.2	10.2	9.6	8.4	8.0
#消费支出	18.5	15.0	12.6	11.6	10.4

2-47 各县(市、区)住户调查主要指标(2021年)

地 区	全体居民人均可支配收入		城镇居民人均可支配收入		农村居民人均可支配收入	
	绝对值(元)	增速(%)	绝对值(元)	增速(%)	绝对值(元)	增速(%)
芙蓉区	66324.4	7.0	66324.4	7.0		
天心区	66716.0	7.1	66716.0	7.1		
岳麓区	66411.0	7.4	66411.0	7.4		
开福区	65412.2	7.1	65412.2	7.1		
雨花区	66958.5	7.3	66958.5	7.3		
望城区	50608.0	8.6	57916.7	7.5	41512.0	10.0
长沙县	50266.6	7.9	57133.6	6.9	40781.2	9.8
宁乡县	43992.3	8.7	52690.2	7.2	34788.3	10.2
浏阳市	49502.6	8.0	56506.6	7.0	40758.2	9.7
荷塘区	55301.0	7.4	55301.0	7.4		
芦淞区	58307.0	7.7	58307.0	7.7		
石峰区	55870.0	7.3	55870.0	7.3		
天元区	63781.0	7.5	63781.0	7.5		
渌口区	29416.8	9.2	41841.0	7.6	24329.0	10.4
攸 县	40625.1	8.4	46957.0	7.3	33365.0	10.2
茶陵县	26766.9	9.5	40669.0	7.4	12847.2	11.4
炎陵县	22050.3	9.8	34817.0	7.5	11907.0	11.3
醴陵市	41959.3	8.6	48445.1	7.7	33886.0	10.1
雨湖区	45532.4	7.1	45878.3	7.0	39235.9	10.4
岳塘区	44715.9	7.1	44990.7	7.0	39356.2	10.3
湘潭县	30839.5	9.2	42275.8	7.2	23846.4	10.7
湘乡市	30775.9	9.1	42809.7	7.3	23348.7	10.6
韶山市	43725.2	9.1	49140.0	7.5	33432.9	10.5
珠晖区	43828.4	8.2	44407.1	8.2		
雁峰区	43376.0	8.4	43377.2	8.4		
石鼓区	45907.6	8.5	45908.4	8.5		
蒸湘区	44441.0	8.2	44524.9	8.2		
南岳区	48740.3	7.9	49174.0	7.9		
衡阳县	29580.0	9.1	40277.2	7.2	23124.1	10.8
衡南县	31544.0	8.8	39847.0	7.1	26480.0	10.1
衡山县	31470.8	8.6	40166.4	6.8	26336.0	9.9
衡东县	30477.0	8.5	39910.0	6.8	25167.0	9.8
祁东县	24045.0	9.1	32449.3	7.6	18577.0	10.4
耒阳市	33938.2	8.6	41827.1	7.0	26152.0	10.4
常宁市	30389.1	8.8	39500.1	7.4	22165.0	10.7

注：与以前的城镇居民人均可支配收入、农村居民人均纯收入相比，2013年分市县城乡居民人均可支配收入在指标名称、口径、范围上有较大变化。主要包括：农村居民人均纯收入指标改为农村居民人均可支配收入；城镇范围由原来的市区和城关镇扩大到了县以下的建制镇和城乡结合区；指标口径城乡都有变化，新的城镇居民人均可支配收入包含从单位获得的实物、免费午餐和居民自有住房折算的租金等项目，同时转移性收入也要减去个人所得税、社会保障支出、赡养支出等转移性支出，只计算净额。农村居民收入由于打工时间较长的农民工计算为城镇常住人口而减少了参与平均的人口。

2-47 续表 1

地 区	全体居民人均可支配收入		城镇居民人均可支配收入		农村居民人均可支配收入	
	绝对值(元)	增速(%)	绝对值(元)	增速(%)	绝对值(元)	增速(%)
双清区	35072.8	8.9	37131.0	8.6	25621.3	10.8
大祥区	33653.0	9.1	36277.6	8.7	25230.3	10.9
北塔区	30226.3	9.3	33218.4	8.9	22968.9	10.9
邵东县	34094.0	9.9	41009.4	8.5	28071.4	11.3
新邵县	20941.1	9.7	32924.4	7.9	14830.8	11.2
邵阳县	21062.2	10.0	32574.4	8.0	14681.7	11.4
隆回县	19169.6	10.7	30654.3	7.8	14091.7	11.9
洞口县	22005.9	9.9	33082.0	8.3	14576.9	11.6
绥宁县	18076.3	9.6	30081.7	7.6	13377.0	11.1
新宁县	19883.8	9.7	31653.9	8.4	13234.9	11.0
城步县	16641.2	10.2	28867.3	7.6	11424.0	11.9
武冈市	23016.8	9.9	32444.9	8.2	16355.7	11.5
岳阳楼区	44004.1	8.5	44004.1	8.5		
云溪区	46048.1	8.3	46048.1	8.3		
君山区	32207.8	9.6	39068.0	8.7	23559.1	10.9
岳阳县	27733.5	9.8	35171.1	8.0	21414.9	11.0
华容县	30290.0	10.0	36342.0	8.5	25331.0	11.0
湘阴县	30130.0	9.2	37720.6	7.9	23638.0	10.6
平江县	19109.0	9.5	28809.0	8.1	12601.0	11.3
汨罗市	31722.6	9.4	39228.5	8.3	23139.0	10.7
临湘市	27755.0	10.1	35308.2	8.6	20698.1	10.9
武陵区	46094.0	8.7	47036.0	8.5	34546.1	10.6
鼎城区	30471.8	9.4	41500.6	8.2	20767.0	10.8
安乡县	24867.0	9.4	32664.4	7.7	20023.8	10.6
汉寿县	27484.0	10.1	37762.1	8.6	21441.1	11.3
澧 县	26405.0	9.4	35966.1	8.1	21586.2	10.2
临澧县	29553.8	9.4	39120.1	7.8	21919.6	10.1
桃源县	25815.4	10.3	36719.3	8.0	19668.3	11.3
石门县	21746.0	10.3	30703.4	8.4	15775.8	12.2
津市市	33345.2	8.5	40559.2	7.9	20404.1	10.8
永定区	24273.3	8.1	33806.6	6.5	13467.2	9.7
武陵源区	28771.2	7.5	35350.2	6.6	17121.3	9.6
慈利县	20243.0	9.0	29100.0	7.7	14212.0	10.7
桑植县	14771.4	9.1	20694.7	7.4	11240.8	10.6
资阳区	31366.3	8.7	37307.2	7.9	24517.4	9.8
赫山区	37257.2	8.2	44958.2	7.5	24936.2	10.3
南 县	27401.2	9.1	34871.1	7.1	21517.3	10.4
桃江县	26898.1	8.6	36196.0	7.2	20226.2	9.7
安化县	15481.0	10.1	22768.0	7.8	12109.0	11.3
沅江市	32289.0	9.3	41310.0	8.2	23942.0	10.5

2-47 续表 2

地 区	全体居民人均可支配收入		城镇居民人均可支配收入		农村居民人均可支配收入	
	绝对值（元）	增速（%）	绝对值（元）	增速（%）	绝对值（元）	增速（%）
北湖区	41721.1	8.5	45025.1	8.2	28248.4	10.1
苏仙区	37086.2	8.6	43101.3	8.0	25837.9	9.8
桂阳县	32818.9	8.9	42123.1	7.4	24903.8	10.2
宜章县	22901.9	9.2	36667.8	7.9	12631.9	10.7
永兴县	30574.9	8.9	39598.0	7.8	22781.8	9.6
嘉禾县	26790.1	8.6	34468.0	7.4	20562.2	9.9
临武县	23777.1	8.9	33929.3	7.4	16916.0	10.0
汝城县	17756.3	9.1	26497.4	7.3	13079.3	10.5
桂东县	17269.1	8.9	25026.9	7.6	12570.2	10.6
安仁县	20923.2	9.3	30298.1	8.1	14364.2	10.4
资兴市	35962.1	9.0	42190.0	8.1	25480.2	10.0
零陵区	31351.0	8.7	36834.6	7.5	24738.3	10.3
冷水滩区	35676.8	7.7	40345.1	6.9	26480.8	10.0
祁阳县	26764.5	8.6	38398.1	7.1	18053.3	10.0
东安县	25689.0	8.9	36746.0	7.2	19096.9	10.2
双牌县	19497.8	8.5	31273.2	7.4	11735.2	9.8
道 县	25870.0	8.7	33890.0	6.8	20302.2	10.5
江永县	18790.0	8.5	29622.0	6.8	13366.7	9.7
宁远县	24423.2	9.0	33010.8	7.3	19025.1	10.7
蓝山县	25980.9	9.0	35307.0	6.9	18881.0	10.6
新田县	18815.2	8.8	30070.0	6.5	12221.1	10.4
江华县	20067.9	8.2	30517.1	6.6	13844.9	10.1
鹤城区	38276.2	7.4	39910.2	7.2	19788.3	11.2
中方县	21044.3	9.5	33639.8	8.0	15224.4	11.1
沅陵县	18432.4	10.4	28094.3	8.5	13063.0	11.9
辰溪县	18762.4	10.2	28741.4	8.4	13622.4	11.7
溆浦县	20038.1	9.9	28731.8	7.9	15238.0	10.8
会同县	18287.9	10.1	27390.0	8.6	13771.0	11.5
麻阳县	17172.2	9.6	28344.0	7.6	11779.3	10.7
新晃县	16492.8	10.1	25794.0	7.1	11969.0	11.6
芷江县	17865.2	10.4	29484.0	7.5	12263.1	12.0
靖州县	19591.1	9.2	27175.0	7.8	13275.0	11.0
通道县	15898.3	10.6	26174.3	7.7	11427.3	12.1
洪江市	20470.9	8.8	29195.8	7.1	14907.9	10.6
娄星区	38793.0	9.6	40661.2	9.4	25046.3	11.0
双峰县	19452.0	9.7	26410.0	7.8	16275.0	10.5
新化县	16365.0	9.7	26109.0	7.9	11871.0	10.4
冷水江市	38615.0	8.3	42448.4	7.8	25679.9	11.1
涟源市	18781.0	10.5	27974.0	8.7	13771.0	12.1
吉首市	30724.2	7.1	36390.3	6.8	14334.0	9.4
泸溪县	18571.8	9.1	28618.3	7.8	11562.4	10.7
凤凰县	19000.2	8.9	29879.1	6.7	13679.2	10.6
花垣县	18865.5	9.1	29646.6	7.4	12002.5	10.9
保靖县	18483.0	9.7	27038.0	7.6	13108.0	11.1
古丈县	16305.5	8.3	25566.2	6.9	10982.1	9.5
永顺县	16639.0	8.4	25954.0	6.3	11203.0	10.7
龙山县	17559.7	8.5	26516.1	6.5	12651.0	9.6

2-48 各县(市、区)全体居民

地 区	可支配收入(元)	工资性收入	经营净收入	财产净收入	转移净收入	消费支出(元)
芙蓉区	66324.4	31155.9	7944.2	13435.0	13789.2	46032.3
天心区	66716.0	34309.0	9285.0	8658.0	14464.0	46425.0
岳麓区	66411.0	40724.0	8322.0	6105.0	11260.0	48032.0
开福区	65412.2	32891.8	4269.5	8331.0	19919.9	37991.1
雨花区	66958.5	35784.3	9313.3	5612.5	16248.3	51377.8
望城区	50608.0	30594.1	13377.2	3398.1	3238.5	33295.7
长沙县	50266.6	34361.1	6450.2	6640.6	2814.7	32219.1
宁乡县	43992.3	25971.2	7608.8	4119.8	6292.4	30835.2
浏阳市	49502.6	28868.7	13055.3	2807.4	4771.3	28665.8
荷塘区	55301.0	34845.2	3179.4	3184.9	14091.5	37853.0
芦淞区	58307.0	31540.6	11570.2	4628.7	10567.5	36752.0
石峰区	55870.0	33184.6	9136.4	8615.7	4933.3	37893.0
天元区	63781.0	44196.7	2341.6	4108.1	13134.6	41096.0
渌口区	29416.8	13493.6	5140.5	1333.9	9448.9	21424.4
攸 县	40625.1	13486.5	13045.0	3029.3	11064.3	25137.4
茶陵县	26766.9	11678.8	2429.4	1847.6	10811.1	18235.5
炎陵县	22050.3	11914.4	3504.9	1101.9	5529.0	15834.1
醴陵市	41959.3	17781.7	11900.2	4327.2	7950.2	27054.6
雨湖区	45532.4	23873.0	5586.4	2961.5	13111.4	33208.6
岳塘区	44715.9	25748.9	2690.5	3287.3	12989.1	34457.1
湘潭县	30839.5	17245.9	7354.6	1216.3	5022.7	20738.8
湘乡市	30775.9	16890.4	5258.1	3170.1	5457.2	24055.2
韶山市	43725.2	26416.2	9450.0	1490.6	6368.4	31217.3
珠晖区	43828.4	25195.5	3565.5	4484.6	10582.8	30928.9
雁峰区	43376.0	31320.3	3233.9	1821.2	7000.6	29791.8
石鼓区	45907.6	30995.9	6417.7	4722.4	3771.6	38014.8
蒸湘区	44441.0	30257.9	1060.8	4448.3	8674.1	38389.5
南岳区	48740.3	24509.3	8791.1	9019.2	6420.6	30596.2
衡阳县	29580.0	18193.8	6017.9	1332.8	4035.5	22553.9
衡南县	31544.0	18839.5	4130.8	1683.7	6889.9	24842.0
衡山县	31470.8	15895.6	8579.0	1328.8	5667.4	24554.4
衡东县	30477.0	19931.7	2635.1	1606.9	6303.3	21737.3
祁东县	24045.0	9181.2	4183.4	1924.4	8756.0	20920.5
耒阳市	33938.2	18474.3	4684.9	3628.8	7150.3	22846.4
常宁市	30389.1	16182.3	5407.1	1539.6	7260.1	24648.6

人均可支配收入及消费支出(2021年)

食品烟酒	衣着	居住	生活用品及服务	交通通信	教育文化娱乐	医疗保健	其他用品和服务
12252.7	3612.3	8245.3	2960.1	4525.2	9305.3	3630.3	1501.1
11996.0	2459.0	7225.0	3109.0	7999.0	8898.0	3680.0	1059.0
12836.0	2831.0	8821.0	3256.0	5813.0	9920.0	3317.0	1238.0
11881.4	2327.2	7211.8	2392.3	2578.9	7665.7	3492.0	441.8
13440.1	3024.9	9418.5	6135.7	4119.0	10584.4	3731.1	923.9
8651.7	1930.1	6351.4	1947.6	5246.9	6897.1	1686.1	584.9
8674.7	2077.2	5739.5	2206.5	4517.9	6881.2	1818.4	303.7
7893.9	1777.8	6346.0	2007.3	3970.5	6659.4	1519.2	661.1
7268.2	1768.2	6091.4	1706.4	3344.0	5701.4	2025.5	760.6
11760.4	2021.4	6014.2	1927.3	7223.5	5324.0	3081.2	501.1
10288.5	2228.5	6162.2	3408.7	4617.7	6140.0	3323.2	583.3
11730.2	2474.9	6043.3	3005.2	5084.8	5819.7	2391.1	1343.7
11335.1	2462.8	6768.8	2573.3	6743.6	6460.9	3308.2	1443.1
6713.3	956.1	4704.7	1252.1	2361.3	3133.1	1789.6	514.2
5982.1	1142.9	7520.2	1232.3	2725.1	2975.1	3320.4	239.4
5196.6	961.2	4788.5	1198.8	1665.5	2618.5	1388.7	417.8
4320.0	747.6	3729.4	666.6	2255.1	2461.5	1523.3	130.8
7582.3	1577.9	4862.4	1700.3	3656.2	5282.3	1904.1	489.0
10177.1	2396.9	5259.2	2631.7	3835.4	6041.2	2238.2	628.9
11768.9	2605.5	4982.2	2028.1	4269.4	6266.2	1950.3	586.4
6169.8	1265.4	4088.8	1148.2	2172.7	3514.9	2021.4	357.5
6939.7	1830.4	5417.4	1549.6	2317.5	3707.0	1875.4	418.3
9577.7	2674.5	5389.4	2425.9	3808.0	5725.5	1297.1	319.3
8128.8	1903.5	5509.5	2051.6	5501.8	5650.4	1639.0	544.5
10832.2	2456.1	4314.9	2834.5	2294.2	4464.9	1809.0	786.1
10499.7	3147.4	5673.4	2085.8	3742.9	8863.3	2192.8	1809.4
11468.1	2691.2	6510.7	2879.2	5421.2	5538.7	2939.4	940.9
7919.6	1563.9	10521.9	2086.8	2360.9	3284.7	2322.4	536.1
7034.2	1539.3	4707.3	1348.7	2132.5	3699.2	1633.8	458.8
8863.7	1635.2	3956.7	1726.1	3016.2	3538.5	1568.2	537.5
7185.0	1279.9	5760.9	1823.4	2788.4	3673.0	1636.0	407.8
5788.1	1708.0	5101.5	1330.2	2435.3	3636.6	1496.3	241.3
7135.3	1037.9	4046.7	1122.8	2257.5	2845.3	2279.9	195.1
7196.0	1539.8	3838.6	1182.7	3169.7	3854.7	1816.1	248.9
7143.5	1433.0	4703.5	1451.1	3053.4	3992.5	2289.6	582.2

2-48 续表 1

地 区	可支配收入(元)					消费支出(元)
		工资性收入	经营净收入	财产净收入	转移净收入	
双清区	35072.8	17567.7	3354.0	3171.7	10979.4	19877.1
大祥区	33653.0	16847.0	4105.6	2212.0	10488.4	23448.5
北塔区	30226.3	18458.7	4271.7	3170.6	4325.3	23976.8
邵东县	34094.0	15314.8	7962.5	5381.4	5435.2	23874.1
新邵县	20941.1	9703.1	3054.5	886.4	7297.1	15538.4
邵阳县	21062.2	8531.3	5272.2	972.8	6285.8	16287.7
隆回县	19169.6	8031.0	4809.5	1091.9	5237.1	15504.9
洞口县	22005.9	11308.2	2866.6	513.5	7317.5	16799.9
绥宁县	18076.3	9882.5	2575.1	1071.9	4546.8	12568.4
新宁县	19883.8	10583.7	4016.2	1896.4	3387.5	17093.0
城步县	16641.2	8846.9	1875.4	1217.7	4701.3	15800.6
武冈市	23016.8	14752.8	1807.7	937.9	5518.4	16855.5
岳阳楼区	44004.1	31481.9	2785.9	3190.7	6545.7	33218.0
云溪区	46048.1	29463.6	4259.1	3426.9	8898.6	29100.4
君山区	32207.8	13227.9	8963.0	1100.3	8916.6	21418.8
岳阳县	27733.5	9266.3	7159.9	1113.2	10194.0	16169.6
华容县	30290.0	13539.8	8735.6	2554.8	5459.8	19370.6
湘阴县	30130.0	13427.3	6962.2	921.8	8818.6	23783.0
平江县	19109.0	10704.8	1679.7	940.3	5784.1	16255.4
汨罗市	31722.6	18157.9	4172.8	1749.2	7642.7	24601.4
临湘市	27755.0	13183.2	8219.9	1953.6	4398.3	20671.0
武陵区	46094.0	25902.7	6951.5	3920.7	9319.1	42602.9
鼎城区	30471.8	14188.7	8054.6	1920.0	6308.5	24778.6
安乡县	24867.0	10402.3	6413.6	1186.0	6865.1	19742.4
汉寿县	27484.0	11268.3	8574.8	1892.1	5748.8	19708.4
澧 县	26405.0	14127.8	7315.7	1205.9	3755.6	22518.6
临澧县	29553.8	14031.7	7017.8	1912.7	6591.6	21657.5
桃源县	25815.4	10924.9	7902.2	1265.3	5723.0	20008.2
石门县	21746.0	8887.4	6837.0	1046.5	4975.1	21791.3
津市市	33345.2	14801.9	5837.5	2081.8	10624.0	25953.9
永定区	24273.3	11747.1	3697.6	3083.8	5744.8	18563.4
武陵源区	28771.2	17072.0	4450.2	5580.7	1668.4	20460.2
慈利县	20243.0	10990.3	3603.3	665.3	4984.2	17637.1
桑植县	14771.4	6330.1	4278.4	914.6	3248.3	13746.5
资阳区	31366.3	18337.6	4445.1	1986.5	6597.0	22923.4
赫山区	37257.2	20680.7	5730.3	2754.4	8091.7	24957.2
南 县	27401.2	10125.9	9165.3	1637.4	6472.7	21126.9
桃江县	26898.1	12161.9	7587.3	1138.8	6010.2	20601.3
安化县	15481.0	7607.8	2293.3	1019.4	4560.5	13927.0
沅江市	32289.0	13656.5	11318.2	2341.7	4972.6	23880.3
北湖区	41721.1	23757.3	7319.2	3786.8	6857.9	30901.6
苏仙区	37086.2	23173.5	4381.4	3408.7	6122.6	24468.6
桂阳县	32818.9	18378.4	5501.4	3077.7	5861.4	22247.4
宜章县	22901.9	15120.8	2574.1	789.4	4417.5	17034.1

食品烟酒	衣着	居住	生活用品及服务	交通通信	教育文化娱乐	医疗保健	其他用品和服务
7847.8	1115.0	3809.7	1129.2	1683.1	2368.2	1486.6	437.4
7725.5	2128.5	3641.9	1429.5	2569.4	2730.6	1860.3	1362.8
6653.7	1305.6	3657.6	1296.7	4179.1	3089.4	3381.8	413.0
7759.8	1495.0	5520.4	1178.8	3087.3	3258.2	1353.2	221.4
5407.1	884.5	3659.1	755.3	1284.8	2066.8	1239.0	241.8
5191.7	977.4	3320.7	731.3	1818.9	2343.0	1600.5	304.2
4790.7	805.5	4099.3	749.1	1287.4	2010.8	1495.6	266.4
5818.1	1018.4	3083.0	815.6	1662.8	1939.8	2184.4	277.7
3969.0	740.6	2529.6	677.5	1348.6	1970.3	1131.6	201.2
5297.5	903.9	4209.9	957.6	1825.7	1917.7	1694.5	286.3
4969.8	969.0	3632.1	873.9	1801.7	2047.1	1294.9	212.2
5209.9	617.4	4424.2	881.0	1824.7	2380.1	1379.5	138.7
10218.3	2193.2	7066.4	1739.2	4107.4	4677.3	2282.5	933.8
9882.0	3127.3	3180.2	2029.7	3029.7	5026.6	1995.1	829.8
6891.3	1686.1	3645.5	1501.8	3098.0	2440.3	1686.8	469.0
5377.3	995.0	3753.0	1107.3	1340.0	1888.0	1535.9	173.0
5499.1	1298.0	3513.6	1142.2	1938.8	4065.1	1553.7	360.0
6622.5	1509.0	4911.9	1664.3	2834.2	3758.9	2050.6	431.6
4509.4	1085.9	3615.1	995.0	1352.3	2812.5	1629.0	256.2
7283.7	1769.0	5437.8	1820.8	3202.1	2822.8	1761.4	503.8
6650.2	1705.6	4550.7	1264.2	2211.3	2743.4	1328.7	216.8
12878.3	3126.5	8607.5	2979.5	4444.6	7326.2	2142.3	1098.0
8088.6	1529.1	5389.1	1414.8	2680.7	2944.5	2320.2	411.6
6179.9	1338.5	4308.1	1257.9	1986.1	2817.4	1446.0	408.6
6042.9	1171.1	3924.5	1175.9	2059.8	3196.6	1754.6	383.0
7340.0	1570.6	4818.9	1499.0	2492.3	3023.8	1478.5	295.6
6181.2	1290.7	5284.4	1134.3	2603.1	2655.8	2169.7	338.2
5884.1	1225.4	4184.5	1243.6	2295.6	3097.2	1718.4	359.3
6082.0	1124.8	5019.5	1333.2	2465.4	2886.6	2495.4	384.4
8511.8	1822.7	4734.9	1393.9	2877.5	4562.4	1317.7	732.9
5072.9	1199.2	5543.1	826.1	1779.4	2911.5	1040.1	191.3
5605.0	1397.3	5796.4	1084.8	1919.5	3186.0	1232.6	238.7
4617.7	1259.8	3804.4	1264.1	1936.1	2617.9	1739.8	397.2
4055.3	829.1	4170.3	706.3	1146.1	1793.6	697.7	348.0
7813.7	1340.4	3773.8	1020.7	4058.4	2900.5	1703.5	312.4
7857.3	1841.6	4526.9	1158.7	5384.1	2202.1	1704.9	281.5
6558.1	1132.0	4961.2	1266.2	2807.9	1867.3	2137.0	397.3
5898.3	1124.9	4585.4	1117.5	2829.3	2771.6	1959.7	314.8
4104.6	764.9	4315.0	675.3	1049.4	2008.0	850.4	159.6
8104.3	1214.5	2832.6	1126.2	4490.5	4277.7	1231.6	603.0
8811.4	1795.1	6491.1	1846.3	3119.3	6237.4	2115.3	485.7
7893.9	1638.1	4417.1	2024.2	2997.5	3043.7	1762.5	691.7
7764.4	1252.1	4241.1	1348.1	2451.6	3087.8	1648.1	454.1
6017.5	1100.1	3195.8	624.3	1764.1	2609.3	1569.1	154.0

2-48 续表 2

地　区	可支配收入（元）	工资性收入	经营净收入	财产净收入	转移净收入	消费支出（元）
永兴县	30574.9	16866.7	5393.4	624.9	7689.9	17651.6
嘉禾县	26790.1	14740.3	5390.5	1895.3	4763.9	21018.4
临武县	23777.1	14682.2	3026.3	1485.7	4582.9	16812.7
汝城县	17756.3	11921.2	2034.5	1074.5	2726.1	17150.4
桂东县	17269.1	8700.4	3522.9	1077.0	3968.9	14471.4
安仁县	20923.2	10264.2	3208.2	1639.0	5811.8	18361.3
资兴市	35962.1	15828.1	10069.3	2164.5	7900.2	22844.2
零陵区	31351.0	18177.7	5497.3	2330.5	5345.5	23413.6
冷水滩	35676.8	17469.4	11595.1	2018.2	4594.0	22698.3
祁阳县	26764.5	13769.7	4973.7	2169.0	5852.1	21366.3
东安县	25689.0	12532.8	6021.2	1977.0	5158.1	19968.8
双牌县	19497.8	10375.3	3700.5	1394.9	4027.2	16500.2
道　县	25870.0	12557.4	5606.1	1719.8	5986.8	18035.3
江永县	18790.0	9447.1	5007.8	1079.0	3256.2	14422.4
宁远县	24423.2	11313.8	4041.6	1439.8	7628.0	18897.3
蓝山县	25980.9	12871.6	4095.3	3173.5	5840.5	22316.3
新田县	18815.2	9108.4	4215.9	1264.6	4226.3	15119.5
江华县	20067.9	10133.4	3725.3	1465.2	4744.0	13866.0
鹤城区	38276.2	24967.0	2917.0	3180.4	7211.9	31293.6
中方县	21044.3	11970.6	5942.6	867.5	2263.6	14843.3
沅陵县	18432.4	7761.2	3177.1	980.8	6513.3	14500.5
辰溪县	18762.4	10664.7	2118.5	463.8	5515.3	15831.4
溆浦县	20038.1	8776.4	4748.7	812.9	5700.1	15589.5
会同县	18287.9	8876.3	3058.0	616.0	5737.6	14513.5
麻阳县	17172.2	8546.9	3067.6	476.8	5080.9	13476.3
新晃县	16492.8	8654.5	2928.1	778.1	4132.1	13101.8
芷江县	17865.2	7650.2	5250.0	969.5	3995.5	13990.4
靖州县	19591.1	9164.2	5300.9	533.8	4592.2	14482.9
通道县	15898.3	8457.7	2662.8	728.1	4049.7	12259.7
洪江市	20470.9	9539.0	5542.6	679.3	4710.0	17473.5
娄星区	38793.0	21228.3	5409.0	2591.3	9564.4	25896.3
双峰县	19452.0	9038.5	2664.2	565.0	7184.3	14502.4
新化县	16365.0	8345.4	2443.8	914.2	4661.5	16223.8
冷水江市	38615.0	19577.8	4917.5	1856.7	12262.9	19928.6
涟源市	18781.0	8064.0	3235.3	721.4	6760.4	16741.0
吉首市	30724.2	19856.1	2854.5	1800.4	6213.2	20668.3
泸溪县	18571.8	8441.0	4295.5	722.9	5112.4	12922.2
凤凰县	19000.2	9125.5	3106.9	711.6	6056.2	14019.5
花垣县	18865.5	10372.0	3644.7	810.1	4038.6	12358.0
保靖县	18483.0	9644.5	3618.0	931.6	4289.0	14547.9
古丈县	16305.5	7564.6	2357.5	857.0	5526.4	11615.2
永顺县	16639.0	9903.6	2281.1	896.2	3558.1	13969.6
龙山县	17559.7	7985.5	4341.5	1337.2	3895.5	14756.7

食品烟酒	衣着	居住	生活用品及服务	交通通信	教育文化娱乐	医疗保健	其他用品和服务
6588.8	1060.5	3149.6	1067.0	2454.5	1788.7	1336.6	205.9
6958.7	962.5	3520.8	1236.6	2579.2	3079.3	2104.5	576.9
5746.2	1078.8	3202.7	965.3	1605.6	2624.3	1262.4	327.5
4871.3	1121.2	3643.6	1082.1	2578.9	2239.9	1232.7	380.7
4305.6	699.9	2937.7	764.4	1758.8	2525.7	1188.4	290.8
5746.9	1279.2	4607.3	1109.5	1921.8	2145.1	1316.6	234.9
6821.9	1424.3	4273.7	1496.1	2615.0	3482.2	2191.0	539.9
7537.2	1606.5	4846.0	935.2	3277.4	3022.4	1940.7	248.3
6206.2	1433.8	4858.4	1411.9	3602.1	2674.8	1896.7	614.4
6583.5	1283.1	4675.9	1204.3	3098.5	2715.4	1236.5	569.2
6582.9	1182.1	3677.3	1284.2	1821.8	3720.1	1295.3	405.2
6283.9	639.5	4543.8	457.2	1477.7	1976.6	962.6	158.9
5536.5	866.1	4975.6	924.0	1590.4	2452.5	1359.4	330.7
4630.0	742.3	2908.5	878.1	1560.6	1628.4	1813.5	261.1
6242.5	724.8	5079.7	717.7	1350.0	3529.0	1046.3	207.1
7632.0	1354.1	5243.4	1204.2	1904.2	3412.9	1219.2	346.3
4847.1	793.0	4253.4	814.7	1329.9	1588.4	1318.1	174.7
4240.0	658.6	3291.3	636.9	1520.9	2369.2	943.7	205.5
7878.2	2310.5	6181.4	2604.8	3561.1	5128.1	2288.6	1340.9
4667.6	935.3	2266.9	675.5	2279.8	2390.7	1472.6	155.0
5148.2	883.9	3249.4	756.1	1296.3	1785.4	1192.6	188.6
5853.3	1048.0	2786.8	974.7	1865.1	2015.5	1026.2	261.9
5305.2	1076.0	3354.4	860.6	1421.0	2061.4	1268.2	242.7
4416.7	851.0	2765.4	690.6	1436.6	2553.5	1514.0	285.7
4536.5	843.3	3063.9	765.3	1175.6	2038.6	832.3	220.7
4495.5	742.4	2788.2	668.5	1042.8	2077.1	1056.6	230.7
4196.7	1030.5	2560.2	843.7	1735.9	2257.4	1058.7	307.4
4837.6	965.9	2951.7	865.0	1405.7	2063.3	1146.2	247.4
3980.8	656.1	2469.6	627.0	1085.2	1974.3	1285.0	181.6
5401.2	1159.7	3204.4	933.9	2522.4	2645.5	1337.6	268.8
7388.5	1783.3	4524.3	2073.9	3145.3	4313.7	2132.3	535.0
5009.9	882.3	3867.7	669.3	1140.9	1742.5	1113.4	76.3
5237.1	1126.5	2946.0	1023.3	1508.3	2111.2	1864.4	407.0
7089.4	1347.9	3184.1	1718.0	1420.0	2838.5	1785.6	545.2
4922.9	1111.8	4305.0	1022.5	1483.4	2364.1	1208.6	322.8
6397.0	1384.4	4041.0	1260.4	2620.2	2700.8	1821.0	443.5
4522.9	749.0	2671.5	778.4	1083.7	1935.1	1012.2	169.5
3947.8	833.2	3377.3	1051.2	1650.4	1749.3	1164.0	246.4
3781.9	748.8	2707.7	680.2	1339.0	1522.4	1395.5	182.6
4603.9	899.2	2843.4	968.3	1676.9	1849.8	1479.4	227.0
4151.5	818.3	1868.9	789.4	1063.9	1823.9	879.3	219.9
4862.7	952.8	2961.6	728.8	1186.7	1978.4	1058.4	240.3
4073.6	698.8	3833.3	737.2	1490.6	2333.6	1375.1	214.5

2-49 各县(市、区)城镇居民人均可支配

地 区	可支配收入(元)					消费支出(元)
		工资性收入	经营净收入	财产净收入	转移净收入	
芙蓉区	66324.4	31155.9	7944.2	13435.0	13789.2	46032.3
天心区	66716.0	34309.0	9285.0	8658.0	14464.0	46425.0
岳麓区	66411.0	40724.0	8322.0	6105.0	11260.0	48032.0
开福区	65412.2	32891.8	4269.5	8331.0	19919.9	37991.1
雨花区	66958.5	35784.3	9313.3	5612.5	16248.3	51377.8
望城区	57916.7	33343.4	14722.2	5490.4	4360.7	37851.3
长沙县	57133.6	37162.0	5988.5	10954.7	3028.4	35805.5
宁乡县	52690.2	29269.2	7271.0	7769.4	8380.6	33600.1
浏阳市	56506.6	38262.5	8330.6	4655.8	5257.7	32161.0
荷塘区	55301.0	34845.2	3179.4	3184.9	14091.5	37853.0
芦淞区	58307.0	31540.6	11570.2	4628.7	10567.5	36752.0
石峰区	55870.0	33184.6	9136.4	8615.7	4933.3	37893.0
天元区	63781.0	44196.7	2341.6	4108.1	13134.6	41096.0
渌口区	41841.0	17966.5	2737.1	2847.4	18290.1	22119.0
攸 县	46957.0	15427.7	12228.2	5162.6	14138.5	25559.0
茶陵县	40669.0	17263.3	3644.0	3169.4	16592.4	22248.0
炎陵县	34817.0	21011.4	3295.2	2304.6	8205.8	21245.1
醴陵市	48445.1	21429.7	11853.6	6876.3	8285.5	30661.1
雨湖区	45878.3	23703.4	5531.4	3025.6	13617.8	33177.5
岳塘区	44990.7	25924.4	2446.6	3318.5	13301.3	34633.0
湘潭县	42275.8	25745.0	7713.2	2496.2	6321.4	23127.4
湘乡市	42809.7	23048.8	3779.3	7106.6	8874.9	29830.3
韶山市	49140.0	33707.1	6173.1	1836.9	7423.0	35226.9
珠晖区	44407.1	25441.2	3454.2	4629.3	10882.3	31329.1
雁峰区	43377.2	31321.5	3233.4	1821.3	7001.0	29792.1
石鼓区	45908.4	30996.7	6417.5	4722.5	3771.7	38015.5
蒸湘区	44524.9	30322.0	1028.7	4467.8	8706.3	38394.5
南岳区	49174.0	24595.7	8905.9	9193.0	6479.4	30764.1
衡阳县	40277.2	27538.1	5526.0	2547.8	4665.3	30269.9
衡南县	39847.0	24791.6	2985.1	3730.9	8339.4	26211.0
衡山县	40166.4	25044.8	8117.4	2263.0	4741.3	26304.4
衡东县	39910.0	26632.1	1982.6	4141.7	7153.7	29540.6
祁东县	32449.3	13834.9	2536.5	4745.9	11332.0	27335.2
耒阳市	41827.1	23624.6	4582.2	6398.8	7221.5	25728.2
常宁市	39500.1	22167.8	5155.1	3090.4	9086.8	27870.8
双清区	37131.0	17541.6	3469.0	3686.0	12434.4	19325.3
大祥区	36277.6	18444.3	2079.1	2473.8	13280.5	25156.5
北塔区	33218.4	20510.0	4416.9	4305.7	3985.7	25319.9
邵东县	41009.4	16677.7	9095.2	9629.4	5607.0	25902.2
新邵县	32924.4	17280.4	4633.6	2350.7	8659.7	19141.3
邵阳县	32574.4	15767.5	5755.2	2163.5	8888.2	20258.6

收入及消费支出(2021年)

食品烟酒	衣着	居住	生活用品及服务	交通通信	教育文化娱乐	医疗保健	其他用品和服务
12252.7	3612.3	8245.3	2960.1	4525.2	9305.3	3630.3	1501.1
11996.0	2459.0	7225.0	3109.0	7999.0	8898.0	3680.0	1059.0
12836.0	2831.0	8821.0	3256.0	5813.0	9920.0	3317.0	1238.0
11881.4	2327.2	7211.8	2392.3	2578.9	7665.7	3492.0	441.8
13440.1	3024.9	9418.5	6135.7	4119.0	10584.4	3731.1	923.9
9505.6	2401.0	6978.5	2243.0	6177.3	8038.9	1711.0	796.0
10001.5	2383.3	5931.7	1943.9	5024.0	7742.7	2417.4	361.1
8390.7	2232.9	7895.8	2331.2	2917.9	7382.7	1502.4	946.5
8431.8	2306.8	7360.2	1740.9	2496.4	6867.9	1906.6	1050.5
11760.4	2021.4	6014.2	1927.3	7223.5	5324.0	3081.2	501.1
10288.5	2228.5	6162.2	3408.7	4617.7	6140.0	3323.2	583.3
11730.2	2474.9	6043.3	3005.2	5084.8	5819.7	2391.1	1343.7
11335.1	2462.8	6768.8	2573.3	6743.6	6460.9	3308.2	1443.1
8654.7	1224.2	4107.7	1439.0	1281.7	2819.7	2316.1	276.0
6408.3	1401.2	7210.0	1447.2	2404.7	3000.2	3427.9	259.5
6319.7	1308.9	5307.3	1731.4	2166.1	2969.9	1760.6	684.1
5783.3	1275.9	4250.6	923.6	3474.0	3104.4	2276.2	157.2
8566.4	1863.8	5205.7	1805.9	4660.5	6098.2	1846.5	614.1
10229.8	2416.5	5219.3	2659.4	3769.9	6058.2	2194.9	629.5
11908.7	2624.3	4928.5	2068.0	4258.4	6303.2	1944.1	597.9
6565.4	1953.9	4528.7	1306.0	2715.9	4147.5	1499.4	410.6
8776.2	3109.3	5379.6	2117.4	2919.6	4901.8	2023.3	603.1
10861.8	3212.5	5507.1	2662.0	4562.4	6570.6	1445.0	405.5
8220.3	1917.7	5545.3	2088.4	5641.4	5751.8	1606.8	557.5
10832.4	2456.1	4314.7	2834.6	2294.2	4464.9	1809.1	786.1
10500.0	3147.5	5673.4	2085.8	3743.0	8863.6	2192.8	1809.4
11486.9	2696.9	6472.0	2861.4	5438.3	5549.8	2946.6	942.7
7954.3	1569.9	10615.4	2096.1	2370.1	3282.2	2336.5	539.5
9993.5	2669.1	5274.6	1781.2	2787.6	5405.5	1849.0	509.4
9368.0	2261.9	3673.9	1883.5	3058.5	3744.9	1644.7	575.6
8260.3	1588.6	5072.9	1380.5	3200.8	3659.7	2447.8	693.9
8108.0	2577.5	5455.7	1922.0	3659.7	5413.4	2041.8	362.5
9386.0	1681.4	4989.2	1473.4	3494.9	3056.0	2954.9	299.4
7959.2	2045.0	4074.0	1301.5	2813.3	4809.3	2379.3	346.6
8371.8	1774.3	5213.0	1553.7	3258.1	4386.7	2538.9	774.4
7877.3	1119.8	3008.3	1198.3	1677.2	2364.8	1589.9	489.7
8327.6	2546.6	3655.4	1661.0	1961.6	3097.4	2224.2	1682.8
6888.3	1173.0	3360.0	1001.2	5093.4	3321.9	4096.3	385.8
8635.1	1811.2	6668.1	1044.0	2610.1	3638.4	1192.9	302.4
6476.4	1436.0	4195.3	1184.3	1821.4	2712.0	968.1	347.8
6539.5	1694.2	3360.4	984.3	2034.1	3356.9	1757.4	531.9

2-49 续表 1

地　区	可支配收入(元)					消费支出(元)
		工资性收入	经营净收入	财产净收入	转移净收入	
隆回县	30654.3	14433.3	6368.5	3108.1	6744.4	20432.4
洞口县	33082.0	19281.3	2285.9	1126.6	10388.1	22419.7
绥宁县	30081.7	17847.4	2641.3	2488.7	7104.4	16445.0
新宁县	31653.9	19115.7	2879.0	5039.7	4619.5	23843.2
城步县	28867.3	16175.6	2450.3	2897.5	7343.9	25128.7
武冈市	32444.9	20401.8	1332.7	1905.5	8804.9	17712.2
岳阳楼区	44004.1	31481.9	2785.9	3190.7	6545.7	33218.0
云溪区	46048.1	29463.6	4259.1	3426.9	8898.6	29100.4
君山区	39068.0	18948.2	7124.9	1442.9	11552.0	24569.3
岳阳县	35171.1	10745.4	9689.1	1621.8	13114.8	16452.4
华容县	36342.0	18209.5	5599.3	3764.5	8768.8	20232.4
湘阴县	37720.6	19963.9	7315.0	1674.5	8767.2	26715.5
平江县	28809.0	15706.2	1944.2	2158.0	9000.6	22601.0
汨罗市	39228.5	24044.1	3275.9	2657.4	9251.2	26730.0
临湘市	35308.2	15612.0	11080.5	3274.6	5341.0	25800.0
武陵区	47036.0	26597.8	6606.6	4173.0	9658.6	43735.1
鼎城区	41500.6	19914.6	9063.4	3488.1	9034.5	25941.0
安乡县	32664.4	15627.8	5295.8	2757.8	8983.0	25197.2
汉寿县	37762.1	16406.2	9837.9	3786.1	7732.0	21192.1
澧　县	35966.1	22762.2	5705.5	2517.5	4980.9	26978.1
临澧县	39120.1	18186.2	7385.5	3971.2	9577.3	25777.0
桃源县	36719.3	17694.0	8683.8	3091.8	7249.7	25946.4
石门县	30703.4	14132.4	8394.3	2381.3	5795.4	25663.4
津市市	40559.2	18563.8	5103.2	2976.8	13915.5	29380.4
永定区	33806.6	16586.7	3468.7	5606.8	8144.4	23033.1
武陵源区	35350.2	20081.8	5194.8	8460.1	1613.5	22551.3
慈利县	29100.0	17512.1	3647.3	1331.7	6608.9	21435.0
桑植县	20694.7	9965.0	5744.2	2180.0	2805.6	17864.0
资阳区	37307.2	22477.4	1666.9	3263.8	9899.1	27073.0
赫山区	44958.2	24526.2	6538.5	4283.4	9610.1	27714.3
南　县	34871.1	13908.2	10363.5	2684.9	7914.6	26179.3
桃江县	36196.0	15733.0	9585.4	2097.2	8780.5	22540.1
安化县	22768.0	11858.0	2099.5	2065.2	6745.4	14514.9
沅江市	41310.0	21431.9	9580.1	4152.9	6145.1	26683.0
北湖区	45025.1	24811.3	8063.7	4557.7	7592.4	32160.2
苏仙区	43101.3	27353.4	3274.9	5148.2	7324.8	26629.3
桂阳县	42123.1	26209.3	3458.3	5554.3	6901.2	25941.1
宜章县	36667.8	25647.3	4035.2	1405.2	5580.0	24359.6
永兴县	39598.0	19365.6	9591.9	1342.4	9298.1	18035.2
嘉禾县	34468.0	20850.0	6804.7	3230.4	3582.9	23612.7

食品烟酒	衣着	居住	生活用品及服务	交通通信	教育文化娱乐	医疗保健	其他用品和服务
6564.5	1271.8	4428.9	1135.3	1808.5	2887.8	1897.6	438.0
7379.7	1533.3	3640.7	1108.0	2103.6	2490.8	3837.6	326.0
4896.0	1158.7	2856.5	941.9	1890.7	2641.4	1663.0	396.8
7056.9	1551.2	6946.6	1357.9	2150.8	2225.8	2162.9	391.2
7737.2	1824.1	5572.0	1428.5	2699.8	3517.4	1899.9	449.8
5888.5	865.2	3919.1	921.2	1278.6	2988.9	1707.0	143.7
10218.3	2193.2	7066.4	1739.2	4107.4	4677.3	2282.5	933.8
9882.0	3127.3	3180.2	2029.7	3029.7	5026.6	1995.1	829.8
7961.1	1979.6	3548.6	1867.6	4219.8	2532.6	1988.8	471.2
5901.1	957.2	3333.3	1575.1	1203.3	1959.6	1404.2	118.7
6548.6	1654.2	3497.2	1293.6	2222.9	3441.5	1149.9	424.5
7421.6	2026.7	4543.8	1655.5	3427.7	4927.7	2161.5	551.1
6086.6	1639.4	3567.7	1316.1	2211.2	4729.4	2632.6	418.0
8412.4	2223.4	5826.3	1870.8	2889.5	3293.1	1666.0	548.4
8465.4	2464.4	5293.7	1429.3	2516.9	3256.6	2083.1	290.8
13210.3	3226.8	8818.6	3057.0	4557.4	7576.6	2148.9	1139.5
8122.0	2024.2	4902.0	1559.3	2425.7	3719.0	2595.4	593.4
6952.9	1901.8	5122.3	1575.4	3011.9	3883.0	1982.4	767.7
6354.9	1520.4	3609.1	1473.6	2472.2	3584.8	1811.1	366.0
8952.1	2098.7	4177.5	1318.5	3578.8	3877.1	2406.3	569.1
7521.3	1428.1	6385.6	1387.7	2875.2	3405.0	2334.9	439.2
7928.8	1857.8	4813.1	1676.5	2822.4	4424.1	1870.3	553.4
7230.2	1673.8	5435.0	1509.9	3230.5	4107.3	1878.5	598.3
9986.6	2347.2	4754.7	1455.9	3217.5	5225.0	1441.5	952.0
6572.8	1549.3	6854.0	1062.8	2130.7	3485.4	1106.4	271.7
6237.8	1783.9	6435.9	1326.2	1849.1	3288.7	1431.0	198.8
5674.3	1904.8	3828.0	1413.5	2921.7	3530.3	1693.2	469.4
4442.5	1093.5	6093.6	1130.3	1415.6	2486.4	715.5	486.6
9605.6	1599.8	3708.4	1133.0	5300.9	3852.5	1420.9	451.9
8813.2	2315.7	4926.8	1268.2	5968.6	2457.3	1614.2	350.2
7983.6	1560.8	6116.7	1619.2	3951.6	1969.2	2506.9	471.3
6673.1	1506.0	5011.6	1352.7	2925.5	3030.0	1572.9	468.4
4935.8	928.4	3358.0	794.6	1252.8	2255.0	798.6	191.6
9907.9	1603.2	2864.8	1286.0	4503.0	5092.2	982.2	443.7
9232.5	1853.3	6508.0	1936.3	3270.9	6751.9	2129.5	477.7
8950.7	1940.9	4407.1	2197.5	3176.0	3538.0	1560.2	858.8
9124.3	1646.4	5044.0	1524.2	2678.5	3742.1	1592.7	588.9
8219.3	1916.0	3296.3	780.3	3093.3	3952.2	2868.7	233.4
7279.3	1390.7	2931.9	1181.7	1946.4	1962.6	1124.9	217.7
8523.5	1224.0	3560.4	1225.9	3038.0	3945.1	1471.4	624.3

2-49 续表 2

地　区	可支配收入（元）	工资性收入	经营净收入	财产净收入	转移净收入	消费支出（元）
临武县	33929.3	23304.9	2274.9	2957.2	5392.2	21910.1
汝城县	26497.4	20534.2	1914.9	2671.3	1377.0	20795.3
桂东县	25026.9	15178.2	4085.4	2324.1	3439.2	16217.7
安仁县	30298.1	16288.7	4705.1	3646.9	5657.4	23240.1
资兴市	42190.0	20408.2	9951.7	2984.2	8845.8	24134.2
零陵区	36834.6	24266.3	4731.6	3872.0	3964.7	28374.4
冷水滩	40345.1	21283.3	12919.3	2948.0	3194.6	26155.0
祁阳县	38398.1	21120.7	6238.6	4410.4	6628.5	30019.1
东安县	36746.0	18427.9	7177.4	4578.5	6562.3	26582.0
双牌县	31273.2	15786.6	6786.3	3293.3	5407.1	20053.0
道　县	33890.0	18263.8	5372.8	3386.3	6867.0	23162.1
江永县	29622.0	16546.7	4608.0	2783.7	5683.6	17964.3
宁远县	33010.8	16803.6	3804.5	3402.1	9000.6	23289.9
蓝山县	35307.0	18612.0	3443.0	6573.3	6678.7	29656.9
新田县	30070.0	15749.8	5235.7	3038.0	6046.5	21491.0
江华县	30517.1	16678.8	4160.6	3535.6	6142.2	20473.9
鹤城区	39910.2	26058.7	2762.2	3376.7	7712.6	32626.1
中方县	33639.8	24403.1	6337.3	2071.6	827.8	20303.9
沅陵县	28094.3	12626.8	4088.8	2479.9	8898.8	19778.7
辰溪县	28741.4	17412.8	1683.4	1166.8	8478.3	23593.7
溆浦县	28731.8	15237.8	5294.8	2022.6	6176.6	19444.1
会同县	27390.0	16420.3	1288.9	1617.8	8062.9	20641.6
麻阳县	28344.0	14349.4	4656.0	1350.8	7987.9	21871.0
新晃县	25794.0	13468.1	848.6	2326.7	9150.6	19588.1
芷江县	29484.0	15758.7	5761.3	2758.7	5205.3	21645.0
靖州县	27175.0	12298.6	8234.9	859.3	5782.2	18187.0
通道县	26174.3	15954.2	1057.7	874.5	8287.9	17903.4
洪江市	29195.8	15049.8	5599.7	1357.4	7188.9	24228.1
娄星区	40661.2	22416.1	5316.3	2910.1	10018.7	26688.8
双峰县	26410.0	15036.8	2651.7	1639.0	7082.5	18424.1
新化县	26109.0	13976.6	3485.4	2071.5	6575.5	20062.4
冷水江市	42448.4	22054.1	4984.4	2339.9	13070.0	21038.2
涟源市	27974.0	13941.5	2551.7	1593.4	9887.4	20447.3
吉首市	36390.3	24324.1	2696.2	2374.7	6995.3	23255.2
泸溪县	28618.3	15008.1	6243.2	1477.6	5889.3	16333.2
凤凰县	29879.1	15375.1	2161.6	1903.2	10439.1	17038.1
花垣县	29646.6	18339.3	3726.4	1579.0	6001.9	13948.5
保靖县	27038.0	17221.3	2834.8	2137.5	4844.4	17583.0
古丈县	25566.2	12607.9	1737.8	2168.0	9052.5	15421.7
永顺县	25954.0	16951.8	1828.6	1979.9	5193.8	19060.0
龙山县	26516.1	12873.7	4523.3	3249.5	5869.6	19633.0

食品烟酒	衣着	居住	生活用品及服务	交通通信	教育文化娱乐	医疗保健	其他用品和服务
7584.6	1606.2	3533.8	1402.8	2162.6	3416.0	1865.6	338.4
5761.6	1754.5	4462.5	1030.2	4048.1	2199.1	890.7	648.5
5367.4	928.8	2917.6	874.5	1745.5	2903.3	1158.0	322.7
7032.8	2060.7	5997.4	1253.7	2668.1	2524.6	1340.8	362.3
7559.0	1627.5	4212.3	1578.7	2606.9	3779.7	2224.9	545.4
8709.4	2335.8	5780.0	1140.6	4591.6	4228.0	1217.8	371.1
6322.8	1761.4	5326.3	1670.9	4874.4	3326.0	2090.2	783.0
9003.8	2052.3	5955.8	1826.0	4560.9	3683.1	1915.6	1021.6
8201.5	2127.4	4658.6	1662.5	2868.3	4587.7	1635.3	840.8
8106.8	1062.2	3912.5	781.0	2244.7	2826.1	904.0	215.9
6434.4	1238.4	6941.2	1325.2	2166.1	2611.2	1998.5	447.1
5898.3	1248.5	3995.2	993.0	1861.6	2157.9	1510.4	299.5
6344.2	999.0	6325.0	903.9	2255.1	4929.3	1276.0	257.3
8811.8	1869.8	6309.1	1771.5	2744.5	5750.9	1809.9	589.5
7281.0	1411.9	6006.8	1138.6	1628.6	1997.3	1783.8	243.0
5125.7	1056.4	4980.9	879.0	2531.9	4013.6	1506.8	379.6
8100.9	2401.4	6483.8	2750.9	3696.0	5373.3	2384.8	1435.0
5273.5	1559.5	2926.7	931.1	4479.7	3006.9	1800.9	325.6
6304.1	1437.2	3803.3	1083.9	1511.4	2872.2	2401.6	365.1
8178.8	2105.6	2910.4	1822.5	2926.2	3217.7	1727.8	704.7
6855.8	1439.5	4247.5	1149.8	1890.3	2426.8	1087.4	347.1
6043.1	1661.1	3757.4	1096.1	2111.0	3628.5	1725.6	618.7
8034.5	1858.0	4009.6	1200.7	2028.4	2933.1	1186.6	620.1
6356.8	1332.3	4059.3	1043.4	1285.6	3302.6	1780.2	428.0
6047.8	1817.0	3412.6	1033.8	3008.7	3546.9	2272.6	505.6
6189.3	1416.9	3078.4	1117.3	1413.4	3133.4	1506.6	331.7
5456.2	1119.3	3019.9	1124.9	1358.4	3642.5	1829.5	352.7
8135.4	1833.0	4463.8	1292.5	2136.9	4299.5	1565.3	501.6
7611.4	1893.6	4520.7	2208.5	3159.8	4582.4	2135.1	577.3
5815.4	1544.4	3641.8	1028.6	1777.9	2989.9	1467.4	158.6
6855.2	1446.3	3076.2	1252.8	1475.0	3141.1	2186.8	629.0
7648.1	1458.7	2989.6	1965.5	1561.9	3082.2	1703.9	628.4
5657.6	1577.8	4411.5	1304.1	2126.2	3498.7	1287.0	584.5
7102.3	1650.5	4286.9	1428.5	3098.6	3053.8	2084.7	549.9
5867.1	1217.5	3080.5	1020.3	1348.5	2288.2	1281.5	229.6
4806.5	1266.2	3921.6	1479.0	1368.7	2523.3	1313.8	359.0
4684.6	978.9	3224.5	881.0	1191.8	1443.6	1301.9	242.1
5677.6	1396.1	3255.9	1232.9	1909.9	2222.6	1585.5	302.4
5379.9	1116.8	2593.1	931.3	1323.5	2517.9	1314.7	244.7
6390.0	1652.8	3571.3	1191.8	1677.1	2830.7	1441.7	304.5
5016.3	1178.7	5457.3	1170.6	1841.0	2793.7	1915.1	260.2

2-50 各县(市、区)农村居民人均可支配

地 区	可支配收入(元)					消费支出(元)
		工资性收入	经营净收入	财产净收入	转移净收入	
望城区	41512.0	27172.5	11703.4	794.1	1842.0	27626.0
长沙县	40781.2	30492.2	7088.0	681.5	2519.5	27265.1
宁乡县	34788.3	22481.3	7966.3	257.9	4082.8	27909.4
浏阳市	40758.2	17140.5	18954.1	499.6	4163.9	24302.0
渌口区	24329.0	11661.9	6124.7	714.1	5828.4	21140.0
攸 县	33365.0	11260.7	13981.6	583.3	7539.4	24654.0
茶陵县	12847.2	6087.2	1213.3	524.1	5022.4	14218.0
炎陵县	11907.0	4686.8	3671.4	146.4	3402.3	11535.0
醴陵市	33886.0	13240.9	11958.2	1154.2	7532.7	22565.3
湘潭县	23846.4	12048.8	7135.4	433.6	4228.6	19278.2
湘乡市	23348.7	13089.5	6170.7	740.6	3347.9	20490.9
韶山市	33432.9	12558.2	15678.6	832.3	4363.9	23596.3
衡阳县	23124.1	12554.4	6314.8	599.5	3655.5	17897.2
衡南县	26480.0	15209.4	4829.5	435.2	6005.9	24007.0
衡山县	26336.0	10493.0	8851.6	777.2	6214.3	23521.0
衡东县	25167.0	16160.0	3002.4	180.0	5824.6	17344.7
祁东县	18577.0	6153.4	5254.9	88.8	7080.0	16746.9
耒阳市	26152.0	13391.0	4786.2	894.8	7080.0	20002.1
常宁市	22165.0	10779.5	5634.6	139.8	5611.2	21740.1
邵东县	28071.4	14127.8	6976.0	1681.9	5285.7	22107.9
新邵县	14830.8	5839.5	2249.3	139.7	6602.3	13701.3
邵阳县	14681.7	4520.7	5004.5	312.9	4843.5	14086.9
隆回县	14091.7	5200.3	4120.2	200.4	4570.7	13326.2
洞口县	14576.9	5960.5	3256.1	102.3	5258.0	13030.6
绥宁县	13377.0	6764.8	2549.1	517.4	3545.7	11051.0
新宁县	13234.9	5764.0	4658.5	120.7	2691.6	13279.8
城步县	11424.0	5719.5	1630.0	500.9	3573.6	11819.9
武冈市	16355.7	10761.7	2143.3	254.3	3196.4	16250.2
君山区	23559.1	6016.4	11280.5	668.3	5594.0	17446.9
岳阳县	21414.9	8009.8	5011.3	681.1	7712.7	15929.2
华容县	25331.0	9713.5	11305.5	1563.6	2748.4	18664.4
湘阴县	23638.0	7836.8	6660.5	278.1	8862.6	21274.9
平江县	12601.0	7349.3	1502.3	123.4	3626.1	11998.0
汨罗市	23139.0	11426.5	5198.6	710.7	5803.3	22167.1
临湘市	20698.1	10914.0	5547.2	719.3	3517.6	15879.0
武陵区	34546.1	17381.7	11179.9	827.7	5156.8	28723.0

收入及消费支出(2021年)

食品烟酒	衣着	居住	生活用品及服务	交通通信	教育文化娱乐	医疗保健	其他用品和服务
7589.0	1344.0	5571.0	1579.9	4089.0	5476.0	1655.0	322.1
6841.8	1654.4	5474.1	2569.3	3818.8	5691.2	990.9	224.5
7368.2	1296.2	4705.9	1664.6	5084.4	5894.1	1536.9	359.1
5815.5	1095.8	4507.4	1663.4	4402.1	4245.1	2173.9	398.7
5918.3	846.3	4949.2	1175.5	2803.3	3261.5	1574.0	611.8
5493.4	846.7	7875.9	985.8	3092.5	2946.2	3197.0	216.3
4072.1	613.0	4268.9	665.6	1164.3	2266.6	1016.3	151.1
3157.3	327.9	3315.2	462.4	1286.7	1950.7	925.1	109.8
6357.4	1221.9	4435.2	1568.9	2406.0	4266.6	1975.9	333.4
5927.9	844.5	3819.8	1051.8	1840.6	3128.1	2340.6	325.0
5806.2	1041.0	5440.7	1199.2	1945.8	2969.5	1784.1	304.3
7137.2	1652.0	5165.7	1977.1	2374.0	4119.1	1015.8	155.4
5248.2	857.5	4365.0	1087.8	1737.2	2669.4	1504.0	428.3
8556.0	1252.9	4129.1	1630.1	2990.5	3412.6	1521.5	514.3
6550.0	1097.6	6167.2	2085.0	2544.8	3680.9	1156.6	238.9
4482.3	1218.5	4902.1	997.1	1746.0	2636.4	1189.2	173.0
5670.9	619.2	3433.6	894.7	1452.4	2708.2	1840.7	127.2
6442.7	1041.2	3606.3	1065.5	3521.5	2912.4	1260.1	152.4
6034.7	1124.9	4243.6	1358.5	2868.6	3636.6	2064.5	408.7
6997.5	1219.6	4520.9	1296.2	3502.9	2927.2	1492.8	150.8
4861.9	603.2	3385.7	536.6	1011.2	1737.8	1377.2	187.7
4444.7	580.2	3298.7	591.0	1699.7	1781.0	1513.5	178.0
4006.4	599.4	3953.6	578.3	1057.0	1623.1	1317.9	190.5
4770.7	673.1	2708.9	619.5	1367.2	1570.3	1075.5	245.4
3606.2	577.0	2401.7	573.9	1136.4	1707.7	923.5	124.6
4303.5	538.2	2663.9	731.5	1642.0	1743.6	1430.0	227.1
3788.9	604.1	2804.2	637.2	1418.5	1419.6	1036.7	110.8
4730.4	442.4	4781.0	852.7	2210.5	1949.9	1148.2	135.1
5542.5	1316.1	3767.6	1040.7	1683.8	2323.9	1306.1	466.2
4932.4	1027.0	4109.5	709.9	1456.2	1827.2	1647.8	219.2
4639.3	1006.1	3527.0	1018.2	1706.0	4576.1	1884.5	307.2
5939.1	1066.3	5226.6	1671.7	2326.6	2759.3	1955.7	329.5
3451.2	714.6	3646.9	779.6	776.0	1526.4	955.6	147.7
5993.0	1249.4	4993.5	1763.5	3559.6	2285.0	1870.4	452.8
4954.4	996.7	3856.6	1109.9	1925.8	2264.0	623.9	147.8
8809.0	1896.6	6019.2	2029.6	3062.2	4256.5	2061.3	588.6

2-50 续表 1

地　区	可支配收入(元)					消费支出(元)
		工资性收入	经营净收入	财产净收入	转移净收入	
鼎城区	20767.0	9150.2	7166.8	540.2	3909.7	23755.8
安乡县	20023.8	7156.6	7107.9	209.7	5549.7	16354.2
汉寿县	21441.1	8247.5	7832.2	778.6	4582.8	18836.1
澧　县	21586.2	9776.1	8127.2	544.8	3138.0	20271.1
临澧县	21919.6	10716.3	6724.4	270.0	4209.0	18370.0
桃源县	19668.3	7108.7	7461.6	235.6	4862.3	16660.4
石门县	15775.8	5391.5	5799.1	156.9	4428.4	19210.4
津市市	20404.1	8053.4	7154.9	476.2	4719.6	19807.2
永定区	13467.2	6261.4	3957.1	223.9	3024.8	13497.0
武陵源区	17121.3	11742.3	3131.7	481.8	1765.5	16757.4
慈利县	14212.0	6549.3	3573.3	211.5	3877.9	15051.0
桑植县	11240.8	4163.5	3404.8	160.3	3512.2	11292.3
资阳区	24517.4	13565.2	7647.9	514.0	2790.2	18139.5
赫山区	24936.2	14528.3	4437.2	308.2	5662.5	20546.2
南　县	21517.3	7146.6	8221.5	812.3	5337.0	17147.3
桃江县	20226.2	9599.4	6153.5	451.0	4022.3	19210.1
安化县	12109.0	5641.0	2383.0	535.5	3549.4	13655.0
沅江市	23942.0	6462.0	12926.5	665.8	3887.7	21287.0
北湖区	28248.4	19459.2	4283.3	643.1	3862.8	25769.4
苏仙区	25837.9	15357.0	6450.5	155.8	3874.6	20428.2
桂阳县	24903.8	11716.5	7239.5	970.8	4976.9	19105.1
宜章县	12631.9	7267.7	1484.1	329.9	3550.3	11569.0
永兴县	22781.8	14708.4	1767.2	5.2	6301.0	17320.3
嘉禾县	20562.2	9784.4	4243.4	812.3	5721.9	18914.1
临武县	16916.0	8854.8	3534.1	491.2	4035.8	13367.7
汝城县	13079.3	7312.7	2098.5	220.1	3447.9	15200.1
桂东县	12570.2	4776.8	3182.1	321.6	4289.7	13413.6
安仁县	14364.2	6049.4	2160.8	234.2	5919.8	14948.0
资兴市	25480.2	8119.6	10267.3	784.7	6308.6	20673.0
零陵区	24738.3	10835.4	6420.7	471.6	7010.7	17431.3
冷水滩	26480.8	9956.6	8986.7	186.8	7350.8	15889.0
祁阳县	18053.3	8265.3	4026.5	490.7	5270.7	14887.2

食品烟酒	衣着	居住	生活用品及服务	交通通信	教育文化娱乐	医疗保健	其他用品和服务
8059.2	1093.4	5817.7	1287.7	2905.1	2262.9	2078.1	251.7
5699.7	988.6	3802.4	1060.7	1348.9	2155.5	1112.9	185.5
5859.5	965.8	4109.9	1000.8	1817.4	2968.4	1721.4	393.0
6527.5	1304.4	5142.1	1590.0	1944.6	2593.7	1010.9	157.8
5111.8	1181.0	4405.6	932.1	2386.0	2057.9	2037.8	257.6
4731.4	868.9	3830.1	999.6	1998.6	2349.1	1632.7	249.9
5316.7	758.9	4742.6	1215.4	1955.4	2073.0	2906.6	241.8
5866.3	881.8	4699.5	1282.7	2267.6	3373.8	1095.7	339.7
3372.7	802.3	4057.1	557.7	1381.2	2260.9	964.9	100.1
4484.4	712.7	4664.0	657.4	2044.2	3004.3	881.2	309.3
3898.3	820.7	3788.3	1162.5	1265.0	1996.6	1771.6	348.1
3824.5	671.6	3023.9	453.6	985.5	1380.7	687.1	265.4
5747.9	1041.4	3849.2	891.3	2625.9	1802.9	2029.3	151.6
6328.0	1083.2	3887.1	983.6	4449.0	1794.0	1849.9	171.5
5435.2	794.3	4051.0	988.2	1906.9	1787.1	1845.6	339.1
5342.2	851.4	4279.7	948.8	2760.2	2586.1	2237.2	204.5
3719.9	689.3	4757.8	620.1	955.2	1893.7	874.3	144.8
6435.4	854.8	2802.8	978.3	4479.0	3524.0	1462.3	750.5
7094.1	1558.0	6422.2	1479.3	2501.1	4139.2	2057.1	518.3
5917.5	1071.8	4435.8	1700.1	2663.7	2119.4	2140.7	379.2
6607.6	916.7	3558.1	1198.3	2258.5	2531.3	1695.2	339.5
4374.8	491.4	3120.9	507.8	772.4	1607.4	599.5	94.8
5992.5	775.2	3337.6	968.0	2893.3	1638.6	1519.4	195.7
5689.3	750.3	3488.7	1245.3	2207.1	2377.0	2618.0	538.4
4503.7	722.3	2978.9	669.7	1229.2	2089.2	854.7	320.0
4394.9	782.3	3205.4	1109.8	1792.8	2261.7	1415.8	237.5
3662.4	561.3	2949.9	697.8	1766.9	2296.9	1206.9	271.5
4847.3	732.5	3634.8	1008.6	1399.7	1879.6	1299.7	145.8
5581.3	1082.4	4377.1	1357.2	2628.7	2981.4	2134.1	530.8
6123.6	726.9	3719.7	687.5	1692.6	1568.4	2812.3	100.3
5976.5	788.6	3936.6	901.8	1095.7	1392.0	1515.7	282.3
4771.2	707.2	3717.5	738.8	2003.4	1990.7	727.9	230.4

2-50 续表 2

地 区	可支配收入（元）					消费支出（元）
		工资性收入	经营净收入	财产净收入	转移净收入	
东安县	19096.9	9018.2	5331.8	426.0	4320.9	16026.0
双牌县	11735.2	6808.0	1666.3	143.4	3117.5	14158.1
道　县	20302.2	8595.7	5768.0	562.7	5375.8	14476.0
江永县	13366.7	5892.4	5208.0	225.4	2040.8	12649.0
宁远县	19025.1	7862.9	4190.6	206.3	6765.3	16136.0
蓝山县	18881.0	8501.5	4591.9	585.2	5202.4	16728.0
新田县	12221.1	5217.2	3618.4	225.6	3159.8	11386.4
江华县	13844.9	6235.4	3466.1	232.3	3911.3	9930.7
鹤城区	19788.3	12613.9	4667.8	959.7	1546.9	16216.1
中方县	15224.4	6226.0	5760.2	311.2	2927.0	12320.1
沅陵县	13063.0	5057.2	2670.4	147.7	5187.6	11567.3
辰溪县	13622.4	7188.9	2342.7	101.7	3989.1	11833.3
溆浦县	15243.8	5213.3	4447.5	145.7	5437.4	13463.9
会同县	13771.0	5132.6	3935.9	118.8	4583.7	11472.6
麻阳县	11779.3	5745.8	2300.9	55.0	3677.6	9424.0
新晃县	11969.0	6313.4	3939.4	24.8	1691.3	9947.1
芷江县	12263.1	3740.6	5003.6	106.9	3412.1	10299.7
靖州县	13275.0	6553.7	2857.3	262.8	3601.2	11398.0
通道县	11427.3	5196.1	3361.1	664.4	2205.7	9804.1
洪江市	14907.9	6025.2	5506.2	247.0	3129.5	13166.8
娄星区	25046.3	12487.8	6090.7	245.9	6221.9	20065.1
双峰县	16275.0	6299.7	2669.9	74.6	7230.8	12711.7
新化县	11871.0	5748.3	1963.4	380.5	3778.8	14453.5
冷水江市	25679.9	11222.2	4691.6	226.3	9539.8	16184.2
涟源市	13771.0	4860.8	3607.9	246.1	5056.2	14721.1
吉首市	14334.0	6931.6	3312.5	139.0	3950.9	13185.2
泸溪县	11562.4	3859.3	2936.6	196.4	4570.2	10542.4
凤凰县	13679.2	6068.7	3569.3	128.8	3912.4	12543.1
花垣县	12002.5	5300.2	3592.8	320.6	2788.9	11345.6
保靖县	13108.0	4884.1	4110.1	173.9	3940.0	12641.0
古丈县	10982.1	4665.5	2713.7	103.4	3499.4	9427.1
永顺县	11203.0	5790.5	2545.2	263.8	2603.6	10999.0
龙山县	12651.0	5306.5	4241.9	289.1	2813.5	12084.1

食品烟酒	衣着	居住	生活用品及服务	交通通信	教育文化娱乐	医疗保健	其他用品和服务
5617.8	618.5	3092.3	1058.7	1197.9	3202.8	1092.6	145.5
5082.2	360.8	4960.0	243.7	972.2	1416.6	1001.3	121.3
4913.2	607.7	3611.0	645.5	1190.8	2342.3	915.7	249.9
3994.9	488.9	2364.4	820.5	1409.8	1363.4	1965.2	241.8
6178.5	552.5	4296.9	600.7	781.1	2648.8	902.0	175.6
6733.8	961.6	4432.0	772.4	1264.5	1633.0	769.5	161.2
3421.1	430.4	3226.1	625.0	1155.0	1348.9	1045.3	134.6
3712.5	421.7	2285.0	492.7	918.8	1389.8	608.4	101.8
5358.7	1281.8	2759.4	951.8	2035.6	2353.5	1199.3	276.1
4387.6	646.9	1962.0	557.4	1263.3	2105.9	1320.9	76.1
4505.8	576.5	2941.6	573.9	1176.8	1181.5	520.7	90.5
4655.4	503.3	2723.1	538.1	1318.5	1396.2	664.8	33.8
4450.1	875.6	2862.0	701.1	1162.3	1859.9	1367.9	185.1
3609.5	449.0	2273.1	489.4	1101.9	2020.1	1409.0	120.5
2848.0	353.5	2607.4	555.1	763.9	1606.8	661.3	28.0
3590.3	455.5	2170.0	486.1	924.6	1481.1	704.6	134.8
3304.1	651.4	2149.2	752.1	1122.2	1635.6	473.4	211.8
3712.0	590.3	2846.2	654.9	1399.3	1172.1	846.0	177.2
3338.9	454.5	2230.2	410.3	966.3	1248.5	1048.1	107.2
3657.8	730.4	2401.3	705.2	2768.3	1590.9	1192.4	120.4
5748.0	971.5	4550.4	1083.7	3038.9	2336.6	2112.0	223.9
4642.2	580.0	3970.9	505.2	850.1	1172.9	951.7	38.7
4490.8	979.0	2886.0	917.4	1523.7	1636.3	1715.7	304.7
5204.2	974.0	3840.3	882.6	941.4	2016.0	2061.2	264.6
4522.5	857.8	4247.0	869.0	1133.0	1745.7	1165.8	180.2
4356.9	614.4	3329.7	774.3	1236.2	1679.6	1058.1	135.9
3585.0	422.1	2386.2	609.6	899.0	1688.7	824.3	127.6
3527.8	621.4	3111.1	842.0	1788.1	1370.7	1090.7	191.3
3207.2	602.3	2378.8	552.3	1432.7	1572.5	1455.1	144.6
3929.3	587.0	2584.2	802.2	1530.5	1615.5	1412.7	179.6
3445.4	646.7	1452.6	707.8	914.7	1425.1	629.1	205.6
3971.5	544.3	2605.8	458.6	900.4	1481.0	834.7	202.8
3556.9	435.7	2943.2	499.7	1298.6	2081.4	1079.2	189.4

2-51 分区域人均可支配收入(2021年)

单位：元

项　　目	全省	长株潭城市群	大湘西地区	湘南地区	洞庭湖生态经济区
全体居民可支配收入	31993	48924	22190	29543	29165
城镇居民可支配收入	44866	56989	32589	39222	38143
农村居民可支配收入	18295	31729	14345	20309	20208

三、价格调查

资料整理人员：王湘杰　宋迪敏　罗黎明
陈　婷

3-1 历年各种物价总指数

年 份	居民消费价格指数	商品零售价格指数	农产品生产者价格指数	工业生产者购进价格指数	工业品出厂价格指数
上年=100					
1985	110.9	111.1	111.6		
1986	105.3	104.8	105.7		
1987	109.8	110.6	110.2		
1988	125.6	125.9	123.1		
1989	118.2	118.1	106.8	122.5	118.1
1990	100.4	99.4	94.1	103.3	100.6
1991	104.4	104.1	94.3	110.4	104.7
1992	110.7	109.5	99.1	116.2	111.1
1993	116.8	115.1	114.7	139.7	128.9
1994	125.3	124.5	114.1	119.6	117.6
1995	119.0	115.5	117.2	117.6	121.4
1996	107.7	105.2	104.9	105.7	105.6
1997	102.8	100.3	95.3	100.1	99.2
1998	100.2	97.9	90.4	94.8	95.9
1999	100.5	97.6	91.1	96.2	98.5
2000	101.4	99.3	96.8	106.7	102.9
2001	99.1	98.8	100.9	101.1	99.8
2002	99.5	99.2	99.9	99.3	99.2
2003	102.4	100.6	106.8	106.7	102.6
2004	105.1	103.9	127.3	114.4	108.0
2005	102.3	102.3	99.5	109.4	106.0
2006	101.4	101.3	100.7	106.5	104.3
2007	105.6	104.3	130.6	106.1	106.1
2008	106.0	105.6	126.7	112.0	109.3
2009	99.6	98.5	90.6	92.6	94.3
2010	103.1	103.1	109.9	110.0	106.9
2011	105.5	105.5	121.9	110.8	108.5
2012	102.0	101.7	100.2	100.1	99.1
2013	102.5	101.7	102.1	98.4	98.5
2014	101.9	101.2	98.6	97.9	98.4
2015	101.4	99.9	104.1	94.5	96.3
2016	101.9	101.0	104.7	98.0	98.9
2017	101.4	101.3	98.0	107.2	105.8
2018	102.0	102.3	95.4	103.5	103.2
2019	102.9	102.3	118.0	100.2	99.6
2020	102.3	101.3	123.3	98.9	99.0
2021	100.5	101.6	90.1	108.1	105.9
1978年=100					
1985	143.6	137.1	190.3		
1986	151.2	143.7	201.1		
1987	166.0	158.9	221.6		
1988	208.5	200.1	272.8		
1989	246.4	236.3	291.4	122.5	118.1
1990	247.4	234.9	274.2	126.5	118.8
1991	258.3	244.5	258.6	139.7	124.4
1992	285.9	267.7	256.3	162.3	138.2
1993	333.9	308.2	294.0	226.7	178.1
1994	418.4	383.6	335.5	271.1	209.4
1995	497.9	443.1	393.2	318.8	254.2
1996	536.2	466.1	412.5	337.0	268.4
1997	551.2	467.5	393.1	337.3	266.3
1998	552.3	457.7	355.4	319.8	255.4
1999	555.1	446.7	323.8	307.6	251.6
2000	562.9	443.6	313.4	328.2	258.9
2001	557.8	438.3	316.2	331.8	258.4
2002	555.0	434.8	315.9	329.5	256.3
2003	568.3	437.4	337.4	351.6	263.0
2004	597.3	454.5	429.5	402.2	284.0
2005	611.0	465.0	427.4	440.0	301.0
2006	619.6	471.0	430.4	468.6	313.9
2007	654.3	491.3	562.1	497.2	333.0
2008	693.6	518.8	712.2	556.9	364.0
2009	690.8	511.0	645.3	515.7	343.3
2010	712.2	526.8	654.3	567.3	367.0
2011	751.4	555.8	797.6	628.6	398.2
2012	766.4	565.2	799.2	629.2	394.6
2013	785.6	574.8	816.0	619.1	388.7
2014	800.5	581.7	804.6	606.1	382.5
2015	811.7	581.1	837.6	572.8	368.3
2016	827.1	586.9	877.0	561.3	364.3
2017	838.9	594.2	859.4	601.7	385.4
2018	855.4	607.7	819.9	622.8	397.7
2019	880.2	621.7	967.5	624.0	396.1
2020	900.4	629.8	1086.5	617.1	392.1
2021	904.9	639.9	978.9	667.1	415.3

注：主要原材料、燃料、动力购进价格指数和工业品出厂价格指数以1988年为100。

3-2 历年居民消费价格指数

年 份	居民消费价格指数(上年=100)	城 市	农 村	居民消费价格指数(1985年=100)	城 市	农 村
1985	110.9	111.9	110.2	100.0	100.0	100.0
1986	105.3	105.4	105.3	105.3	105.4	105.3
1987	109.8	111.3	108.8	115.6	117.3	114.6
1988	125.6	125.7	125.4	145.2	147.5	143.7
1989	118.2	117.3	119.1	171.6	173.0	171.1
1990	100.4	100.6	100.2	172.3	174.0	171.4
1991	104.4	105.1	103.8	179.9	182.9	178.0
1992	110.7	113.5	107.9	199.2	207.6	192.0
1993	116.8	117.4	116.4	232.6	243.7	223.5
1994	125.3	124.8	125.6	291.5	304.1	280.7
1995	119.0	118.1	119.5	346.9	359.2	335.7
1996	107.7	107.2	108.2	373.6	385.1	363.2
1997	102.8	103.0	102.5	384.1	396.7	372.3
1998	100.2	100.5	100.1	384.9	398.7	372.7
1999	100.5	99.6	101.4	386.8	397.1	377.9
2000	101.4	101.3	101.4	392.2	402.3	383.2
2001	99.1	98.9	99.3	388.7	397.9	380.5
2002	99.5	99.6	99.4	386.8	396.3	378.2
2003	102.4	101.4	104.1	396.1	401.8	393.7
2004	105.1	104.1	105.7	416.3	418.3	416.2
2005	102.3	102.1	102.8	425.8	427.1	427.9
2006	101.4	101.6	101.2	431.8	433.9	433.0
2007	105.6	105.2	106.9	456.0	456.5	462.9
2008	106.0	105.8	107.4	483.4	483.0	497.2
2009	99.6	99.7	99.6	481.5	480.5	495.2
2010	103.1	103.1	103.2	496.4	495.4	511.1
2011	105.5	105.5	105.6	523.7	522.6	539.7
2012	102.0	102.2	101.6	534.2	534.1	548.3
2013	102.5	102.6	102.5	547.6	548.0	562.0
2014	101.9	102.1	101.4	558.0	559.5	569.9
2015	101.4	101.5	101.1	565.8	567.9	576.1
2016	101.9	101.9	101.9	576.4	578.5	587.2
2017	101.4	101.6	101.1	584.8	587.8	593.7
2018	102.0	101.9	102.0	596.3	599.3	605.5
2019	102.9	102.8	103.1	613.6	616.1	624.3
2020	102.3	102.0	102.9	627.7	628.4	642.4
2021	100.5	100.7	100.0	630.8	632.8	642.4

3-3 历年农村相关价格指数

上年=100

年 份	农村居民消费价格指数	农产品生产者价格指数
1978	99.4	101.7
1979	103.3	127.1
1980	113.6	111.2
1981	102.6	107.3
1982	101.6	103.7
1983	102.7	105.4
1984	102.9	102.9
1985	110.2	111.6
1986	105.3	105.7
1987	108.8	110.2
1988	125.4	123.1
1989	119.1	106.8
1990	100.2	94.1
1991	103.8	94.3
1992	107.9	99.1
1993	116.4	114.7
1994	125.6	144.1
1995	119.5	117.2
1996	108.2	104.9
1997	102.5	95.3
1998	100.1	90.4
1999	101.4	91.1
2000	101.4	96.8
2001	99.3	100.9
2002	99.4	99.9
2003	104.1	106.8
2004	105.7	127.3
2005	102.8	99.5
2006	101.2	100.7
2007	106.9	130.6
2008	107.4	126.7
2009	99.6	90.6
2010	103.2	109.9
2011	105.6	121.9
2012	101.6	100.2
2013	102.5	102.1
2014	101.4	98.6
2015	101.1	104.1
2016	101.9	105.4
2017	101.1	98.0
2018	102.0	95.4
2019	103.1	118.0
2020	102.9	123.3
2021	100.0	90.1

3-4 居民消费价格分类指数(2021年)

上年=100

类　　别	合计	城镇	农村
居民消费价格指数(%)	**100.5**	**100.7**	**100.0**
服务项目价格指数	100.8	100.9	100.6
工业品价格指数	102.3	102.4	102.3
消费品价格指数	100.3	100.6	99.5
扣除食品和能源价格指数	100.8	100.9	100.6
食品烟酒	98.0	98.6	96.7
食品	96.6	97.1	95.4
粮食	102.1	102.6	101.2
薯类	99.5	101.1	92.9
豆类	104.3	104.0	105.1
食用油	102.3	103.5	100.2
菜及食用菌	104.0	104.4	102.9
畜肉类	78.0	79.2	75.8
禽肉类	97.7	97.0	99.6
水产品	116.8	114.6	122.4
蛋类	105.7	105.2	106.8
奶类	100.8	100.7	100.8
干鲜瓜果类	102.8	103.0	102.0
糖果糕点类	100.8	100.8	100.7
调味品	101.4	100.8	102.1
其他食品类	100.5	100.6	100.2
茶及饮料	100.4	100.3	100.6
烟酒	102.3	103.4	100.2
在外餐饮	100.6	100.8	99.9
衣着	100.7	100.8	100.4
服装	100.7	100.8	100.3
鞋类	101.0	101.2	100.5
居住	101.2	101.1	101.2
租赁房房租	101.6	101.7	100.8
住房保养维修及管理	101.1	101.0	101.4
水电燃料	101.1	100.9	101.4
自有住房	101.2	101.2	101.1
生活用品及服务	100.3	100.3	100.2
家具及室内装饰品	100.5	100.8	99.7
家用器具	101.1	101.0	101.2
家用纺织品	100.3	100.3	100.3
家庭日用杂品	99.9	100.0	99.6
个人护理用品	99.1	99.0	99.5
家庭服务	100.8	100.9	100.4
交通通信	104.8	105.0	104.3
交通	106.0	106.2	105.5
通信	100.6	100.5	100.7
教育文化娱乐	101.0	101.1	100.8
教育	101.1	101.0	101.1
文化娱乐	101.0	101.3	99.8
医疗保健	100.7	100.9	100.4
药品及医疗器具	101.0	100.9	101.0
医疗服务	100.7	100.9	100.3
其他用品和服务	97.9	97.8	98.2
其他用品类	99.4	99.4	99.6
其他服务类	96.4	96.5	96.3

3-5 主要商品和服务消费价格指数(2012-2021年)

品　名	2012	2013	2014	2015	2016	2017	2018	2019	2020	2021
大　米	104.7	103.8	101.3	101.5	101.2	101.2	100.7	100.4	101.1	102.6
面　粉	102.9	107.8	104.6	102.0	102.2	103.2	101.5	99.9	101.2	100.7
豆制品	104.0	108.3	104.9	102.6	101.0	100.2	100.3	100.5	106.0	103.9
食用植物油	103.6	101.4	95.3	95.8	101.4	99.9	101.6	100.6	100.4	106.2
猪　肉	92.6	101.0	97.2	111.5	115.9	91.8	91.7	143.1	146.8	68.3
牛　肉	117.6	124.0	111.0	103.5	100.7	100.0	101.5	112.5	113.1	102.8
鸡	103.9	99.5	104.4	103.5	103.6	100.0	104.9	112.4	102.9	95.4
鸭	103.6	107.3	104.9	104.3	101.8	100.2	109.9	107.4	102.8	101.8
鸡　蛋	99.8	104.7	108.6	97.6	98.1	98.4	107.6	106.4	96.7	107.3
淡水鱼	111.7	103.0	101.8	98.0	102.0	107.2	99.0	95.7	105.5	128.0
鲜　菜	111.8	104.8	102.5	105.0	112.2	93.6	106.5	106.0	104.7	104.6
食用盐	103.2	102.4	102.2	100.2	100.5	100.1	100.0	100.2	100.8	102.8
酱　油	102.5	104.1	100.2	100.8	101.2	102.4	105.0	102.2	100.7	101.6
食　醋	101.6	100.8	100.5	101.1	100.7	100.5	109.8	102.8	99.4	100.5
食　糖	101.3	96.9	97.8	100.8	102.2	107.1	103.7	100.7	100.4	100.9
糖　果	103.6	98.2	99.9	101.4	99.3	100.3	102.1	101.1	100.4	101.3
茶　叶	100.7	100.2	100.2	100.0	100.0	101.1	100.3	99.9	98.8	100.1
鲜　奶	100.0	105.0	108.8	102.4	98.6	100.5	101.6	100.2	99.3	102.0
酸　奶	100.1	98.9	104.6	101.3	100.2	100.5	101.6	100.2	100.1	99.3
奶　粉	101.2	102.4	103.5	103.3	99.8	101.7	102.2	102.1	99.5	100.5
白　酒	104.6	101.0	97.1	99.5	100.6	103.0	101.2	100.0	100.5	101.7
葡萄酒	102.5	101.4	100.4	100.9	100.7	100.2	100.2	99.7	100.5	100.7
啤　酒	101.3	102.1	99.9	100.7	99.1	100.3	102.6	103.6	99.2	99.9
女式裙子	102.0	102.9	101.2	102.0	101.9	101.2	104.6	100.8	98.4	101.5
男　鞋	100.5	100.9	100.5	100.7	100.6	100.1	100.4	100.2	100.1	100.4
女　鞋	100.3	100.9	100.6	100.7	101.0	100.3	100.4	100.4	100.1	101.4
童　鞋	101.1	102.1	100.9	101.8	100.5	100.3	100.5	100.7	100.8	100.9
洗衣机	98.8	99.5	100.3	100.0	98.9	100.3	100.6	100.0	99.1	100.7
电冰箱(柜)	98.8	99.7	99.9	99.7	98.9	99.8	100.0	98.5	99.1	100.3
抽油烟机	97.9	98.6	102.2	100.5	99.9	100.3	100.1	99.6	99.1	100.4
空调器	100.2	100.9	101.0	100.1	99.5	100.8	100.9	100.4	99.0	101.6
热水器	99.0	100.0	100.7	100.5	100.2	100.3	100.4	99.8	99.2	102.2
中药材	106.7	103.8	109.7	100.8	102.6	104.2	102.7	102.2	102.4	102.9
中成药	105.5	104.7	105.1	104.2	103.3	102.2	107.2	109.5	101.4	102.5
抗微生物药	99.0	99.6	99.9	101.1	99.8	99.4	103.1	100.3	99.9	99.5
消化系统用药	103.9	100.9	102.1	103.4	108.2	106.4	112.5	103.1	99.7	102.2
呼吸系统用药	101.3	102.3	101.9	102.4	111.8	122.4	107.6	100.6	100.6	100.6
解热镇痛及非甾体抗炎药(解热镇痛药)	100.3	100.4	101.0	103.6	100.9	102.8	101.3	106.9	102.2	101.2

3-5 续表

品　　名	2012	2013	2014	2015	2016	2017	2018	2019	2020	2021
临床手术治疗	100.8	100.6	101.7	102.2	100.9	105.6	100.5	100.1	102.5	102.6
美　　容	104.4	101.4	103.3	100.9	101.8	101.5	104.9	101.2	99.8	100.1
美　　发	107.8	106.4	101.5	102.0	101.4	100.9	105.1	103.2	103.4	100.8
电动自行车	100.3	99.7	99.7	99.5	99.7	100.0	100.3	99.8	99.5	100.8
自 行 车	99.8	100.5	100.8	100.6	99.6	99.9	100.3	100.3	100.0	101.0
汽　　油	102.8	99.0	98.9	80.9	95.5	111.6	112.9	94.0	85.5	117.7
柴　　油	102.5	99.1	96.4	76.5	94.9	112.8	114.2	93.7	84.5	119.4
出租汽车	101.6	101.0	100.5	107.1	103.6	101.4	100.2	100.6	100.1	100.3
飞 机 票	100.8	110.1	102.5	89.6	106.3	98.1	106.4	101.8	93.0	105.7
火 车 票	99.7	99.0	100.0	100.0	100.0	100.0	100.0	100.0	100.0	100.0
长途汽车	101.0	105.0	104.2	98.8	100.1	100.2	104.6	100.2	98.6	100.9
电 视 机	95.1	97.8	97.7	97.5	100.8	100.4	101.1	99.6	99.0	102.4
照 相 机	99.1	97.9	99.4	99.4	100.0	101.8	101.0	99.3	99.9	99.1
家用音响(音响)	98.3	99.2	100.1	99.7	100.0	101.0	100.2	100.0	100.2	100.2
工 具 书	101.1	100.6	100.1	100.0	100.0	100.4	100.1	100.1	99.5	99.8
教　　材	100.7	101.8	101.3	104.3	100.0	100.2	100.2	100.1	100.8	100.0
参考书(参考资料)	100.1	100.0	99.9	99.9	100.1	100.2	100.9	100.2	101.5	100.6
学前教育	103.9	104.7	104.2	102.3	104.1	102.1	103.5	105.6	101.8	101.4
专业技能培训	101.2	103.7	103.5	109.1	97.8	101.4	102.1	103.3	99.3	100.9
旅行社收费	104.7	108.7	115.3	97.7	102.5	105.2	100.6	102.1	96.6	101.3
木 地 板	101.5	102.0	101.7	101.3	101.2	101.9	102.5	100.8	99.3	101.4
水　　泥	102.3	110.0	102.2	96.2	99.8	102.6	114.6	102.5	100.3	106.3
私房房租	100.6	103.1	103.3	102.4	103.1	104.9	103.9	101.9	100.0	101.7
物业管理费用	101.6	101.1	101.4	102.5	103.2	104.3	100.2	100.0	100.0	100.0
水	110.1	103.2	101.8	103.2	103.3	104.0	100.7	101.0	101.0	100.1
电	100.6	100.7	100.0	100.0	99.9	100.0	100.0	100.0	100.0	100.0
液化石油气	105.2	99.5	101.0	81.7	98.4	104.7	108.6	100.8	89.5	108.8
管道燃气	100.0	100.0	99.1	99.9	99.6	99.8	102.4	104.7	100.0	98.9

3-6 14个调查市居民消费价格分类指数(2021年)

类　别	全省	长沙市	株洲市	湘潭市	衡阳市	邵阳市	岳阳市	常德市
居民消费价格指数(%)	**100.5**	**101.1**	**100.7**	**100.7**	**100.3**	**100.2**	**100.3**	**100.2**
一、食品烟酒	98.0	99.2	99.0	98.9	98.0	98.0	97.9	98.1
1.食品	96.6	97.7	98.0	97.9	96.7	96.3	96.0	96.6
(1)粮食	102.1	102.8	103.1	105.6	99.9	103.0	101.7	100.3
(2)薯类	99.5	100.1	104.1	101.8	102.6	103.7	103.3	96.3
(3)豆类	104.3	104.9	102.2	101.7	102.2	108.5	103.9	103.0
(4)食用油	102.3	100.8	104.7	104.2	100.8	108.3	103.5	101.1
(5)菜及食用菌	104.0	104.7	107.6	106.4	107.5	103.2	102.0	106.6
(6)畜肉类	78.0	79.9	79.2	79.1	78.2	79.0	78.7	78.9
(7)禽肉类	97.7	98.5	99.4	99.7	98.0	96.3	93.6	95.3
(8)水产品	116.8	113.6	115.2	116.6	119.1	111.6	116.9	118.0
(9)蛋类	105.7	107.6	101.4	103.2	102.8	106.1	100.4	102.7
(10)奶类	100.8	100.0	100.3	101.1	100.7	99.0	102.2	100.9
(11)干鲜瓜果类	102.8	104.0	106.1	101.7	98.0	101.7	101.3	100.1
(12)糖果糕点类	100.8	101.7	100.7	100.0	99.4	99.9	100.4	100.9
(13)调味品	101.4	100.1	101.8	102.2	99.6	101.6	97.7	100.0
(14)其他食品类	100.5	101.5	99.0	101.1	99.9	99.7	101.5	101.1
2.茶及饮料	100.4	100.2	100.6	99.9	103.9	101.2	98.4	101.1
3.烟酒	102.3	105.5	100.8	101.6	99.8	103.3	100.3	100.6
4.在外餐饮	100.6	100.2	100.9	100.1	100.5	101.0	102.4	101.0
二、衣着	100.7	101.2	100.6	100.7	100.0	100.8	100.0	100.5
1.服装	100.7	101.1	100.4	100.7	100.4	100.6	99.9	100.5
2.鞋类	101.0	101.7	101.4	100.7	97.5	101.7	100.1	100.4
三、居住	101.2	101.9	100.8	100.7	100.4	100.4	99.9	100.6
1.租赁房房租	101.6	102.4	101.3	101.7	100.2	100.1	99.4	101.7
2.住房保养维修及管理	101.1	101.4	101.7	100.3	102.7	101.1	100.1	100.2
3.水电燃料	101.1	100.9	100.8	101.7	100.3	100.5	101.9	101.5
4.自有住房	101.2	102.3	100.6	100.4	100.0	100.3	99.5	100.5
四、生活用品及服务	100.3	100.5	100.6	100.1	99.4	100.3	100.1	100.3
1.家具及室内装饰品	100.5	100.9	103.6	100.3	100.0	100.4	99.7	100.7
2.家用器具	101.1	101.2	100.6	101.4	99.3	101.3	101.5	100.7
3.家用纺织品	100.3	100.9	100.0	100.0	100.1	100.6	99.8	100.5
4.家庭日用杂品	99.9	100.0	99.8	99.3	99.7	99.7	100.3	100.5
5.个人护理用品	99.1	99.5	99.0	98.5	98.5	98.9	98.8	99.2
6.家庭服务	100.8	101.0	100.8	100.5	100.0	102.1	100.0	101.1
五、交通通信	104.8	104.7	104.1	104.9	105.0	104.0	104.7	104.4
1.交通	106.0	105.9	105.2	106.2	106.0	105.5	105.8	105.4
2.通信	100.6	100.7	99.8	99.9	100.8	99.9	100.6	100.5
六、教育文化娱乐	101.0	101.2	101.3	101.5	99.4	101.9	101.8	100.3
1.教育	101.1	100.8	102.1	100.2	100.3	101.7	102.5	101.1
2.文化娱乐	101.0	101.8	99.9	103.8	97.8	102.3	100.4	98.9
七、医疗保健	100.7	100.7	100.6	101.3	104.0	100.9	101.7	100.4
1.药品及医疗器具	101.0	101.1	101.2	101.8	98.6	101.7	99.8	100.5
2.医疗服务	100.7	100.5	100.4	101.0	106.0	100.7	102.3	100.3
八、其他用品和服务	97.9	98.9	99.6	93.8	98.0	95.4	98.0	98.0
1.其他用品类	99.4	99.8	99.2	99.3	99.3	99.8	99.1	99.8
2.其他服务类	96.4	98.1	100.0	89.2	97.0	91.2	97.0	96.6

3-6 续表 1

类　　别	张家界	益阳市	郴州市	永州市	怀化市	娄底市	吉首市
居民消费价格指数(%)	**99.6**	**100.2**	**100.0**	**100.2**	**100.4**	**100.3**	**100.0**
一、食品烟酒	97.7	97.3	97.9	98.6	98.0	98.4	97.5
1.食品	95.6	95.3	95.9	97.1	95.9	97.2	95.7
(1)粮食	102.3	101.9	102.2	102.2	104.5	100.4	100.7
(2)薯类	98.1	116.4	90.5	98.4	101.1	105.8	90.8
(3)豆类	106.9	102.2	100.5	104.2	105.4	114.9	115.4
(4)食用油	102.3	107.5	107.9	102.2	111.9	113.4	107.1
(5)菜及食用菌	106.2	103.3	96.5	105.5	101.5	104.1	106.6
(6)畜肉类	76.7	75.4	80.7	81.3	77.7	75.3	73.3
(7)禽肉类	97.4	95.2	93.8	98.0	94.6	100.3	97.5
(8)水产品	108.2	114.4	110.7	110.3	114.4	122.3	115.5
(9)蛋类	98.9	109.2	105.8	114.5	107.4	110.0	102.4
(10)奶类	100.9	97.5	111.2	100.0	99.8	98.3	100.9
(11)干鲜瓜果类	100.9	104.3	98.5	100.6	103.3	103.4	101.5
(12)糖果糕点类	101.5	98.3	103.6	100.9	96.4	103.2	103.8
(13)调味品	100.9	103.1	103.0	100.1	105.7	101.2	99.7
(14)其他食品类	100.3	96.6	100.3	98.5	98.4	100.2	100.1
2.茶及饮料	100.6	102.2	100.9	102.1	100.2	98.2	100.5
3.烟酒	101.0	103.6	103.4	101.4	101.9	104.9	99.9
4.在外餐饮	101.8	100.4	101.1	101.7	102.5	99.3	102.0
二、衣着	101.3	100.3	101.1	100.4	100.9	100.7	100.2
1.服装	101.1	100.3	101.3	100.4	101.1	100.7	100.0
2.鞋类	102.1	100.5	100.4	100.6	99.7	100.9	100.8
三、居住	97.1	101.0	100.3	99.3	100.2	100.8	100.4
1.租赁房房租	97.0	102.3	102.2	99.2	98.1	100.1	100.3
2.住房保养维修及管理	102.9	100.1	101.3	100.5	101.5	104.2	99.9
3.水电燃料	100.3	101.0	97.6	100.4	99.8	101.1	100.3
4.自有住房	94.9	101.2	100.4	98.7	100.0	99.9	100.5
四、生活用品及服务	100.9	99.0	99.9	100.0	99.8	99.7	99.8
1.家具及室内装饰品	101.4	99.8	100.4	100.0	98.9	100.2	101.3
2.家用器具	103.4	100.3	101.0	100.0	100.5	100.4	100.4
3.家用纺织品	100.1	96.7	100.3	100.0	100.8	99.5	99.7
4.家庭日用杂品	99.8	99.2	100.7	99.6	99.9	100.0	99.5
5.个人护理用品	98.5	97.4	97.7	98.2	98.3	97.3	98.2
6.家庭服务	101.6	100.2	99.7	104.6	102.6	101.8	99.3
五、交通通信	106.2	105.3	105.1	104.8	104.4	104.6	104.3
1.交通	108.0	106.4	106.2	106.0	105.7	105.8	105.5
2.通信	100.8	100.7	100.3	100.7	100.5	100.8	100.9
六、教育文化娱乐	100.4	100.5	100.6	101.5	100.5	101.1	100.9
1.教育	100.7	100.2	100.7	103.1	100.3	102.4	100.8
2.文化娱乐	99.9	100.9	100.6	98.7	100.9	98.9	101.0
七、医疗保健	100.3	100.4	99.0	99.0	105.2	100.3	100.5
1.药品及医疗器具	100.4	98.6	99.8	99.5	101.5	99.1	99.7
2.医疗服务	100.3	100.9	98.8	98.9	106.6	100.7	100.9
八、其他用品和服务	96.9	99.3	92.6	99.5	96.6	93.4	98.2
1.其他用品类	100.4	97.3	99.1	99.8	98.0	99.4	98.3
2.其他服务类	94.2	101.0	87.0	99.2	95.3	87.7	98.0

3-6 续表 2

类　　别	耒阳市	慈利县	道县	新化县
居民消费价格指数(%)	**100.1**	**99.2**	**100.1**	**100.2**
一、食品烟酒	96.3	95.4	97.9	97.2
1.食品	94.9	93.9	96.9	96.0
(1)粮食	99.6	103.1	101.3	101.4
(2)薯类	86.6	113.7	78.9	90.5
(3)豆类	105.1	110.8	100.6	103.1
(4)食用油	96.8	93.0	98.2	108.9
(5)菜及食用菌	104.9	96.8	101.7	105.5
(6)畜肉类	76.6	75.1	80.5	73.5
(7)禽肉类	95.5	100.2	103.5	101.4
(8)水产品	118.1	123.2	123.2	125.3
(9)蛋类	108.3	106.5	104.6	106.5
(10)奶类	101.8	100.0	100.0	100.8
(11)干鲜瓜果类	102.6	101.4	102.0	101.7
(12)糖果糕点类	100.7	100.0	100.0	101.4
(13)调味品	104.2	100.2	100.8	102.2
(14)其他食品类	100.5	99.2	100.0	100.6
2.茶及饮料	100.4	99.8	100.9	101.2
3.烟酒	99.9	99.9	101.8	100.1
4.在外餐饮	100.0	100.0	99.6	100.0
二、衣着	101.0	100.2	98.6	100.8
1.服装	100.9	100.3	98.2	100.8
2.鞋类	101.2	100.0	100.0	100.5
三、居住	101.8	100.0	101.4	101.4
1.租赁房房租	101.3	99.8	100.4	101.2
2.住房保养维修及管理	102.6	100.0	103.8	100.3
3.水电燃料	101.8	100.2	99.4	102.7
4.自有住房	101.6	99.9	101.3	101.3
四、生活用品及服务	100.5	100.0	100.1	100.0
1.家具及室内装饰品	100.6	100.0	100.0	98.8
2.家用器具	102.6	100.6	100.6	100.5
3.家用纺织品	100.0	100.0	100.0	100.8
4.家庭日用杂品	98.7	99.9	99.7	100.0
5.个人护理用品	99.9	99.0	99.1	99.7
6.家庭服务	100.1	100.0	102.7	100.0
五、交通通信	104.3	104.8	104.0	104.0
1.交通	105.4	106.3	105.2	105.3
2.通信	100.7	100.7	100.7	100.7
六、教育文化娱乐	100.7	99.9	100.6	101.5
1.教育	101.0	100.2	101.1	101.7
2.文化娱乐	99.5	99.2	98.9	100.9
七、医疗保健	101.1	100.2	99.6	100.3
1.药品及医疗器具	100.4	100.3	102.2	101.6
2.医疗服务	101.3	100.1	98.9	99.9
八、其他用品和服务	97.8	98.1	97.8	98.7
1.其他用品类	99.4	99.2	99.3	100.2
2.其他服务类	95.6	96.6	95.9	96.8

3-7 居民消费价格分月指数(2021年)

上年同月=100

类 别	1月	2月	3月	4月	5月	6月	7月	8月	9月	10月	11月	12月
居民消费价格总指数	**100.0**	**99.9**	**100.4**	**100.5**	**100.9**	**100.4**	**99.8**	**99.9**	**100.0**	**101.0**	**102.0**	**101.2**
服务价格指数	99.7	100.1	100.5	100.3	100.5	100.5	100.8	101.1	101.5	101.7	101.7	101.5
工业品价格指数	98.6	99.5	101.4	102.2	102.5	102.7	102.9	102.8	103.1	104.4	104.6	103.6
消费品价格指数	100.3	99.8	100.4	100.7	101.1	100.4	99.2	99.1	99.1	100.5	102.3	100.9
扣除食品和能源价格指数	100.1	100.2	100.5	100.5	100.6	100.6	100.7	101.0	101.3	101.5	101.4	101.4
一、食品烟酒	102.1	100.2	99.3	99.0	99.6	97.8	95.1	95.0	94.7	96.2	99.6	97.9
1.食品	102.8	99.9	98.5	98.0	98.8	96.1	92.2	92.0	91.6	93.8	99.0	96.4
(1)粮食	102.0	102.2	101.8	101.7	101.6	101.2	101.6	102.1	102.6	103.0	102.8	102.7
(2)薯类	104.8	100.8	92.9	92.8	95.4	97.0	96.5	97.9	101.9	105.1	106.8	104.8
(3)豆类	105.9	107.2	106.8	105.7	104.3	103.8	103.5	103.6	103.0	102.5	102.9	103.3
(4)食用油	103.1	103.5	104.1	104.0	104.3	103.2	101.2	100.8	100.8	100.6	101.4	100.8
(5)菜及食用菌	126.1	116.4	106.2	97.7	102.3	101.3	90.9	91.6	94.7	103.1	116.0	103.4
(6)畜肉类	98.2	89.7	87.2	85.8	83.7	73.6	66.1	66.0	64.8	67.9	77.6	74.2
(7)禽肉类	93.7	95.7	95.4	95.6	96.8	98.5	98.2	97.2	97.9	99.5	102.1	102.8
(8)水产品	102.0	106.7	112.5	120.5	125.8	125.8	125.4	122.8	118.0	114.2	114.3	112.6
(9)蛋类	96.3	96.8	97.5	101.4	105.7	110.4	109.8	108.4	108.4	109.5	113.5	112.8
(10)奶类	100.2	100.2	100.1	100.1	100.7	100.7	100.8	100.9	101.1	101.3	101.4	101.6
(11)干鲜瓜果类	101.2	102.6	103.1	102.9	102.0	102.5	102.6	102.5	100.7	101.2	105.0	106.8
(12)糖果糕点类	100.9	101.1	100.9	100.6	100.6	100.5	100.5	100.9	100.8	100.8	100.8	100.9
(13)调味品	101.3	101.5	101.5	101.6	101.5	101.4	101.5	101.9	101.7	100.8	100.8	101.0
(14)其他食品类	100.0	99.7	99.9	100.3	100.7	100.6	100.4	101.0	100.6	100.5	101.0	101.3
2.茶及饮料	100.3	100.3	100.5	100.7	100.4	100.3	100.5	100.4	100.4	100.4	100.3	100.5
3.烟酒	101.2	101.6	101.8	102.1	102.2	102.4	102.6	103.3	102.9	102.9	102.3	102.3
4.在外餐饮	100.6	100.6	100.7	100.8	100.7	100.8	100.7	100.7	100.6	100.5	100.3	100.3
二、衣着	100.3	100.1	100.2	100.4	100.5	100.5	100.6	100.8	101.0	101.4	101.4	101.5
1.服装	100.2	100.1	100.3	100.5	100.5	100.5	100.5	100.8	100.9	101.2	101.2	101.3
2.鞋类	100.4	100.3	100.0	100.0	100.3	100.7	100.8	101.1	101.4	102.2	102.3	102.5
三、居住	99.7	100.0	100.9	100.5	100.6	100.7	100.9	101.3	102.1	102.4	102.4	102.1
1.租赁房房租	100.3	100.7	101.4	100.5	100.5	100.8	101.1	101.8	103.0	102.9	103.1	102.8
2.住房保养维修及管理	99.6	99.6	100.1	100.2	100.4	100.7	100.7	101.1	102.0	103.1	103.1	102.8
3.水电燃料	98.8	98.8	100.0	100.2	100.6	100.8	101.4	101.3	101.7	103.3	103.3	102.4
4.自有住房	100.0	100.4	101.3	100.6	100.7	100.7	100.8	101.4	102.2	102.0	102.0	101.7
四、生活用品及服务	100.1	99.8	99.9	100.1	100.1	100.1	100.1	100.5	100.4	100.9	100.4	100.7
1.家具及室内装饰品	99.4	99.4	99.5	99.6	99.6	100.8	100.9	101.4	101.3	101.2	101.3	101.4
2.家用器具	99.6	100.1	100.4	100.9	101.3	101.1	101.2	101.4	101.5	101.8	101.6	101.9
3.家用纺织品	100.2	100.2	100.3	100.2	100.2	100.2	100.3	100.3	100.3	100.5	100.3	100.5
4.家庭日用杂品	100.0	99.8	99.6	99.9	99.2	99.2	99.9	99.8	99.8	100.5	100.1	100.4
5.个人护理用品	101.1	98.7	99.5	99.7	99.8	98.8	97.7	99.1	98.6	99.9	97.8	98.6
6.家庭服务	100.4	101.6	100.3	100.4	100.6	100.7	100.8	100.9	100.9	101.1	101.1	101.0
五、交通通信	96.1	98.9	103.3	105.1	105.7	106.0	106.7	106.1	106.2	108.4	109.1	106.6
1.交通	94.7	98.3	104.0	106.2	107.0	107.4	108.3	107.6	107.7	111.1	112.4	109.0
2.通信	100.9	101.0	101.0	101.3	101.3	101.3	101.1	101.0	101.1	99.5	98.5	98.6
六、教育文化娱乐	99.5	99.7	99.8	100.4	100.8	100.8	101.2	101.6	102.2	102.2	102.3	102.2
1.教育	100.5	100.5	100.6	100.6	100.7	100.7	100.6	100.8	102.0	102.0	101.9	101.9
2.文化娱乐	97.4	98.1	98.2	99.9	101.0	100.9	102.6	103.2	102.6	102.5	103.2	102.7
七、医疗保健	101.0	101.0	100.9	100.6	100.5	100.5	100.5	100.6	100.7	100.8	100.9	100.9
1.药品及医疗器具	100.7	100.5	100.6	100.6	100.5	100.6	100.8	101.0	101.3	101.5	101.6	101.7
2.医疗服务	101.2	101.2	101.0	100.6	100.6	100.4	100.4	100.5	100.5	100.6	100.7	100.7
八、其他用品和服务	98.3	98.4	97.8	98.0	98.4	98.2	97.7	95.4	96.0	98.8	99.0	99.0
1.其他用品类	103.0	102.3	100.8	100.7	101.2	101.0	99.8	95.3	96.7	97.3	97.8	97.9
2.其他服务类	94.0	94.8	95.0	95.6	95.8	95.6	95.7	95.6	95.3	100.3	100.2	100.1

3-8 城市居民消费价格分月指数(2021年)

上年同月=100

类　别	1月	2月	3月	4月	5月	6月	7月	8月	9月	10月	11月	12月
居民消费价格总指数	**100.0**	**100.0**	**100.6**	**100.8**	**101.1**	**100.7**	**100.2**	**100.3**	**100.4**	**101.2**	**102.2**	**101.3**
服务价格指数	99.6	100.0	100.4	100.3	100.5	100.5	100.9	101.3	101.9	101.9	101.9	101.7
工业品价格指数	98.6	99.5	101.4	102.2	102.6	102.7	103.0	102.8	103.1	104.3	104.6	103.6
消费品价格指数	100.3	99.9	100.7	101.1	101.5	100.8	99.7	99.6	99.4	100.7	102.4	101.1
扣除食品和能源价格指数	100.1	100.3	100.5	100.5	100.7	100.7	100.8	101.1	101.5	101.7	101.5	101.5
一、食品烟酒	102.3	100.4	99.9	99.8	100.2	98.5	96.0	96.0	95.4	96.7	99.9	98.2
1.食品	102.9	100.0	99.1	98.9	99.5	96.9	93.1	93.0	92.1	94.1	99.2	96.7
(1)粮食	103.3	103.5	103.4	103.3	102.9	102.6	102.4	102.6	102.8	101.9	101.6	101.5
(2)薯类	106.2	102.4	94.7	94.5	97.4	98.5	98.6	99.8	104.7	106.5	107.1	105.9
(3)豆类	105.0	105.6	105.4	105.1	104.2	103.6	103.1	103.3	103.4	103.1	102.9	103.0
(4)食用油	103.7	104.3	104.3	104.3	104.6	104.0	103.1	102.9	102.3	102.3	103.2	102.6
(5)菜及食用菌	127.0	116.6	106.7	97.8	103.8	101.5	92.2	93.4	94.5	103.5	116.4	102.1
(6)畜肉类	97.8	89.8	88.9	88.2	84.9	75.4	68.0	68.0	66.2	68.6	78.0	75.0
(7)禽肉类	92.9	94.9	94.5	94.9	96.1	97.8	97.4	96.7	97.4	98.8	101.1	102.0
(8)水产品	100.8	105.2	111.3	119.7	124.2	122.6	121.8	119.1	115.3	111.9	112.4	111.0
(9)蛋类	95.9	95.9	97.2	100.5	104.7	109.5	109.2	109.1	108.3	109.3	112.9	112.5
(10)奶类	100.2	100.2	100.0	100.1	100.9	100.9	100.4	100.9	101.2	101.1	101.2	101.5
(11)干鲜瓜果类	102.2	102.8	103.3	103.2	102.8	103.1	103.2	102.7	100.4	100.9	104.6	107.3
(12)糖果糕点类	100.7	101.1	100.7	100.8	100.7	100.5	100.5	100.8	100.6	101.1	101.1	101.2
(13)调味品	100.4	100.7	100.6	100.7	100.8	100.6	100.8	101.3	101.0	100.9	101.1	101.3
(14)其他食品类	100.5	100.1	100.0	100.1	100.5	100.7	100.6	101.0	100.5	101.0	101.0	101.4
2.茶及饮料	100.4	100.3	100.3	100.3	100.1	100.1	100.4	100.3	100.3	100.3	100.3	100.5
3.烟酒	101.9	102.5	102.8	103.3	103.4	103.6	103.9	104.6	104.0	104.1	103.2	103.1
4.在外餐饮	100.8	100.7	100.8	100.9	100.9	100.9	100.8	100.9	100.8	100.6	100.4	100.4
二、衣着	100.5	100.4	100.4	100.6	100.6	100.6	100.6	100.9	101.0	101.5	101.4	101.5
1.服装	100.5	100.4	100.5	100.7	100.6	100.6	100.6	100.8	100.9	101.3	101.2	101.2
2.鞋类	100.5	100.4	100.0	100.0	100.5	100.9	100.8	101.0	101.5	102.5	102.7	103.0
三、居住	99.6	99.9	100.7	100.3	100.4	100.6	100.8	101.5	102.4	102.6	102.6	102.3
1.租赁房房租	100.2	100.6	101.2	100.4	100.4	100.7	101.2	102.1	103.6	103.5	103.7	103.4
2.住房保养维修及管理	99.9	99.9	100.2	100.3	100.5	100.7	100.7	101.0	101.5	102.2	102.3	102.4
3.水电燃料	98.9	99.0	99.9	100.2	100.4	100.7	101.2	101.1	101.5	102.8	102.9	102.2
4.自有住房	99.7	100.1	100.9	100.3	100.4	100.5	100.7	101.6	102.8	102.6	102.5	102.2
四、生活用品及服务	100.1	99.8	99.9	100.2	100.2	100.2	100.1	100.6	100.5	100.9	100.4	100.7
1.家具及室内装饰品	99.7	99.7	99.8	99.9	99.9	101.1	101.2	101.8	101.6	101.4	101.6	101.7
2.家用器具	99.6	100.1	100.3	100.7	101.2	101.2	101.2	101.4	101.6	101.8	101.6	101.9
3.家用纺织品	100.0	100.0	100.1	100.2	100.2	100.3	100.3	100.4	100.4	100.7	100.4	100.6
4.家庭日用杂品	99.9	99.8	99.7	100.0	99.4	99.4	100.0	100.0	100.1	100.7	100.4	100.6
5.个人护理用品	101.0	98.5	99.4	99.7	99.8	98.8	97.7	99.1	98.5	99.7	97.6	98.3
6.家庭服务	100.5	101.9	100.4	100.5	100.7	100.9	100.9	101.0	100.9	101.2	101.2	101.0
五、交通通信	95.9	98.8	103.4	105.2	105.8	106.2	107.0	106.4	106.3	108.8	109.6	106.9
1.交通	94.6	98.2	104.2	106.4	107.2	107.6	108.6	107.9	107.8	111.4	112.8	109.3
2.通信	100.9	100.9	100.8	101.1	101.2	101.2	101.0	101.0	101.1	99.6	98.5	98.7
六、教育文化娱乐	99.2	99.5	99.7	100.4	100.9	100.9	101.5	101.9	102.4	102.3	102.5	102.3
1.教育	100.5	100.5	100.7	100.6	100.7	100.8	100.6	100.9	101.9	101.9	101.7	101.7
2.文化娱乐	97.1	97.8	98.1	99.9	101.1	101.2	103.1	103.7	103.3	102.9	103.8	103.2
七、医疗保健	101.5	101.5	101.3	100.8	100.8	100.7	100.7	100.7	100.8	100.6	100.6	100.6
1.药品及医疗器具	100.7	100.6	100.5	100.5	100.6	100.7	100.8	101.1	101.4	101.5	101.4	101.4
2.医疗服务	101.8	101.8	101.6	100.9	100.9	100.7	100.7	100.6	100.6	100.2	100.3	100.3
八、其他用品和服务	98.1	98.2	97.5	97.9	98.2	98.1	97.5	95.2	96.1	98.9	99.1	99.0
1.其他用品类	103.0	102.4	100.5	100.6	101.0	100.9	99.5	94.7	96.8	97.4	98.1	98.1
2.其他服务类	94.1	94.8	95.0	95.7	95.8	95.7	95.8	95.7	95.5	100.2	100.0	99.9

3-9　农村居民消费价格分月指数(2021年)

上年同月=100

类　　别	1月	2月	3月	4月	5月	6月	7月	8月	9月	10月	11月	12月
居民消费价格总指数	**100.1**	**99.8**	**100.0**	**100.0**	**100.3**	**99.8**	**98.9**	**98.8**	**99.2**	**100.4**	**101.6**	**100.7**
服务价格指数	100.0	100.3	100.8	100.5	100.5	100.5	100.5	100.5	100.7	101.1	101.1	101.1
工业品价格指数	98.5	99.3	101.3	102.1	102.4	102.6	102.9	102.7	103.2	104.5	104.7	103.6
消费品价格指数	100.1	99.5	99.6	99.7	100.2	99.4	97.9	97.6	98.1	99.9	101.9	100.4
扣除食品和能源价格指数	100.1	100.2	100.5	100.5	100.5	100.4	100.5	100.5	100.8	101.1	101.1	101.1
一、食品烟酒	101.8	99.7	97.8	97.2	98.0	96.0	92.8	92.5	93.0	95.1	99.1	97.1
1.食品	102.5	99.6	97.0	96.1	97.2	94.5	90.1	89.7	90.3	93.2	98.6	95.9
(1)粮食	99.8	100.1	99.3	99.0	99.3	98.8	100.2	101.2	102.3	105.0	105.0	105.0
(2)薯类	99.8	94.3	85.6	85.9	87.7	91.2	88.5	90.7	91.2	99.5	105.3	100.2
(3)豆类	107.7	110.1	109.3	107.0	104.3	104.1	104.2	104.2	102.3	101.5	103.0	104.0
(4)食用油	102.1	102.1	103.6	103.5	103.9	101.6	97.7	96.9	98.0	97.5	98.0	97.6
(5)菜及食用菌	124.0	115.9	104.9	97.4	98.6	100.9	87.6	87.2	95.0	102.0	115.0	106.7
(6)畜肉类	99.0	89.7	84.0	81.0	81.4	70.1	62.3	62.2	61.9	66.6	76.6	72.6
(7)禽肉类	95.7	97.7	97.7	97.6	98.5	100.4	100.2	98.2	99.0	101.2	104.6	105.0
(8)水产品	105.3	111.0	115.7	122.7	130.0	134.4	135.0	132.8	125.1	120.0	119.0	116.7
(9)蛋类	97.5	98.8	98.3	103.6	108.2	112.6	111.3	106.6	108.6	110.2	115.0	113.5
(10)奶类	100.2	100.2	100.3	100.2	100.2	100.2	101.8	100.8	100.8	101.8	101.9	101.7
(11)干鲜瓜果类	98.6	102.0	102.5	101.9	99.6	100.8	100.9	101.9	101.7	102.4	106.2	105.4
(12)糖果糕点类	101.2	101.2	101.2	100.3	100.3	100.4	100.5	101.3	101.3	100.2	100.3	100.3
(13)调味品	102.7	102.7	102.7	102.7	102.6	102.6	102.6	102.6	102.8	100.5	100.4	100.6
(14)其他食品类	98.7	98.7	99.7	100.8	101.2	100.2	100.0	100.8	100.9	99.1	100.9	100.9
2.茶及饮料	100.1	100.3	100.9	101.3	100.9	100.7	100.6	100.6	100.6	100.5	100.3	100.5
3.烟酒	99.8	99.8	99.8	99.9	99.8	100.0	100.2	100.6	100.6	100.6	100.6	100.6
4.在外餐饮	99.8	100.0	100.2	100.1	100.0	100.1	99.8	99.7	99.5	99.9	99.9	99.9
二、衣着	99.6	99.3	99.7	99.9	100.0	100.2	100.4	100.6	100.9	101.1	101.4	101.6
1.服装	99.4	99.1	99.6	99.9	100.0	100.2	100.3	100.5	100.8	101.1	101.5	101.7
2.鞋类	100.1	100.1	99.9	99.9	99.9	99.9	100.8	101.1	101.1	101.2	101.1	101.1
三、居住	100.1	100.3	101.6	101.0	101.1	101.2	101.2	101.0	101.3	102.0	102.0	101.6
1.租赁房房租	100.5	100.9	102.2	101.1	101.1	101.2	101.1	100.5	100.3	100.2	100.4	100.4
2.住房保养维修及管理	98.8	98.9	99.7	100.0	100.2	100.7	100.6	101.3	102.9	105.3	104.9	103.9
3.水电燃料	98.5	98.5	100.3	100.4	101.0	101.1	101.8	101.6	102.1	104.4	104.4	102.9
4.自有住房	100.8	101.2	102.4	101.4	101.4	101.3	101.1	100.8	100.8	100.6	100.7	100.7
四、生活用品及服务	100.1	99.8	99.9	100.1	99.9	99.8	100.1	100.3	100.3	100.8	100.3	100.7
1.家具及室内装饰品	98.7	98.7	98.7	98.8	98.8	100.0	100.2	100.6	100.6	100.6	100.6	100.6
2.家用器具	99.9	100.2	100.6	101.4	101.5	100.9	101.4	101.5	101.5	101.7	101.5	102.0
3.家用纺织品	101.0	101.0	101.0	100.2	100.2	100.2	100.1	99.9	99.9	99.9	99.9	100.2
4.家庭日用杂品	100.3	99.9	99.5	99.7	98.8	98.9	99.6	99.4	99.3	100.0	99.6	99.9
5.个人护理用品	101.6	99.5	100.1	99.7	99.8	98.5	97.6	99.0	99.4	100.9	98.8	99.6
6.家庭服务	99.8	100.0	100.0	100.0	100.0	100.0	100.6	100.9	100.8	100.8	100.8	100.8
五、交通通信	96.7	99.2	102.9	104.7	105.2	105.5	105.9	105.3	105.7	107.2	107.9	105.6
1.交通	95.2	98.5	103.4	105.8	106.5	107.0	107.5	106.8	107.3	110.0	111.3	108.1
2.通信	101.1	101.3	101.5	101.7	101.6	101.4	101.4	101.1	101.3	99.4	98.3	98.5
六、教育文化娱乐	100.1	100.2	100.1	100.4	100.5	100.3	100.6	100.7	101.7	101.9	101.8	101.8
1.教育	100.5	100.5	100.5	100.4	100.5	100.5	100.6	100.6	102.3	102.3	102.3	102.3
2.文化娱乐	99.0	99.1	98.7	100.2	100.3	99.7	100.5	100.9	99.4	100.3	100.0	99.9
七、医疗保健	100.1	100.0	100.1	100.1	100.0	100.0	100.1	100.4	100.5	101.2	101.4	101.5
1.药品及医疗器具	100.6	100.3	100.9	100.9	100.2	100.3	100.8	100.9	101.2	101.7	102.0	102.5
2.医疗服务	99.9	99.9	99.9	99.9	99.9	99.9	99.9	100.3	100.3	101.1	101.2	101.2
八、其他用品和服务	98.8	98.9	98.8	98.5	98.8	98.5	98.2	96.1	95.7	98.6	98.5	98.9
1.其他用品类	102.9	102.2	101.8	101.0	101.5	101.1	100.7	96.9	96.6	97.1	96.9	97.5
2.其他服务类	93.8	94.9	95.0	95.3	95.4	95.2	95.1	95.2	94.5	100.6	100.7	100.7

3-10 居民消费价格分月环比指数(2021年)

上月=100

类　　别	1月	2月	3月	4月	5月	6月	7月	8月	9月	10月	11月	12月
居民消费价格总指数	**100.9**	**100.3**	**99.5**	**99.6**	**99.8**	**99.6**	**100.2**	**100.3**	**100.2**	**100.6**	**100.4**	**99.6**
服务价格指数	100.1	100.3	100.0	100.3	100.3	99.9	100.5	100.4	100.2	100.1	99.7	99.8
工业品价格指数	100.6	100.3	100.7	100.0	100.3	100.2	100.5	99.9	100.2	101.1	100.3	99.4
消费品价格指数	101.5	100.4	99.1	99.2	99.5	99.4	100.1	100.2	100.1	101.0	100.9	99.5
扣除食品和能源价格指数	100.1	100.2	100.0	100.2	100.2	99.9	100.3	100.3	100.2	100.2	99.8	100.0
一、食品烟酒	102.5	100.4	97.4	98.3	98.7	98.5	99.5	100.6	100.0	100.8	101.7	99.5
1.食品	103.7	100.6	96.2	97.5	98.0	97.7	99.2	100.8	100.0	101.2	102.6	99.2
(1)粮食	100.4	100.3	100.0	100.3	100.1	100.1	100.1	100.5	100.5	100.4	100.0	100.1
(2)薯类	106.8	106.1	99.3	97.4	97.3	97.9	101.4	99.9	100.1	101.8	99.0	98.2
(3)豆类	100.4	101.5	100.1	100.3	100.0	100.1	100.1	100.0	99.9	100.0	100.7	100.3
(4)食用油	101.7	100.6	100.1	99.3	99.4	99.0	99.0	100.3	100.3	99.9	101.0	100.3
(5)菜及食用菌	114.0	97.0	87.2	94.2	98.0	99.2	98.1	104.3	104.9	112.0	104.7	93.2
(6)畜肉类	104.6	99.0	91.4	91.0	91.3	90.5	98.0	100.8	97.9	99.2	108.5	100.3
(7)禽肉类	100.7	103.2	99.2	98.9	99.1	99.5	100.0	100.4	100.5	100.2	100.8	100.3
(8)水产品	102.0	107.5	103.4	107.0	105.7	99.9	99.7	98.9	96.4	96.2	97.6	98.6
(9)蛋类	106.0	99.3	97.2	100.5	101.4	100.2	101.2	105.6	100.1	99.6	101.7	99.6
(10)奶类	100.5	100.1	99.7	100.1	100.3	100.1	99.8	100.3	100.3	100.1	100.1	100.1
(11)干鲜瓜果类	101.3	103.3	100.4	99.2	98.7	99.5	99.2	99.8	100.6	100.6	102.3	101.8
(12)糖果糕点类	100.0	100.0	100.0	100.2	100.0	100.1	100.0	100.2	100.0	100.3	100.2	100.0
(13)调味品	100.1	100.1	100.0	100.0	100.0	99.9	100.2	100.2	100.1	100.2	100.0	100.1
(14)其他食品类	100.0	99.8	100.3	100.1	100.3	100.2	99.9	100.4	99.7	100.2	100.1	100.2
2.茶及饮料	100.1	100.0	100.2	100.1	99.9	100.0	100.1	99.9	100.0	100.0	100.0	100.3
3.烟酒	100.1	100.4	100.1	100.3	100.1	100.2	100.3	100.6	100.0	100.1	100.1	100.1
4.在外餐饮	100.1	100.0	100.1	100.1	100.0	100.0	100.0	100.1	99.9	99.9	100.0	100.0
二、衣着	100.0	99.9	100.1	100.2	100.1	100.1	100.0	100.1	100.3	100.4	100.0	100.2
1.服装	100.0	99.9	100.2	100.2	100.2	100.0	100.0	100.1	100.3	100.4	100.0	100.1
2.鞋类	100.1	100.0	100.0	100.0	100.1	100.3	100.1	100.3	100.4	100.8	100.0	100.3
三、居住	100.0	100.3	100.1	100.1	100.2	100.0	100.4	100.7	100.2	100.4	99.9	99.7
1.租赁房房租	100.0	100.4	100.2	100.3	100.2	100.0	100.8	101.1	100.1	100.1	99.9	99.7
2.住房保养维修及管理	100.0	100.0	100.1	100.2	100.2	100.0	100.1	100.3	100.8	101.3	100.0	99.8
3.水电燃料	100.2	100.0	100.3	99.6	100.1	100.1	100.2	100.1	100.4	101.7	100.1	99.7
4.自有住房	100.0	100.4	100.1	100.1	100.2	100.0	100.5	100.9	100.0	100.0	99.8	99.7
四、生活用品及服务	100.2	99.9	99.9	100.2	99.9	99.8	100.3	100.2	99.9	100.3	99.7	100.3
1.家具及室内装饰品	100.0	100.0	100.0	100.0	100.0	100.5	100.1	100.4	100.0	100.1	100.2	100.1
2.家用器具	100.1	100.3	100.2	100.4	100.0	99.6	100.6	100.0	100.2	100.1	99.8	100.6
3.家用纺织品	100.0	100.0	100.0	100.1	100.1	100.0	100.0	100.0	100.0	100.1	100.0	100.2
4.家庭日用杂品	100.4	100.0	99.8	100.2	99.7	100.0	100.9	99.5	100.0	100.4	99.3	100.1
5.个人护理用品	99.8	99.3	100.0	100.3	99.6	99.3	99.7	101.2	99.3	100.7	99.2	100.2
6.家庭服务	101.4	100.0	98.9	100.0	100.0	100.2	100.1	100.1	100.0	100.2	100.0	100.1
五、交通通信	101.4	101.1	101.4	100.1	100.6	100.3	101.3	99.6	99.9	101.7	100.5	98.5
1.交通	101.8	101.5	101.9	100.2	100.8	100.4	101.6	99.6	99.8	102.3	100.8	98.1
2.通信	100.0	100.0	99.8	100.0	99.9	99.9	99.9	99.8	99.9	99.6	99.5	100.1
六、教育文化娱乐	100.0	100.2	100.1	100.4	100.4	99.8	100.6	100.2	100.8	100.1	99.6	99.9
1.教育	100.0	100.0	100.1	100.0	100.1	100.0	100.0	100.2	101.5	100.0	100.0	100.0
2.文化娱乐	100.1	100.6	100.1	101.2	101.0	99.5	102.0	100.0	99.4	100.2	98.9	99.6
七、医疗保健	100.2	100.0	100.1	100.0	100.1	100.0	100.0	100.1	100.1	100.3	100.0	100.0
1.药品及医疗器具	100.0	99.9	100.3	100.2	100.2	100.2	100.1	100.1	100.3	100.2	100.1	100.2
2.医疗服务	100.2	100.0	100.0	100.0	100.0	100.0	100.0	100.1	100.0	100.3	100.0	100.0
八、其他用品和服务	100.3	99.8	99.2	100.2	100.4	100.1	100.0	99.2	100.3	99.9	99.9	99.8
1.其他用品类	100.4	99.2	98.6	100.2	100.6	100.5	99.8	98.5	100.7	99.8	100.2	99.6
2.其他服务类	100.2	100.4	99.8	100.3	100.1	99.8	100.1	99.9	100.0	100.0	99.6	99.9

3-11 城市居民消费价格分月环比指数(2021年)

上月=100

类别	1月	2月	3月	4月	5月	6月	7月	8月	9月	10月	11月	12月
居民消费价格总指数	**100.9**	**100.4**	**99.5**	**99.8**	**99.9**	**99.6**	**100.3**	**100.3**	**100.0**	**100.6**	**100.3**	**99.6**
服务价格指数	100.1	100.3	100.0	100.4	100.4	99.9	100.6	100.5	100.2	100.1	99.6	99.8
工业品价格指数	100.6	100.3	100.7	100.0	100.3	100.2	100.5	100.0	100.1	101.1	100.3	99.5
消费品价格指数	101.5	100.5	99.2	99.4	99.6	99.5	100.1	100.2	100.0	100.9	100.8	99.5
扣除食品和能源价格指数	100.1	100.2	100.0	100.3	100.2	99.9	100.4	100.3	100.1	100.2	99.8	99.9
一、食品烟酒	102.5	100.6	97.6	98.7	98.8	98.6	99.7	100.5	99.8	100.8	101.4	99.5
1.食品	103.7	100.8	96.3	97.8	98.1	97.8	99.4	100.7	99.7	101.2	102.2	99.1
(1)粮食	100.8	100.2	100.0	100.0	100.1	99.9	99.8	100.1	100.2	100.1	100.0	100.2
(2)薯类	106.6	107.5	99.5	97.1	97.2	97.3	101.6	100.0	100.8	100.8	99.0	98.9
(3)豆类	100.1	100.8	100.5	100.4	100.0	100.1	100.2	100.1	100.1	100.0	100.2	100.3
(4)食用油	101.9	100.7	99.8	99.8	99.8	99.5	99.8	100.2	99.9	100.0	100.7	100.5
(5)菜及食用菌	114.7	96.9	87.0	94.5	98.8	99.6	99.0	103.8	103.2	112.5	103.3	92.1
(6)畜肉类	104.1	99.9	91.7	92.1	90.8	91.1	98.4	100.7	97.4	99.2	107.5	100.3
(7)禽肉类	100.7	103.3	99.0	98.8	99.0	99.4	99.9	100.3	100.4	100.1	100.5	100.5
(8)水产品	101.9	107.7	103.3	107.0	105.1	98.7	99.6	98.6	96.7	96.1	97.9	98.7
(9)蛋类	105.6	98.7	98.1	100.9	101.8	100.3	101.2	105.5	99.3	99.7	101.6	99.5
(10)奶类	100.3	100.1	99.6	100.2	100.5	100.1	99.5	100.4	100.4	100.1	100.1	100.2
(11)干鲜瓜果类	101.2	103.1	100.7	99.3	98.8	99.6	99.5	99.8	100.7	100.3	102.3	101.8
(12)糖果糕点类	100.0	100.0	100.0	100.2	100.0	100.0	100.0	100.3	99.9	100.4	100.2	100.0
(13)调味品	100.1	100.2	100.1	100.0	100.0	99.9	100.3	100.4	100.0	100.1	100.0	100.1
(14)其他食品类	100.1	99.8	100.0	100.1	100.4	100.3	100.0	100.4	99.6	100.4	100.0	100.3
2.茶及饮料	100.1	100.0	100.0	100.1	99.8	100.0	100.3	100.0	100.0	100.0	100.0	100.3
3.烟酒	100.1	100.6	100.1	100.5	100.2	100.2	100.3	100.7	100.0	100.1	100.1	100.1
4.在外餐饮	100.1	100.0	100.1	100.1	100.0	100.0	100.0	100.1	99.9	99.9	100.0	100.0
二、衣着	100.0	99.9	100.2	100.1	100.2	100.1	100.0	100.2	100.3	100.5	99.9	100.2
1.服装	100.0	99.9	100.2	100.2	100.2	100.0	100.0	100.1	100.2	100.3	99.9	100.1
2.鞋类	100.2	100.0	100.0	100.0	100.2	100.4	99.9	100.2	100.6	101.0	100.0	100.4
三、居住	100.0	100.3	100.1	100.1	100.3	100.0	100.5	100.8	100.2	100.3	99.9	99.7
1.租赁房房租	100.0	100.4	100.2	100.4	100.2	100.1	101.0	101.3	100.1	100.1	99.9	99.7
2.住房保养维修及管理	100.0	100.0	100.2	100.1	100.3	100.1	100.1	100.2	100.6	100.8	100.1	100.0
3.水电燃料	100.3	100.0	100.2	99.7	100.2	100.0	100.0	100.1	100.4	101.4	100.1	99.8
4.自有住房	100.0	100.4	100.1	100.2	100.3	100.0	100.7	101.1	100.1	99.9	99.8	99.6
四、生活用品及服务	100.2	99.9	99.9	100.2	100.0	99.9	100.2	100.2	99.9	100.3	99.7	100.2
1.家具及室内装饰品	100.0	100.0	100.0	100.0	100.0	100.7	100.1	100.4	100.0	100.1	100.2	100.1
2.家用器具	100.1	100.3	100.2	100.3	100.2	99.7	100.5	100.0	100.2	100.2	99.8	100.5
3.家用纺织品	100.0	100.0	100.1	100.1	100.1	100.0	100.1	100.1	100.0	100.1	99.9	100.1
4.家庭日用杂品	100.3	100.1	99.8	100.2	99.8	100.0	100.9	99.5	100.0	100.5	99.4	100.1
5.个人护理用品	99.7	99.3	99.9	100.4	99.7	99.4	99.6	101.2	99.2	100.7	99.2	100.2
6.家庭服务	101.7	100.0	98.7	100.0	100.1	100.2	100.0	100.1	100.0	100.2	100.0	100.1
五、交通通信	101.4	101.2	101.5	100.2	100.6	100.3	101.4	99.7	99.7	101.9	100.5	98.5
1.交通	101.8	101.5	101.9	100.2	100.8	100.4	101.8	99.6	99.6	102.5	100.8	98.1
2.通信	100.0	100.0	99.7	100.0	100.0	99.9	99.9	99.9	99.9	99.7	99.5	100.1
六、教育文化娱乐	100.0	100.3	100.1	100.5	100.6	99.8	100.8	100.2	100.6	100.1	99.5	99.8
1.教育	100.0	100.0	100.1	100.0	100.2	100.0	99.9	100.3	101.2	100.0	99.9	100.0
2.文化娱乐	100.1	100.7	100.2	101.4	101.2	99.5	102.4	100.0	99.4	100.2	98.8	99.5
七、医疗保健	100.3	100.0	100.1	100.0	100.1	100.1	100.0	100.0	100.1	100.0	100.0	100.0
1.药品及医疗器具	100.1	100.0	100.2	100.2	100.2	100.2	100.0	100.1	100.2	100.1	100.1	100.0
2.医疗服务	100.3	100.0	100.0	100.0	100.0	100.0	100.0	100.0	100.0	100.0	100.0	100.0
八、其他用品和服务	100.3	99.9	99.1	100.4	100.4	100.1	99.9	99.2	100.3	99.9	99.9	99.7
1.其他用品类	100.4	99.3	98.4	100.4	100.7	100.5	99.6	98.4	100.8	99.9	100.3	99.4
2.其他服务类	100.2	100.4	99.7	100.3	100.2	99.8	100.1	99.9	99.9	99.9	99.5	99.9

3-12 农村居民消费价格分月环比指数(2021年)

上月=100

类　　别	1月	2月	3月	4月	5月	6月	7月	8月	9月	10月	11月	12月
居民消费价格总指数	**101.0**	**100.2**	**99.3**	**99.3**	**99.7**	**99.5**	**100.0**	**100.3**	**100.5**	**100.7**	**100.8**	**99.7**
服务价格指数	100.0	100.3	99.9	100.1	100.0	99.9	100.1	100.2	100.5	100.3	99.9	100.0
工业品价格指数	100.5	100.2	100.8	100.0	100.2	100.2	100.6	99.9	100.4	101.2	100.3	99.4
消费品价格指数	101.6	100.1	98.9	98.8	99.4	99.2	99.9	100.3	100.5	101.0	101.3	99.5
扣除食品和能源价格指数	100.0	100.1	100.0	100.1	100.0	99.9	100.1	100.1	100.4	100.3	99.9	100.0
一、食品烟酒	102.7	100.0	97.0	97.5	98.5	98.2	99.1	100.8	100.5	100.8	102.5	99.6
1.食品	103.7	100.0	95.9	96.6	98.0	97.4	98.7	101.1	100.7	101.1	103.5	99.4
(1)粮食	99.8	100.3	100.0	100.7	100.3	100.4	100.4	101.0	101.1	100.8	100.0	100.0
(2)薯类	107.3	100.5	98.5	99.1	97.8	100.2	100.3	99.8	97.1	106.2	99.0	95.0
(3)豆类	101.0	102.8	99.2	100.0	99.8	100.2	99.8	99.7	99.5	99.9	101.6	100.5
(4)食用油	101.3	100.4	100.8	98.3	98.5	98.2	97.4	100.4	100.9	99.7	101.7	100.0
(5)菜及食用菌	112.3	97.3	87.8	93.4	95.8	98.3	95.8	105.6	109.4	110.5	108.1	95.8
(6)畜肉类	105.5	97.3	90.6	88.8	92.3	89.3	97.1	101.0	98.9	99.2	110.6	100.2
(7)禽肉类	100.7	103.2	99.5	99.3	99.3	99.6	100.1	100.7	100.8	100.4	101.6	99.8
(8)水产品	102.4	106.9	103.6	106.9	107.2	103.1	100.2	99.5	95.6	96.4	96.6	98.2
(9)蛋类	106.9	100.7	95.0	99.5	100.6	100.1	101.4	106.0	101.9	99.3	102.0	99.9
(10)奶类	100.8	100.0	100.0	100.0	100.0	100.0	100.4	100.0	100.0	100.3	100.2	100.0
(11)干鲜瓜果类	101.5	103.9	99.6	99.1	98.6	99.0	98.2	99.9	100.4	101.5	102.3	101.6
(12)糖果糕点类	100.0	100.0	100.0	100.0	100.0	100.2	100.1	100.0	100.0	100.0	100.1	100.0
(13)调味品	100.0	100.0	100.0	100.0	100.0	100.0	100.0	100.0	100.2	100.3	99.9	100.1
(14)其他食品类	99.8	100.0	101.0	100.0	100.0	99.8	99.8	100.2	100.2	100.0	100.3	100.0
2.茶及饮料	100.0	100.1	100.6	100.0	100.0	100.0	99.9	99.9	100.0	99.9	99.9	100.2
3.烟酒	100.0	100.0	100.0	100.0	100.0	100.2	100.3	100.3	100.0	100.0	100.0	100.0
4.在外餐饮	99.9	100.1	99.9	100.0	100.0	100.0	99.9	99.9	100.0	100.1	100.1	100.0
二、衣着	100.0	99.7	100.1	100.2	100.1	100.2	100.2	100.1	100.2	100.4	100.3	100.1
1.服装	100.0	99.7	100.1	100.3	100.1	100.3	100.0	100.0	100.3	100.5	100.3	100.1
2.鞋类	100.0	100.0	100.0	100.0	100.0	100.0	100.6	100.3	100.0	100.1	100.1	100.0
三、居住	100.0	100.3	100.1	100.0	100.0	99.9	100.2	100.3	100.3	100.8	100.0	99.8
1.租赁房房租	100.0	100.3	100.0	100.0	100.0	99.9	100.0	100.1	99.9	100.1	100.0	100.0
2.住房保养维修及管理	100.0	100.0	100.1	100.5	100.2	99.9	99.9	100.6	101.4	102.3	99.8	99.3
3.水电燃料	100.0	100.0	100.6	99.4	100.0	100.1	100.7	100.0	100.5	102.2	100.0	99.3
4.自有住房	100.0	100.4	100.0	100.0	100.0	99.8	100.1	100.3	99.9	100.1	100.0	100.0
四、生活用品及服务	100.2	99.9	100.1	100.2	99.7	99.7	100.6	100.1	100.0	100.2	99.7	100.3
1.家具及室内装饰品	100.0	100.0	100.0	100.0	100.0	100.0	100.2	100.4	100.0	100.0	100.0	100.0
2.家用器具	100.0	100.2	100.3	100.5	99.8	99.5	100.9	100.0	100.1	100.0	99.9	100.7
3.家用纺织品	100.0	100.0	100.0	100.0	100.0	100.0	99.9	100.0	100.0	100.0	100.0	100.4
4.家庭日用杂品	100.5	99.8	99.9	100.2	99.6	100.0	100.9	99.4	100.0	100.4	99.3	100.0
5.个人护理用品	100.5	99.3	100.4	99.8	99.3	98.8	100.2	101.1	99.9	100.8	99.2	100.4
6.家庭服务	100.0	100.0	100.0	100.0	100.0	100.0	100.6	100.3	100.0	100.0	100.0	100.0
五、交通通信	101.2	101.1	101.2	99.9	100.5	100.4	100.9	99.6	100.2	101.2	100.6	98.6
1.交通	101.6	101.4	101.7	99.9	100.7	100.6	101.2	99.5	100.4	101.8	101.0	98.1
2.通信	100.1	100.1	99.9	100.0	99.9	99.9	100.0	99.8	99.8	99.5	99.5	100.0
六、教育文化娱乐	100.0	100.0	100.0	100.1	100.0	99.9	100.1	100.0	101.6	100.2	99.9	100.0
1.教育	100.0	100.0	100.0	100.0	100.0	100.0	100.1	100.0	102.2	100.0	100.0	100.0
2.文化娱乐	100.0	100.1	99.7	100.3	100.0	99.5	100.4	99.9	99.7	100.7	99.6	100.1
七、医疗保健	100.0	99.9	100.1	100.0	100.0	100.0	100.1	100.3	100.1	100.8	100.0	100.1
1.药品及医疗器具	99.8	99.7	100.5	100.2	100.1	100.1	100.3	100.1	100.6	100.4	100.1	100.7
2.医疗服务	100.0	100.0	100.0	100.0	100.0	100.0	100.0	100.4	100.0	100.8	100.0	100.0
八、其他用品和服务	100.4	99.5	99.4	99.8	100.1	100.2	100.1	99.3	100.3	100.0	99.8	100.1
1.其他用品类	100.4	98.9	99.1	99.5	100.2	100.5	100.2	98.7	100.5	99.7	99.7	100.1
2.其他服务类	100.3	100.3	99.8	100.1	100.0	99.7	100.0	100.0	100.0	100.4	99.9	100.0

3-13 历年商品零售价格指数

年 份	上年=100			1985年=100		
	商品零售价格指数	城 市	农 村	商品零售价格指数	城 市	农 村
1985	111.1	112.4	110.1	100.0	100.0	100.0
1986	104.8	105.2	104.4	104.8	105.2	104.4
1987	110.6	111.3	110.2	115.9	117.1	115.0
1988	125.9	126.0	125.8	145.9	147.5	144.7
1989	118.1	116.2	119.4	172.3	171.4	172.8
1990	99.4	99.2	99.6	171.3	170.0	172.1
1991	104.1	104.4	103.1	178.3	177.6	177.4
1992	109.5	111.4	106.6	195.2	197.7	189.2
1993	115.1	115.7	114.6	224.8	228.9	216.8
1994	124.5	121.7	126.5	279.9	278.4	274.3
1995	115.5	114.5	116.8	323.2	318.9	320.3
1996	105.2	105.2	105.1	340.0	335.5	336.6
1997	100.3	100.6	99.8	341.0	337.5	335.9
1998	97.9	98.3	97.4	333.8	331.8	327.3
1999	97.6	97.8	97.5	325.9	324.4	319.0
2000	99.3	99.8	98.4	323.6	323.8	313.9
2001	98.8	98.1	99.4	319.7	317.6	312.0
2002	99.2	99.1	99.3	317.1	314.7	309.9
2003	100.6	100.1	101.1	319.0	315.1	313.3
2004	103.9	103.0	105.0	331.4	324.6	329.0
2005	102.3	101.6	103.0	339.0	329.7	338.8
2006	101.3	101.2	101.4	343.5	333.7	343.5
2007	104.3	103.6	106.7	358.2	345.8	366.6
2008	105.6	104.5	108.7	378.4	361.1	398.3
2009	98.5	98.2	98.8	372.7	354.8	393.7
2010	103.1	102.9	103.3	384.2	365.2	406.7
2011	105.5	105.4	105.6	405.3	384.9	429.5
2012	101.7	101.7	101.8	412.2	391.4	437.2
2013	101.7	101.4	102.3	419.2	396.9	447.3
2014	101.2	101.3	101.1	424.2	402.0	452.2
2015	99.9	99.7	100.0	423.8	400.8	452.2
2016	101.0	101.0	101.1	428.0	404.7	457.2
2017	101.3	101.2	101.4	433.4	409.7	463.5
2018	102.3	102.3	102.0	443.2	419.2	472.9
2019	102.3	102.2	102.4	453.4	428.4	484.2
2020	101.3	101.2	102.5	459.3	433.5	496.3
2021	101.6	101.7	100.8	466.6	440.9	500.3

3-14 商品零售价格分类指数(2021年)

项　目	全省	城镇	农村
商品零售价格指数	**101.6**	**101.7**	**100.8**
一、食品	97.8	98.1	96.2
1.粮食	102.3	102.7	101.0
2.薯类	99.7	101.0	89.8
3.豆类	104.1	104.0	104.4
4.食用油	102.8	103.3	100.9
5.菜及食用菌	104.2	104.3	103.5
6.畜肉类	78.7	79.3	76.1
7.禽肉类	97.4	97.0	99.5
8.水产品	115.6	114.5	122.3
9.蛋类	105.6	105.4	106.8
10.奶类	100.8	100.8	100.9
11.干鲜瓜果类	102.9	103.0	102.1
12.糖果糕点类	100.9	101.0	100.7
13.调味品	101.1	100.7	102.4
14.其他食品类	100.7	100.8	100.2
15.餐饮业零售	100.7	100.7	99.9
二、饮料、烟酒	102.8	103.1	100.4
1.茶及饮料	100.3	100.2	100.7
2.卷烟	103.6	104.1	100.4
3.酒类	101.6	101.8	99.8
三、服装、鞋帽	100.8	100.9	100.4
1.服装	100.7	100.8	100.4
2.鞋帽袜	101.0	101.1	100.4
3.其他衣着配件	100.4	100.5	100.0
四、纺织品	100.8	101.0	100.1
1.服装材料	102.5	103.2	100.0
2.床上用品	100.3	100.3	100.2
五、家用电器及音像器材	101.3	101.4	101.2
1.家庭设备	101.1	101.1	101.3
2.文娱用耐用消费品	102.0	102.1	101.1
3.专业音像器材	100.0	100.0	100.0
六、文化办公用品	100.7	100.6	101.4
纸张文具	100.4	100.1	101.5
台式计算机	100.8	100.4	102.7
笔记本电脑	100.9	100.9	101.7
平板电脑	98.7	98.9	97.6
电脑附件	101.3	101.4	100.4
打印复印机	102.3	101.9	104.4
教学设备	100.3	100.4	100.0

3-14 续表

项　　目	全省	城镇	农村
七、日用品	99.9	100.0	99.3
1.日用百货	100.4	100.5	99.9
2.厨具餐具茶具	97.9	98.1	96.7
3.清洗用品	100.5	100.5	100.5
4.其他日用品	99.8	100.0	99.1
八、体育娱乐用品	100.5	100.5	100.6
1.体育户外用品	101.1	101.0	103.0
2.娱乐用品	100.4	100.4	100.5
九、交通、通信用品	101.0	101.0	100.9
1.交通运输机械	100.7	100.7	100.5
2.通信器材	101.8	101.7	102.2
十、家具	100.5	100.6	99.8
柜	100.7	101.0	99.1
床	100.3	100.2	100.6
桌	100.1	100.1	99.9
椅	101.0	101.1	100.0
沙发	100.5	100.6	99.6
其他家具	100.3	100.4	99.5
十一、化妆品	99.1	99.0	99.9
清洁化妆品	99.7	99.5	101.7
护肤化妆品	98.0	98.0	98.6
彩妆化妆品	97.4	97.6	95.1
清洁类护理用品	100.5	100.6	100.4
护发美发用品	100.3	100.5	99.6
十二、金银饰品	99.1	98.9	100.6
金 饰 品	96.8	96.1	100.2
银 饰 品	102.0	101.9	102.4
铂金饰品	104.7	105.0	101.6
十三、中西药品及医疗保健用品	100.9	100.8	101.1
1.医疗卫生器具	99.5	99.2	104.7
2.中药	102.6	102.6	102.7
3.西药	100.7	100.7	100.8
4.保健器具及用品	100.0	100.2	97.0
十四、书报杂志及电子出版物	100.3	100.2	100.6
1.教材及参考书	99.9	99.8	100.7
2.书报杂志及音像制品	100.9	101.0	100.7
3.计算机办公软件	100.0	100.0	100.0
十五、燃料	114.9	114.9	114.9
1.煤炭及制品	104.0	104.3	101.7
2.石油及制品	115.1	115.1	115.1
十六、建筑材料及五金电料	101.5	101.3	103.0
1.建筑装潢材料	101.6	101.3	103.6
2.五金水暖	101.3	101.2	102.2

3-15 14个市主要商品

项 目	全省	长沙市	株洲市	湘潭市	衡阳市	邵阳市
商品零售价格指数	**101.6**	**102.0**	**101.9**	**101.5**	**101.2**	**101.4**
一、食品	97.8	98.4	98.8	98.5	97.7	97.4
1.粮食	102.3	102.8	103.1	105.6	99.9	103.0
2.薯类	99.7	100.1	104.1	101.8	102.6	103.7
3.豆类	104.1	104.9	102.2	101.7	102.2	108.5
4.食用油	102.8	100.9	104.7	104.3	100.8	108.4
5.菜及食用菌	104.2	104.7	107.6	106.4	107.5	103.2
6.畜肉类	78.7	80.0	79.2	79.1	78.2	79.0
7.禽肉类	97.4	98.5	99.4	99.7	98.0	96.3
8.水产品	115.6	113.7	115.2	116.6	119.2	111.6
9.蛋类	105.6	107.6	101.4	103.2	102.8	106.1
10.奶类	100.8	100.0	100.3	101.1	100.7	99.0
11.干鲜瓜果类	102.9	104.0	106.1	101.7	98.0	101.7
12.糖果糕点类	100.9	101.7	100.7	100.0	99.4	99.9
13.调味品	101.1	100.1	101.8	102.2	99.6	101.6
14.其他食品类	100.7	101.5	99.0	101.1	99.9	99.7
15.餐饮业零售	100.7	100.2	100.9	100.1	100.5	101.0
二、饮料、烟酒	102.8	104.7	100.7	101.4	100.5	103.0
1.茶及饮料	100.3	100.2	100.6	99.8	103.9	101.2
2.卷烟	103.6	106.6	100.0	102.2	100.0	104.1
3.酒类	101.6	102.3	102.5	100.1	99.3	99.7
三、服装、鞋帽	100.8	101.2	100.6	100.7	100.0	100.8
1.服装	100.7	101.1	100.4	100.7	100.4	100.7
2.鞋帽袜	101.0	101.6	101.3	100.6	97.8	101.6
3.其他衣着配件	100.4	100.1	100.0	105.7	100.0	100.0
四、纺织品	100.8	101.4	100.7	103.9	100.0	101.0
1.服装材料	102.5	103.6	103.7	118.3	100.0	102.0
2.床上用品	100.3	100.8	100.0	100.0	100.0	100.7
五、家用电器及音像器材	101.3	101.6	100.7	101.1	100.4	102.1
1.家庭设备	101.1	101.2	100.6	101.4	99.3	101.3
2.文娱用耐用消费品	102.0	102.6	100.8	100.7	102.4	103.7
3.专业音像器材	100.0	100.0	100.0	100.0	100.0	100.0
六、文化办公用品	100.7	100.4	101.2	100.3	98.8	101.4
七、日用品	99.9	100.3	99.9	99.3	99.7	99.5
1.日用百货	100.4	101.0	100.5	99.9	100.0	98.4
2.厨具餐具茶具	97.9	98.6	97.7	97.0	97.9	98.4
3.清洗用品	100.5	100.5	99.9	100.6	100.1	101.0
4.其他日用品	99.8	100.3	100.1	99.1	99.8	99.9
八、体育娱乐用品	100.5	100.9	100.2	100.0	100.2	101.7
1.体育户外用品	101.1	101.4	100.0	100.0	100.0	101.6
2.娱乐用品	100.4	100.9	100.3	100.0	100.2	101.7
九、交通、通信用品	101.0	101.4	100.6	100.8	100.5	100.1
1.交通运输机械	100.7	101.1	100.5	100.5	100.0	100.1
2.通信器材	101.8	102.2	101.0	102.1	102.3	99.9
十、家具	100.5	100.8	104.0	100.6	100.0	100.4
十一、化妆品	99.1	99.5	99.0	98.4	98.3	98.9
十二、金银饰品	99.1	99.0	98.5	99.4	99.3	100.0
十三、中西药品及医疗保健用品	100.9	101.1	101.2	101.8	98.5	101.7
1.医疗卫生器具	99.5	99.9	100.0	99.8	100.3	97.0
2.中药	102.6	101.8	104.4	104.4	102.0	109.4
3.西药	100.7	101.1	101.6	101.5	95.9	99.5
4.保健器具及用品	100.0	101.0	97.7	100.7	100.1	102.1
十四、书报杂志及电子出版物	100.3	99.5	100.3	100.3	100.0	100.9
1.教材及参考书	99.9	99.0	100.4	100.6	100.0	99.1
2.书报杂志及音像制品	100.9	100.0	100.0	100.0	100.0	104.1
3.计算机办公软件	100.0	100.0	100.0	100.0	100.0	100.0
十五、燃料	114.9	115.2	114.1	114.8	114.9	113.5
1.煤炭及制品	104.0	104.7	99.3	110.1	103.7	101.5
2.石油及制品	115.1	115.4	114.2	114.9	115.0	113.6
十六、建筑材料及五金电料	101.5	101.5	101.3	100.3	102.5	102.0
1.建筑装潢材料	101.6	101.6	101.7	100.5	103.0	102.1
2.五金水暖	101.3	101.4	100.9	100.0	101.7	101.5

零售价格指数(2021年)

岳阳市	常德市	张家界	益阳市	郴州市	永州市	怀化市	娄底市	吉首市
101.0	**101.3**	**101.6**	**100.8**	**101.0**	**101.0**	**101.4**	**101.2**	**100.9**
97.6	97.8	97.3	96.6	97.2	98.3	97.5	97.8	97.3
101.7	100.3	102.3	101.9	102.3	102.2	104.5	100.4	100.7
103.3	96.3	98.1	116.4	90.5	98.4	101.1	105.8	90.8
103.9	103.0	106.9	102.2	100.5	104.2	105.4	114.9	115.4
103.6	101.2	102.3	107.6	108.0	102.2	112.0	113.5	107.2
102.0	106.6	106.2	103.3	96.5	105.5	101.5	104.0	106.5
78.7	78.9	76.7	75.5	80.7	81.3	77.8	75.2	73.3
93.6	95.3	97.4	95.2	93.8	98.0	94.5	100.3	97.5
117.0	118.0	108.2	114.4	110.7	110.4	114.4	122.4	115.6
100.4	102.7	98.9	109.2	105.8	114.5	107.3	110.0	102.4
102.1	100.9	100.9	97.5	111.3	100.0	99.8	98.3	100.9
101.3	100.1	100.9	104.3	98.5	100.6	103.3	103.4	101.5
100.4	100.9	101.5	98.3	103.6	100.9	96.4	103.2	103.8
97.7	100.0	100.9	103.1	103.0	100.1	105.7	101.2	99.7
101.5	101.1	100.3	96.6	100.3	98.5	98.4	100.2	100.1
102.4	101.0	101.8	100.4	101.1	101.7	102.5	99.3	102.0
100.0	100.6	100.9	103.4	103.1	101.5	101.7	104.1	100.0
98.4	101.1	100.6	102.2	100.9	102.1	100.2	98.2	100.5
100.3	100.8	101.3	103.8	103.1	101.9	102.1	106.9	100.0
100.3	99.0	99.5	101.6	105.7	99.5	100.8	98.2	99.7
100.0	100.5	101.3	100.3	101.1	100.4	100.9	100.7	100.1
99.9	100.5	101.1	100.3	101.3	100.4	101.2	100.7	100.0
100.1	100.4	102.1	100.4	100.4	100.6	99.7	100.8	100.8
100.0	100.0	100.5	100.0	100.0	100.3	100.0	100.0	100.0
99.5	100.2	100.1	97.1	100.9	100.0	100.0	100.0	99.7
98.5	100.0	100.0	100.0	103.0	100.0	100.0	100.0	100.0
100.0	100.2	100.1	95.9	100.4	100.0	100.1	100.0	99.6
102.3	101.0	102.9	100.3	100.8	100.5	99.8	100.9	100.7
101.5	100.7	103.5	100.3	101.0	100.0	100.5	100.4	100.4
104.0	101.6	102.5	100.5	100.5	101.3	98.5	102.0	101.3
100.0	100.0	100.0	100.0	100.0	100.0	100.0	100.0	100.0
100.0	103.2	102.9	99.8	100.0	99.8	100.3	100.1	103.3
99.7	100.3	99.7	99.0	99.2	99.5	99.6	99.7	99.6
100.5	100.2	99.7	100.8	99.2	99.6	99.5	99.5	99.0
97.2	98.4	96.7	95.0	98.8	97.1	97.7	96.9	97.8
100.2	100.8	101.0	100.0	100.1	100.6	100.6	101.0	100.6
99.5	100.6	100.0	98.3	99.0	99.7	99.8	100.1	100.1
100.2	100.4	99.9	99.9	99.2	100.0	100.0	101.0	99.1
101.1	100.6	98.9	100.0	99.9	99.9	100.0	100.6	100.0
100.1	100.4	100.0	99.9	99.1	100.0	100.0	101.0	98.9
100.4	100.3	103.1	101.3	100.6	100.4	99.8	100.6	101.1
100.0	99.9	103.4	101.0	100.3	99.9	99.8	100.1	100.3
101.6	101.4	102.1	102.4	101.3	102.0	99.8	102.2	102.9
100.0	100.6	101.5	99.8	100.0	100.0	98.7	100.1	101.1
98.7	99.2	98.4	97.7	97.6	98.1	98.4	96.8	98.2
98.5	100.0	101.8	95.4	99.6	100.8	96.3	99.6	96.4
99.8	100.5	100.4	98.2	99.8	99.5	101.5	99.2	99.7
100.0	100.0	99.5	94.8	99.2	99.4	91.2	104.3	97.6
101.7	103.1	100.7	100.5	100.0	100.6	106.9	98.4	100.0
99.0	99.8	100.5	98.0	101.4	98.3	102.1	98.3	99.7
100.1	100.0	100.0	98.1	97.3	101.0	100.0	99.6	100.0
101.1	100.6	100.4	103.3	100.0	100.2	101.4	99.9	100.2
102.0	100.6	100.8	100.0	100.0	100.5	98.7	99.7	100.4
100.0	100.7	100.0	110.1	100.0	100.0	106.2	100.0	100.0
100.0	100.0	100.0	100.0	100.0	100.0	100.0	100.0	100.0
115.9	115.6	113.3	115.4	112.9	114.4	114.3	113.3	114.1
103.8	101.2	102.0	108.1	105.7	107.0	101.7	117.3	104.4
116.0	115.7	113.4	115.5	113.1	114.5	114.5	113.3	114.3
100.5	100.4	101.2	99.4	104.0	100.7	101.9	102.4	100.1
100.2	100.4	101.8	100.2	102.5	101.0	103.4	102.8	100.1
101.0	100.4	100.0	97.8	106.6	100.0	100.5	102.0	100.0

3-16 4个县主要商品零售价格指数(2021年)

项　　目	耒阳市	慈利县	道县	新化县
商品零售价格指数	**100.9**	**100.4**	**100.5**	**101.2**
一、食品	95.7	94.7	96.3	97.0
1.粮食	99.5	103.1	101.4	101.4
2.薯类	86.6	113.7	78.9	90.5
3.豆类	105.5	110.7	100.8	103.3
4.食用油	97.0	92.9	98.2	108.8
5.菜及食用菌	104.9	96.7	101.9	104.9
6.畜肉类	76.6	75.6	80.2	73.3
7.禽肉类	95.5	100.1	103.6	101.4
8.水产品	118.1	122.9	123.1	125.5
9.蛋类	108.2	106.6	104.6	106.5
10.奶类	101.7	100.0	100.0	100.8
11.干鲜瓜果类	102.6	101.4	102.0	101.7
12.糖果糕点类	100.7	100.0	100.0	101.4
13.调味品	104.2	100.2	100.8	102.3
14.其他食品类	100.5	99.3	100.0	100.4
15.餐饮业零售	100.0	100.0	99.6	100.0
二、饮料、烟酒	99.9	99.9	101.7	100.3
1.茶及饮料	100.4	99.8	100.9	101.2
2.卷烟	100.0	100.0	102.1	100.0
3.酒类	98.9	99.2	100.2	100.3
三、服装、鞋帽	101.0	100.3	98.5	100.7
1.服装	101.0	100.3	98.2	101.0
2.鞋帽袜	101.1	100.0	100.0	100.1
3.其他衣着配件	100.0	100.0	100.0	100.0
四、纺织品	100.0	100.0	100.0	100.4
1.服装材料	100.0	100.0	100.0	100.0
2.床上用品	100.0	100.0	100.0	100.5
五、家用电器及音像器材	102.5	100.3	100.5	100.5
1.家庭设备	102.6	100.4	100.6	100.6
2.文娱用耐用消费品	102.5	100.0	100.2	100.5
3.专业音像器材	100.0	100.0	100.0	100.0

3-16 续表

项　　目	耒阳市	慈利县	道县	新化县
六、文化办公用品	101.6	99.9	99.8	102.5
七、日用品	98.8	99.7	99.7	99.5
1.日用百货	100.0	99.8	99.9	99.8
2.厨具餐具茶具	95.4	97.8	97.2	97.5
3.清洗用品	100.5	100.6	100.6	100.4
4.其他日用品	98.2	99.7	99.8	99.4
八、体育娱乐用品	98.4	98.7	98.5	104.6
1.体育户外用品	99.9	101.7	100.0	107.3
2.娱乐用品	98.3	98.6	98.5	104.5
九、交通、通信用品	100.6	103.0	100.7	100.6
1.交通运输机械	100.0	103.4	100.2	100.1
2.通信器材	102.3	102.1	102.1	102.1
十、家具	100.6	100.0	100.0	98.7
十一、化妆品	100.4	99.0	99.0	100.0
十二、金银饰品	99.8	98.2	99.3	103.2
十三、中西药品及医疗保健用品	100.5	100.3	102.5	101.4
1.医疗卫生器具	107.6	104.2	98.7	104.5
2.中药	102.2	100.2	103.4	104.1
3.西药	101.4	100.2	102.7	99.7
4.保健器具及用品	89.3	100.0	99.3	102.7
十四、书报杂志及电子出版物	100.9	99.9	100.4	100.6
1.教材及参考书	100.8	99.9	100.0	101.1
2.书报杂志及音像制品	101.4	100.0	100.8	100.0
3.计算机办公软件	100.0	100.0	100.0	100.0
十五、燃料	115.5	114.1	112.9	115.5
1.煤炭及制品	101.8	100.3	106.2	100.3
2.石油及制品	115.7	114.3	112.9	115.7
十六、建筑材料及五金电料	104.1	101.1	104.8	101.8
1.建筑装潢材料	104.9	101.2	107.7	100.6
2.五金水暖	102.5	100.9	100.0	103.2

3-17 商品零售价格

上年同月=100

类　别	1月	2月	3月	4月	5月
商品零售价格指数	**99.6**	**99.8**	**101.1**	**101.8**	**102.2**
一、食品	102.3	100.1	99.3	99.1	99.6
1.粮食	102.5	102.7	102.5	102.4	102.2
2.薯类	104.9	101.2	93.0	93.1	96.0
3.豆类	105.4	106.3	106.0	105.3	104.3
4.食用油	103.4	104.0	104.2	104.1	104.4
5.菜及食用菌	126.8	116.4	106.4	97.6	103.0
6.畜肉类	98.1	89.9	88.1	87.1	84.6
7.禽肉类	93.3	95.3	94.9	95.2	96.4
8.水产品	101.2	105.6	111.7	119.9	124.8
9.蛋类	96.1	96.1	97.3	101.1	105.4
10.奶类	100.3	100.3	100.2	100.3	101.0
11.干鲜瓜果类	101.9	102.8	103.3	103.3	102.6
12.糖果糕点类	100.9	101.2	100.9	100.9	100.8
13.调味品	101.0	101.2	101.1	101.2	101.1
14.其他食品类	100.4	100.1	100.1	100.3	100.7
15.餐饮业零售	100.7	100.6	100.7	100.8	100.8
二、饮料、烟酒	101.6	102.0	102.3	102.6	102.7
1.茶及饮料	100.3	100.3	100.4	100.5	100.2
2.卷烟	102.1	102.7	103.0	103.4	103.6
3.酒类	100.6	100.7	101.2	101.5	101.5
三、服装、鞋帽	100.4	100.2	100.3	100.5	100.5
1.服装	100.4	100.2	100.4	100.6	100.6
2.鞋帽袜	100.3	100.3	100.0	99.9	100.3
3.其他衣着配件	100.1	100.0	100.3	100.3	100.3
四、纺织品	100.1	100.1	100.5	100.6	100.6
1.服装材料	100.0	100.0	101.2	102.1	102.1
2.床上用品	100.1	100.2	100.2	100.1	100.2
五、家用电器及音像器材	99.9	100.1	100.4	101.0	101.5
1.家庭设备	99.5	100.1	100.3	100.8	101.3
2.文娱用耐用消费品	100.4	100.2	100.6	101.5	102.2
3.专业音像器材	100.0	100.0	100.0	100.0	100.0
六、文化办公用品	100.4	100.6	100.4	100.7	100.8
七、日用品	99.6	99.4	99.6	99.4	99.5
1.日用百货	100.0	99.6	100.0	99.8	100.8
2.厨具餐具茶具	96.8	96.2	96.1	98.0	97.1
3.清洗用品	102.1	101.5	100.9	101.4	99.0
4.其他日用品	99.3	99.3	99.8	99.0	99.5
八、体育娱乐用品	99.8	99.9	100.2	100.7	100.6
1.体育户外用品	101.1	101.4	100.8	101.2	101.2
2.娱乐用品	99.6	99.7	100.1	100.7	100.5
九、交通、通信用品	100.5	100.7	100.6	100.9	101.1
1.交通运输机械	99.9	99.9	99.8	100.0	100.2
2.通信器材	102.7	103.1	103.0	103.8	103.9
十、家具	99.6	99.6	99.7	99.7	99.7
十一、化妆品	101.3	98.9	99.6	100.1	99.9
十二、金银饰品	109.2	107.1	101.4	104.2	104.4
十三、中西药品及医疗保健用品	100.5	100.4	100.4	100.4	100.4
1.医疗卫生器具	100.3	100.1	100.4	99.9	99.8
2.中药	102.5	102.3	102.0	102.3	102.1
3.西药	99.9	99.8	99.8	99.8	100.1
4.保健器具及用品	100.1	100.1	100.1	100.1	99.7
十四、书报杂志及电子出版物	100.6	100.4	100.4	100.1	100.0
1.教材及参考书	100.0	100.0	100.0	99.6	99.7
2.书报杂志及音像制品	101.8	101.0	101.0	100.9	100.5
3.计算机办公软件	100.0	100.0	100.0	100.0	100.0
十五、燃料	87.9	95.0	109.4	115.9	117.7
1.煤炭及制品	99.8	100.0	99.6	99.9	99.1
2.石油及制品	87.8	94.9	109.6	116.1	118.0
十六、建筑材料及五金电料	100.0	100.0	100.3	100.5	100.9
1.建筑装潢材料	99.9	100.0	100.2	100.4	100.8
2.五金水暖	100.2	100.0	100.4	100.6	101.1

分月指数(2021年)

6月	7月	8月	9月	10月	11月	12月
101.9	**101.4**	**101.2**	**101.3**	**102.6**	**103.6**	**102.4**
97.6	94.7	94.5	94.0	95.6	99.4	97.5
101.8	101.9	102.3	102.7	102.5	102.2	102.1
97.0	96.8	98.1	102.9	105.3	106.2	104.7
103.8	103.4	103.5	103.1	102.6	102.7	102.9
103.5	102.1	101.7	101.5	101.4	102.3	101.7
101.2	91.4	92.4	94.5	103.4	116.1	102.7
74.8	67.3	67.1	65.7	68.3	77.9	74.8
98.2	97.9	97.1	97.8	99.2	101.5	102.3
124.1	123.6	120.9	116.7	113.0	113.4	111.9
110.2	109.7	109.0	108.6	109.6	113.5	113.2
100.9	100.8	101.1	101.2	101.2	101.4	101.5
102.7	102.8	102.5	100.5	100.9	104.6	107.0
100.7	100.7	101.0	100.9	101.1	101.0	101.1
101.0	101.1	101.6	101.4	100.8	100.9	101.0
100.7	100.7	101.1	100.7	100.9	101.1	101.4
100.8	100.7	100.8	100.7	100.5	100.3	100.3
102.9	103.2	103.8	103.3	103.4	102.6	102.6
100.2	100.3	100.2	100.3	100.2	100.2	100.5
103.8	104.2	105.0	104.3	104.4	103.3	103.3
101.9	101.9	102.4	102.3	102.1	101.9	101.7
100.5	100.6	100.8	101.0	101.5	101.5	101.6
100.5	100.5	100.8	100.9	101.3	101.3	101.4
100.7	100.7	101.0	101.3	102.2	102.3	102.6
100.2	100.3	100.4	100.3	100.8	100.8	101.1
100.7	100.9	101.0	101.0	101.4	101.4	101.5
102.1	103.1	103.4	103.0	104.1	104.7	104.7
100.2	100.2	100.3	100.3	100.5	100.4	100.5
101.4	101.6	102.0	102.1	102.1	101.9	102.1
101.2	101.3	101.5	101.7	101.9	101.7	102.1
102.0	102.6	103.1	103.1	102.8	102.5	102.6
100.0	100.0	100.0	100.0	100.0	100.0	100.0
100.7	100.5	100.4	100.9	101.1	100.8	101.0
99.4	100.4	99.6	100.1	100.9	100.0	100.5
100.3	100.0	100.2	101.2	101.1	100.8	101.1
96.9	99.0	98.1	97.5	98.5	100.7	100.7
99.0	100.6	100.6	99.9	101.6	99.6	99.8
99.7	100.9	99.3	100.3	101.2	99.5	100.2
100.5	100.4	100.6	100.4	100.8	100.9	101.0
101.3	101.3	101.4	101.0	101.3	100.7	100.3
100.4	100.3	100.5	100.3	100.7	101.0	101.1
100.7	100.9	101.4	101.5	101.4	100.9	101.0
99.8	100.1	100.8	100.9	102.1	102.4	102.5
103.5	103.5	103.2	103.4	99.0	96.1	96.5
100.6	100.7	101.4	101.3	101.1	101.2	101.2
98.7	97.5	99.2	98.6	99.9	97.6	98.3
103.2	98.3	89.4	91.9	92.4	96.3	95.3
100.6	100.7	101.0	101.3	101.5	101.5	101.6
99.8	99.2	99.1	99.1	98.8	98.8	98.8
102.2	102.5	102.7	102.9	103.4	102.9	103.2
100.4	100.7	101.0	101.6	101.9	102.0	102.0
99.8	99.7	99.8	100.0	99.9	100.1	100.2
100.1	100.3	100.2	100.4	100.4	100.3	100.3
99.8	100.0	99.9	100.1	100.1	100.0	100.1
100.6	100.8	100.8	101.0	100.9	100.9	100.8
100.0	100.0	100.0	100.0	100.0	100.0	100.0
119.8	121.4	119.2	120.1	128.5	131.9	121.9
99.4	99.1	99.1	108.7	117.4	113.7	112.3
120.1	121.7	119.5	120.2	128.7	132.2	122.1
101.2	101.1	101.3	102.2	103.6	103.6	103.4
101.1	101.0	101.2	102.5	104.1	104.1	103.8
101.4	101.4	101.4	101.5	102.7	102.7	102.6

3-18 城市商品零售价格

上年同月=100

类　　别	1月	2月	3月	4月	5月
商品零售价格指数	**99.6**	**99.9**	**101.2**	**101.9**	**102.3**
一、食品	102.4	100.2	99.5	99.4	100.0
1.粮食	103.3	103.5	103.4	103.3	103.0
2.薯类	106.0	102.5	94.4	94.3	97.4
3.豆类	105.0	105.6	105.5	105.2	104.4
4.食用油	103.7	104.3	104.2	104.1	104.3
5.菜及食用菌	127.3	116.6	106.6	97.5	103.7
6.畜肉类	97.8	89.8	88.9	88.4	85.2
7.禽肉类	93.0	94.9	94.6	94.9	96.0
8.水产品	100.7	104.8	111.0	119.3	123.9
9.蛋类	95.9	95.7	97.2	100.8	105.0
10.奶类	100.3	100.3	100.2	100.3	101.1
11.干鲜瓜果类	102.3	102.9	103.3	103.4	103.1
12.糖果糕点类	100.9	101.2	100.9	101.0	101.0
13.调味品	100.3	100.6	100.5	100.6	100.5
14.其他食品类	100.6	100.3	100.2	100.2	100.6
15.餐饮业零售	100.7	100.7	100.8	100.9	100.9
二、饮料、烟酒	101.8	102.3	102.6	103.0	103.1
1.茶及饮料	100.4	100.3	100.3	100.3	100.1
2.卷烟	102.4	103.1	103.4	103.9	104.1
3.酒类	100.8	100.9	101.4	101.7	101.8
三、服装、鞋帽	100.5	100.4	100.4	100.6	100.6
1.服装	100.5	100.4	100.5	100.7	100.7
2.鞋帽袜	100.4	100.3	100.0	100.0	100.5
3.其他衣着配件	100.1	100.0	100.4	100.4	100.4
四、纺织品	99.9	100.0	100.4	100.7	100.8
1.服装材料	99.9	99.9	101.6	102.6	102.6
2.床上用品	99.9	100.0	100.1	100.1	100.2
五、家用电器及音像器材	99.8	100.1	100.3	101.0	101.5
1.家庭设备	99.5	100.0	100.3	100.7	101.2
2.文娱用耐用消费品	100.4	100.1	100.5	101.6	102.4
3.专业音像器材	100.0	100.0	100.0	100.0	100.0
六、文化办公用品	100.1	100.2	100.2	100.5	100.6
七、日用品	99.6	99.4	99.6	99.5	99.6
1.日用百货	99.9	99.6	100.0	99.9	100.9
2.厨具餐具茶具	97.2	96.5	96.4	98.1	97.3
3.清洗用品	102.0	101.4	100.9	101.3	99.0
4.其他日用品	99.3	99.4	99.8	99.1	99.7
八、体育娱乐用品	99.9	100.0	100.4	100.5	100.4
1.体育户外用品	100.9	101.2	100.5	101.0	101.0
2.娱乐用品	99.8	99.8	100.3	100.5	100.3
九、交通、通信用品	100.5	100.6	100.5	100.8	101.0
1.交通运输机械	99.9	99.9	99.8	100.0	100.2
2.通信器材	102.7	103.0	102.8	103.6	103.8
十、家具	99.8	99.8	99.9	99.9	99.9
十一、化妆品	101.2	98.5	99.4	100.0	99.8
十二、金银饰品	108.5	106.5	100.5	103.5	103.8
十三、中西药品及医疗保健用品	100.6	100.5	100.3	100.4	100.5
1.医疗卫生器具	100.2	99.7	100.0	99.5	99.5
2.中药	102.5	102.5	102.2	102.4	102.4
3.西药	99.8	99.8	99.6	99.6	100.1
4.保健器具及用品	100.5	100.4	100.4	100.4	100.0
十四、书报杂志及电子出版物	100.5	100.2	100.2	100.0	99.9
1.教材及参考书	99.8	99.8	99.8	99.4	99.6
2.书报杂志及音像制品	101.9	101.0	101.0	101.0	100.5
3.计算机办公软件	100.0	100.0	100.0	100.0	100.0
十五、燃料	87.9	95.0	109.4	115.9	117.7
1.煤炭及制品	100.1	100.2	99.8	99.9	99.0
2.石油及制品	87.8	94.9	109.5	116.2	118.0
十六、建筑材料及五金电料	100.0	100.0	100.3	100.4	100.9
1.建筑装潢材料	100.0	100.1	100.3	100.4	100.9
2.五金水暖	100.0	99.9	100.3	100.3	100.9

分月指数(2021年)

6月	7月	8月	9月	10月	11月	12月
102.0	**101.5**	**101.4**	**101.4**	**102.7**	**103.7**	**102.5**
98.0	95.1	95.1	94.4	95.8	99.5	97.7
102.7	102.5	102.6	102.9	101.9	101.5	101.5
98.2	98.3	99.5	104.8	106.4	106.9	106.1
103.8	103.3	103.4	103.4	103.1	102.8	102.8
103.8	102.9	102.7	102.0	102.1	103.1	102.5
101.1	91.8	93.2	94.2	103.5	116.2	102.0
75.7	68.2	68.1	66.4	68.6	78.1	75.2
97.9	97.6	96.9	97.6	98.8	100.9	101.8
122.5	121.6	118.9	115.3	111.9	112.5	111.1
109.8	109.5	109.4	108.6	109.4	113.1	113.1
101.0	100.6	101.2	101.3	101.1	101.3	101.5
103.0	103.0	102.6	100.3	100.7	104.5	107.3
100.7	100.8	100.9	100.8	101.2	101.2	101.3
100.4	100.6	101.1	100.8	100.8	101.0	101.1
100.8	100.8	101.2	100.7	101.2	101.1	101.5
100.9	100.8	100.9	100.8	100.6	100.4	100.3
103.3	103.6	104.3	103.7	103.7	102.9	102.8
100.1	100.2	100.2	100.2	100.1	100.1	100.4
104.3	104.7	105.6	104.8	104.9	103.7	103.6
102.1	102.1	102.5	102.4	102.2	102.0	101.8
100.6	100.6	100.9	101.0	101.5	101.5	101.6
100.6	100.6	100.8	100.9	101.4	101.2	101.3
100.9	100.8	101.0	101.3	102.4	102.5	102.9
100.3	100.4	100.5	100.4	100.9	100.9	101.3
100.8	101.1	101.3	101.2	101.7	101.7	101.8
102.6	103.8	104.2	103.8	105.1	105.9	105.9
100.3	100.3	100.4	100.4	100.7	100.5	100.5
101.5	101.7	102.0	102.1	102.2	101.9	102.1
101.2	101.2	101.5	101.7	101.9	101.7	102.0
102.2	102.8	103.3	103.3	103.0	102.7	102.8
100.0	100.0	100.0	100.0	100.0	100.0	100.0
100.6	100.4	100.3	100.8	101.0	100.9	101.1
99.5	100.4	99.7	100.3	101.1	100.2	100.7
100.4	100.1	100.3	101.3	101.3	101.1	101.4
97.1	99.1	98.3	97.7	98.8	100.8	100.8
99.0	100.5	100.5	99.9	101.6	99.7	99.9
99.7	101.0	99.5	100.4	101.5	99.8	100.4
100.2	100.2	100.3	100.4	100.9	101.1	101.2
101.2	101.1	101.3	100.9	101.3	100.8	100.3
100.1	100.1	100.1	100.4	100.9	101.2	101.3
100.6	100.9	101.4	101.4	101.5	101.1	101.2
99.8	100.1	100.9	100.9	102.2	102.5	102.6
103.4	103.4	103.1	103.4	99.1	96.3	96.6
100.7	100.8	101.5	101.3	101.1	101.2	101.3
98.8	97.5	99.2	98.4	99.7	97.4	98.0
103.0	97.9	88.9	92.2	92.6	96.6	95.4
100.6	100.7	101.0	101.3	101.4	101.3	101.4
99.5	98.8	98.6	98.6	98.4	98.4	98.4
102.5	102.5	102.8	102.9	103.1	102.4	102.4
100.4	100.8	101.1	101.6	101.9	101.9	101.9
99.9	99.9	99.9	100.2	100.2	100.3	100.4
100.0	100.2	100.2	100.3	100.4	100.3	100.3
99.7	99.9	99.8	100.0	100.1	99.9	100.0
100.6	100.8	100.8	101.0	101.0	101.0	100.9
100.0	100.0	100.0	100.0	100.0	100.0	100.0
119.9	121.4	119.2	120.1	128.4	131.9	121.9
99.3	99.0	99.0	109.3	118.6	114.5	113.0
120.2	121.7	119.5	120.2	128.6	132.1	122.1
101.1	101.0	101.1	101.8	102.9	102.9	102.9
101.1	100.9	101.0	102.0	103.0	103.1	103.1
101.3	101.3	101.3	101.5	102.6	102.6	102.6

3-19 农村商品零售价格

上年同月=100

类 别	1月	2月	3月	4月	5月
商品零售价格指数	**99.7**	**99.7**	**100.6**	**101.0**	**101.4**
一、食品	102.1	99.6	97.7	96.8	97.7
1.粮食	99.4	99.8	99.2	98.8	99.1
2.薯类	96.9	91.4	82.5	83.8	85.4
3.豆类	107.0	109.4	108.2	106.0	103.7
4.食用油	102.5	102.5	104.1	103.8	104.4
5.菜及食用菌	124.0	115.5	105.6	98.0	99.1
6.畜肉类	99.2	89.9	84.5	81.3	81.9
7.禽肉类	95.4	97.4	97.2	97.0	98.2
8.水产品	104.3	110.5	115.7	123.0	130.1
9.蛋类	97.4	98.5	98.0	103.4	108.0
10.奶类	100.2	100.3	100.3	100.3	100.3
11.干鲜瓜果类	98.9	102.7	103.3	102.4	99.8
12.糖果糕点类	101.2	101.2	101.2	100.3	100.3
13.调味品	103.1	103.1	103.1	103.1	103.0
14.其他食品类	98.9	98.9	99.7	100.7	101.2
15.餐饮业零售	99.8	100.0	100.2	100.1	100.0
二、饮料、烟酒	99.8	99.9	100.0	100.1	100.0
1.茶及饮料	100.0	100.2	100.9	101.5	101.1
2.卷烟	100.0	100.0	100.0	100.0	100.0
3.酒类	98.8	98.8	98.8	98.8	98.6
三、服装、鞋帽	99.5	99.3	99.6	99.8	99.9
1.服装	99.4	99.1	99.6	99.9	99.9
2.鞋帽袜	99.9	99.9	99.7	99.7	99.7
3.其他衣着配件	100.0	100.0	100.0	100.0	100.0
四、纺织品	100.8	100.8	100.8	100.0	100.0
1.服装材料	100.0	100.0	100.0	100.0	100.0
2.床上用品	101.1	101.1	101.1	100.0	100.0
五、家用电器及音像器材	100.1	100.3	100.5	101.2	101.3
1.家庭设备	99.7	100.1	100.4	101.4	101.6
2.文娱用耐用消费品	100.8	100.7	100.7	100.9	100.9
3.专业音像器材	100.0	100.0	100.0	100.0	100.0
六、文化办公用品	102.6	102.7	101.6	101.4	101.6
七、日用品	99.7	99.1	99.3	99.0	99.0
1.日用百货	100.7	100.0	99.9	99.3	100.0
2.厨具餐具茶具	94.5	94.1	94.4	97.4	95.9
3.清洗用品	102.5	101.7	100.8	101.5	99.1
4.其他日用品	99.3	98.8	99.5	98.2	99.0
八、体育娱乐用品	99.0	99.0	99.0	102.0	102.0
1.体育户外用品	104.6	104.6	104.5	103.9	103.9
2.娱乐用品	98.8	98.8	98.8	101.9	101.9
九、交通、通信用品	100.8	101.0	101.1	101.4	101.6
1.交通运输机械	99.9	99.9	99.9	100.0	100.4
2.通信器材	103.3	104.0	104.7	105.6	105.1
十、家具	98.6	98.6	98.6	98.6	98.6
十一、化妆品	102.2	100.6	100.4	100.9	100.1
十二、金银饰品	113.1	110.8	106.6	107.9	107.5
十三、中西药品及医疗保健用品	100.4	99.9	100.7	100.6	100.0
1.医疗卫生器具	102.8	105.2	106.7	105.9	103.6
2.中药	102.4	101.3	101.1	101.9	101.0
3.西药	100.1	99.7	101.2	100.5	100.0
4.保健器具及用品	96.0	95.9	95.9	96.2	96.2
十四、书报杂志及电子出版物	101.0	101.0	101.1	100.3	100.3
1.教材及参考书	101.2	101.2	101.4	100.3	100.3
2.书报杂志及音像制品	101.2	101.2	101.2	100.4	100.4
3.计算机办公软件	100.0	100.0	100.0	100.0	100.0
十五、燃料	88.1	94.7	109.6	115.3	117.5
1.煤炭及制品	98.1	98.1	98.1	99.9	100.0
2.石油及制品	88.0	94.7	109.7	115.5	117.8
十六、建筑材料及五金电料	99.8	99.9	100.1	101.0	101.3
1.建筑装潢材料	99.1	99.2	99.5	100.3	100.7
2.五金水暖	100.9	101.0	101.0	102.2	102.2

分月指数(2021年)

6月	7月	8月	9月	10月	11月	12月
100.9	**100.2**	**99.9**	**100.3**	**101.8**	**102.9**	**101.6**
95.5	91.7	91.3	91.9	94.3	98.8	96.4
98.5	99.7	100.9	102.1	104.7	104.7	104.7
87.9	85.8	87.6	88.9	96.8	100.7	93.7
103.6	103.8	103.9	101.6	100.8	102.4	103.3
102.4	98.5	97.7	99.2	98.6	98.9	98.4
101.6	88.6	88.1	96.0	102.9	115.9	106.6
70.9	62.9	62.4	62.5	66.9	76.8	72.8
100.2	100.0	98.2	98.9	101.5	105.1	105.5
134.2	135.9	133.4	125.3	119.8	119.0	116.4
112.4	110.9	107.0	108.5	110.5	115.6	114.0
100.3	102.0	100.8	100.8	101.8	102.0	101.7
100.7	101.1	101.9	102.1	101.9	105.4	104.7
100.5	100.6	101.3	101.3	100.3	100.3	100.3
102.9	102.9	103.0	103.3	100.6	100.6	100.7
100.2	100.0	100.7	100.9	99.3	100.9	100.9
100.1	99.8	99.7	99.5	99.9	100.0	100.0
100.1	100.4	100.8	100.8	100.8	100.8	100.8
100.8	100.7	100.7	100.7	100.6	100.5	100.7
100.0	100.4	100.8	100.8	100.8	100.8	100.8
99.9	99.9	100.9	100.9	100.9	100.9	100.9
100.1	100.3	100.6	100.9	101.2	101.6	101.8
100.2	100.2	100.4	100.8	101.2	101.7	101.9
99.7	100.5	101.1	101.1	101.2	101.1	101.1
100.0	100.0	100.0	100.0	100.0	100.0	100.0
100.0	99.8	99.8	99.8	99.8	99.8	100.2
100.0	100.0	100.0	100.0	100.0	100.0	100.0
100.0	99.7	99.7	99.7	99.7	99.7	100.2
101.0	101.5	101.8	101.8	101.8	101.5	101.9
101.1	101.6	101.9	101.8	102.0	101.9	102.4
100.8	101.4	102.0	101.9	101.4	101.0	101.2
100.0	100.0	100.0	100.0	100.0	100.0	100.0
101.0	101.0	101.1	101.4	101.7	100.5	100.4
99.0	100.0	99.1	99.4	100.0	98.8	99.2
99.8	99.6	99.6	100.3	100.3	99.4	99.6
95.7	98.4	97.0	95.9	97.1	100.2	100.1
99.0	100.9	100.9	99.8	101.6	99.2	99.3
99.3	100.3	98.5	99.5	99.9	97.9	98.7
102.0	101.9	102.4	100.1	99.9	99.9	99.9
103.9	103.9	103.9	103.0	100.0	100.0	99.9
101.9	101.8	102.3	100.0	99.9	99.9	99.9
101.2	101.1	101.0	101.7	100.5	99.8	99.8
100.1	100.0	100.2	100.9	101.3	101.6	101.4
104.4	104.3	103.5	104.0	98.1	94.8	95.2
100.0	100.2	100.8	100.8	100.8	100.8	100.8
98.5	97.6	99.5	99.5	101.1	98.8	99.5
104.3	100.3	92.0	90.2	91.5	94.7	94.8
100.3	100.8	101.0	101.6	102.2	102.6	103.1
103.6	105.2	105.0	105.0	104.3	104.3	104.3
101.1	102.4	102.5	102.9	104.5	104.9	106.1
100.2	100.2	100.6	101.6	101.8	102.1	102.3
97.7	97.8	97.8	97.2	97.0	98.0	98.0
100.4	100.5	100.6	100.6	100.4	100.4	100.4
100.5	100.5	100.7	100.6	100.5	100.5	100.5
100.4	100.7	100.7	100.7	100.3	100.3	100.3
100.0	100.0	100.0	100.0	100.0	100.0	100.0
119.4	121.1	119.0	119.9	129.1	132.4	121.7
100.0	100.0	100.0	104.0	107.9	107.9	106.5
119.7	121.4	119.2	120.1	129.4	132.8	121.9
101.9	101.8	102.5	104.8	108.7	108.1	106.4
101.7	101.6	102.7	106.5	112.1	111.1	108.5
102.2	102.1	102.1	102.1	103.5	103.5	103.0

3-20 商品零售价格

上月=100

类 别	1月	2月	3月	4月	5月
商品零售价格指数	**101.1**	**100.4**	**99.9**	**99.6**	**99.9**
一、食品	102.8	100.6	97.1	98.3	98.6
1.粮食	100.5	100.2	100.0	100.1	100.1
2.薯类	106.7	106.3	99.5	97.1	97.2
3.豆类	100.2	101.1	100.2	100.4	100.0
4.食用油	101.7	100.7	99.9	99.4	99.6
5.菜及食用菌	114.5	96.7	87.0	94.2	98.5
6.畜肉类	104.3	99.6	91.5	91.7	91.2
7.禽肉类	100.7	103.2	99.1	98.9	99.1
8.水产品	101.9	107.5	103.4	107.0	105.5
9.蛋类	105.8	99.0	97.7	100.7	101.6
10.奶类	100.4	100.1	99.7	100.2	100.4
11.干鲜瓜果类	101.3	103.3	100.4	99.4	98.6
12.糖果糕点类	100.0	100.0	100.0	100.2	100.0
13.调味品	100.1	100.2	100.0	100.0	100.0
14.其他食品类	100.0	99.9	100.1	100.1	100.4
15.餐饮业零售	100.1	100.0	100.1	100.1	100.0
二、饮料、烟酒	100.1	100.4	100.1	100.4	100.1
1.茶及饮料	100.1	100.0	100.1	100.1	99.8
2.卷烟	100.1	100.6	100.1	100.4	100.2
3.酒类	100.2	100.2	100.4	100.3	100.3
三、服装、鞋帽	100.0	99.9	100.2	100.2	100.1
1.服装	100.0	99.9	100.2	100.2	100.2
2.鞋帽袜	100.1	100.0	100.0	100.0	100.1
3.其他衣着配件	100.0	99.9	100.3	100.0	100.0
四、纺织品	100.0	100.0	100.4	100.2	100.1
1.服装材料	100.0	100.0	101.3	100.8	100.0
2.床上用品	100.0	100.0	100.1	100.1	100.1
五、家用电器及音像器材	100.1	100.1	100.3	100.4	100.3
1.家庭设备	100.1	100.3	100.2	100.3	100.1
2.文娱用耐用消费品	100.0	99.9	100.5	100.5	100.6
3.专业音像器材	100.0	100.0	100.0	100.0	100.0
六、文化办公用品	99.9	100.1	100.2	100.2	99.8
七、日用品	100.4	99.9	100.0	99.8	99.8
1.日用百货	99.9	100.1	100.5	99.8	100.8
2.厨具餐具茶具	100.9	99.8	99.4	100.4	100.3
3.清洗用品	100.9	100.0	99.7	100.4	98.4
4.其他日用品	100.3	99.8	99.8	99.5	99.5
八、体育娱乐用品	100.0	100.0	100.1	99.9	99.9
1.体育户外用品	100.0	100.3	99.4	100.3	100.0
2.娱乐用品	100.0	100.0	100.2	99.8	99.9
九、交通、通信用品	100.1	100.0	99.8	100.0	100.0
1.交通运输机械	100.0	100.0	99.9	100.0	100.0
2.通信器材	100.1	100.1	99.3	100.0	99.9
十、家具	100.0	100.0	100.0	100.0	100.0
十一、化妆品	99.8	99.3	99.6	100.7	99.3
十二、金银饰品	100.3	98.8	96.3	101.8	102.0
十三、中西药品及医疗保健用品	100.0	99.9	100.2	100.2	100.2
1.医疗卫生器具	99.9	99.8	100.3	99.6	100.0
2.中药	100.3	99.8	100.1	100.6	100.4
3.西药	100.1	100.0	100.3	100.2	100.3
4.保健器具及用品	99.7	99.9	100.2	100.0	99.9
十四、书报杂志及电子出版物	100.1	100.0	99.9	99.9	100.0
1.教材及参考书	99.9	100.0	99.8	99.8	100.1
2.书报杂志及音像制品	100.4	100.0	100.0	100.0	100.0
3.计算机办公软件	100.0	100.0	100.0	100.0	100.0
十五、燃料	104.8	102.8	105.6	99.1	101.5
1.煤炭及制品	100.4	100.0	99.5	100.0	99.1
2.石油及制品	104.9	102.8	105.7	99.0	101.5
十六、建筑材料及五金电料	100.0	99.9	100.2	100.2	100.5
1.建筑装潢材料	100.1	100.0	100.1	100.2	100.5
2.五金水暖	100.0	99.9	100.3	100.2	100.6

分月环比指数(2021年)

6月	7月	8月	9月	10月	11月	12月
99.8	**100.3**	**100.1**	**100.1**	**101.1**	**100.6**	**99.4**
98.3	99.5	100.6	99.9	100.9	101.7	99.4
100.0	99.9	100.4	100.4	100.2	100.0	100.2
97.3	101.5	99.8	100.6	101.5	98.9	98.7
100.1	100.2	100.0	100.0	100.0	100.5	100.3
99.4	99.4	100.2	100.1	99.9	100.9	100.4
99.6	98.6	104.1	104.1	112.6	103.6	92.6
90.8	97.9	100.6	97.8	99.1	108.1	100.3
99.6	99.9	100.3	100.4	100.1	100.7	100.3
99.3	99.6	98.7	96.6	96.1	97.7	98.7
100.2	101.3	105.7	99.6	99.7	101.8	99.6
100.1	99.7	100.4	100.2	100.0	100.1	100.2
99.3	99.3	99.8	100.8	100.4	102.4	101.9
100.1	100.0	100.2	100.0	100.4	100.2	100.0
100.0	100.2	100.2	100.0	100.2	100.0	100.1
100.3	100.0	100.4	99.7	100.3	100.0	100.3
100.0	100.0	100.1	99.9	99.9	100.0	100.0
100.2	100.3	100.6	100.0	100.1	100.1	100.1
100.0	100.2	99.9	100.0	100.0	100.0	100.3
100.2	100.4	100.8	100.0	100.2	100.1	100.2
100.3	100.0	100.3	100.2	99.8	99.9	99.9
100.1	100.0	100.2	100.3	100.5	99.9	100.2
100.0	100.0	100.2	100.3	100.4	99.9	100.2
100.3	100.0	100.2	100.4	100.9	99.9	100.4
99.9	100.1	100.0	99.9	100.6	100.0	100.4
100.0	100.2	100.0	100.0	100.4	100.1	100.1
100.0	100.7	100.0	100.0	101.3	100.5	100.0
100.0	100.0	100.0	100.0	100.1	99.9	100.1
99.7	100.5	100.0	100.2	100.2	99.9	100.5
99.6	100.6	100.1	100.2	100.2	99.8	100.6
99.7	100.6	99.9	100.1	100.3	100.1	100.3
100.0	100.0	100.0	100.0	100.0	100.0	100.0
99.9	100.3	99.9	100.3	100.4	99.6	100.4
100.0	100.8	99.3	100.3	100.5	99.3	100.4
99.6	100.0	100.0	100.0	100.4	99.7	100.4
99.1	102.6	98.2	100.4	100.6	97.6	101.6
100.0	101.7	99.2	100.0	100.4	100.0	99.0
100.5	100.6	99.2	100.6	100.6	99.2	100.6
99.8	100.0	100.2	100.2	100.4	100.3	100.2
100.1	100.1	100.1	100.1	100.0	100.3	99.6
99.8	100.0	100.2	100.2	100.4	100.3	100.2
99.9	100.3	100.3	100.0	100.6	99.9	100.1
100.0	100.4	100.5	100.1	101.1	100.3	100.1
99.8	100.0	99.6	99.6	99.0	98.7	100.3
100.5	100.1	100.5	100.0	100.0	100.1	100.1
99.2	99.8	101.3	99.2	100.8	99.1	100.2
100.9	98.1	97.2	101.2	99.1	102.2	97.7
100.2	100.0	100.1	100.3	100.2	100.1	100.1
99.9	99.6	99.9	100.0	99.8	100.0	100.0
100.3	100.2	100.1	100.3	100.5	100.2	100.4
100.3	100.1	100.1	100.4	100.2	100.1	100.0
100.2	100.0	100.1	100.2	100.0	100.0	100.1
100.1	100.1	99.9	100.2	100.0	99.9	100.0
100.1	100.1	99.9	100.2	100.1	99.9	100.2
100.1	100.2	100.0	100.2	100.0	100.0	99.9
100.0	100.0	100.0	100.0	100.0	100.0	100.0
101.7	102.9	99.0	100.0	105.3	102.4	95.4
100.2	99.8	100.0	109.9	107.9	96.9	98.7
101.7	102.9	99.0	99.9	105.2	102.5	95.4
100.1	100.0	100.1	100.8	101.6	100.0	99.9
99.9	100.0	100.2	101.3	101.9	99.9	99.8
100.3	100.0	100.0	100.1	101.2	100.0	100.0

3-21 城市商品零售价格

上月=100

类 别	1月	2月	3月	4月	5月
商品零售价格指数	**101.1**	**100.4**	**99.9**	**99.7**	**99.9**
一、食品	102.7	100.6	97.2	98.5	98.6
1.粮食	100.7	100.2	100.0	100.0	100.1
2.薯类	107.1	107.3	99.5	96.8	97.0
3.豆类	100.1	100.7	100.5	100.4	100.0
4.食用油	101.8	100.8	99.7	99.7	99.8
5.菜及食用菌	114.9	96.6	86.9	94.3	99.0
6.畜肉类	104.0	100.0	91.7	92.3	90.9
7.禽肉类	100.6	103.2	99.1	98.8	99.1
8.水产品	101.8	107.5	103.4	107.0	105.3
9.蛋类	105.7	98.7	98.1	100.9	101.8
10.奶类	100.3	100.1	99.7	100.2	100.4
11.干鲜瓜果类	101.2	103.1	100.6	99.4	98.6
12.糖果糕点类	100.0	100.0	100.0	100.3	100.0
13.调味品	100.1	100.2	100.1	100.0	100.0
14.其他食品类	100.1	99.8	100.0	100.1	100.4
15.餐饮业零售	100.1	100.0	100.1	100.1	100.0
二、饮料、烟酒	100.1	100.5	100.1	100.4	100.1
1.茶及饮料	100.1	100.0	100.0	100.1	99.8
2.卷烟	100.1	100.7	100.1	100.5	100.2
3.酒类	100.2	100.2	100.4	100.4	100.3
三、服装、鞋帽	100.0	99.9	100.2	100.1	100.2
1.服装	100.0	99.9	100.2	100.2	100.2
2.鞋帽袜	100.2	100.0	100.0	100.0	100.1
3.其他衣着配件	100.0	99.9	100.4	100.0	100.0
四、纺织品	100.0	100.0	100.4	100.3	100.1
1.服装材料	100.0	100.0	101.6	101.0	100.0
2.床上用品	100.0	100.0	100.1	100.1	100.2
五、家用电器及音像器材	100.1	100.1	100.3	100.4	100.3
1.家庭设备	100.1	100.3	100.2	100.3	100.2
2.文娱用耐用消费品	100.0	99.9	100.5	100.6	100.7
3.专业音像器材	100.0	100.0	100.0	100.0	100.0
六、文化办公用品	99.9	100.1	100.2	100.2	99.9
七、日用品	100.4	100.0	99.9	99.8	99.9
1.日用百货	99.9	100.1	100.4	99.9	100.9
2.厨具餐具茶具	100.9	99.9	99.3	100.3	100.3
3.清洗用品	100.8	100.0	99.7	100.4	98.5
4.其他日用品	100.3	99.9	99.8	99.5	99.5
八、体育娱乐用品	100.0	100.0	100.1	99.9	99.9
1.体育户外用品	100.0	100.3	99.3	100.4	100.0
2.娱乐用品	100.0	100.0	100.2	99.8	99.9
九、交通、通信用品	100.1	100.0	99.8	100.1	100.0
1.交通运输机械	100.0	100.0	99.9	100.1	100.0
2.通信器材	100.1	100.1	99.3	100.1	99.9
十、家具	100.0	100.0	100.0	100.0	100.0
十一、化妆品	99.6	99.3	99.6	100.8	99.4
十二、金银饰品	100.3	98.9	96.2	102.0	102.2
十三、中西药品及医疗保健用品	100.1	100.0	100.2	100.2	100.2
1.医疗卫生器具	100.0	99.6	100.2	99.5	100.0
2.中药	100.3	100.0	100.1	100.5	100.4
3.西药	100.1	100.0	100.2	100.2	100.4
4.保健器具及用品	99.9	99.9	100.2	100.0	99.9
十四、书报杂志及电子出版物	100.1	100.0	99.9	99.9	100.1
1.教材及参考书	99.9	100.0	99.7	99.8	100.1
2.书报杂志及音像制品	100.5	100.0	100.0	100.0	100.0
3.计算机办公软件	100.0	100.0	100.0	100.0	100.0
十五、燃料	104.9	102.8	105.6	99.1	101.5
1.煤炭及制品	100.4	100.0	99.5	100.0	99.0
2.石油及制品	104.9	102.9	105.6	99.1	101.5
十六、建筑材料及五金电料	100.0	99.9	100.2	100.1	100.6
1.建筑装潢材料	100.1	100.0	100.1	100.1	100.5
2.五金水暖	100.0	99.8	100.4	100.1	100.7

分月环比指数(2021年)

6月	7月	8月	9月	10月	11月	12月
99.8	**100.3**	**100.1**	**100.0**	**101.1**	**100.6**	**99.4**
98.4	99.6	100.5	99.8	100.9	101.6	99.4
99.9	99.8	100.2	100.2	100.2	100.0	100.2
96.9	101.7	99.8	101.0	101.0	99.1	99.4
100.1	100.2	100.1	100.1	100.0	100.2	100.3
99.5	99.8	100.2	99.9	100.0	100.8	100.6
99.7	99.0	103.8	103.3	112.9	103.0	92.1
91.0	98.2	100.6	97.5	99.2	107.7	100.4
99.5	99.9	100.2	100.3	100.1	100.5	100.4
98.8	99.5	98.6	96.8	96.1	98.0	98.8
100.2	101.2	105.6	99.3	99.7	101.7	99.6
100.1	99.7	100.5	100.3	100.0	100.1	100.2
99.4	99.5	99.8	100.8	100.2	102.3	102.0
100.1	100.0	100.2	99.9	100.5	100.2	100.0
100.0	100.3	100.3	100.0	100.1	100.0	100.1
100.4	100.0	100.4	99.6	100.3	100.0	100.3
100.0	100.0	100.1	99.9	99.9	100.0	100.0
100.2	100.3	100.7	100.0	100.1	100.1	100.1
100.0	100.2	99.9	100.0	100.0	100.0	100.3
100.2	100.4	100.9	100.0	100.2	100.1	100.2
100.2	100.0	100.4	100.2	99.8	99.9	99.9
100.1	100.0	100.2	100.3	100.5	99.8	100.2
100.0	100.0	100.2	100.3	100.4	99.8	100.2
100.4	99.9	100.2	100.5	101.0	99.9	100.5
99.9	100.1	100.0	99.9	100.7	100.0	100.4
100.0	100.3	100.0	100.0	100.5	100.1	100.0
100.0	100.9	100.0	100.0	101.7	100.6	100.0
100.0	100.1	100.1	100.0	100.1	99.9	100.1
99.7	100.5	100.0	100.2	100.3	99.9	100.4
99.6	100.5	100.1	100.2	100.2	99.8	100.6
99.7	100.6	99.8	100.2	100.4	100.1	100.3
100.0	100.0	100.0	100.0	100.0	100.0	100.0
99.9	100.3	99.9	100.3	100.4	99.7	100.4
100.0	100.8	99.4	100.3	100.5	99.3	100.4
99.6	100.0	100.0	100.1	100.4	99.8	100.4
99.1	102.4	98.3	100.4	100.7	97.8	101.4
100.0	101.7	99.3	100.0	100.5	100.0	99.1
100.4	100.7	99.3	100.6	100.6	99.2	100.6
99.8	100.0	100.2	100.3	100.4	100.3	100.2
100.1	100.1	100.1	100.1	100.0	100.3	99.6
99.7	100.0	100.2	100.3	100.5	100.3	100.3
99.9	100.3	100.4	99.9	100.7	99.9	100.1
100.0	100.4	100.6	100.0	101.2	100.3	100.1
99.8	100.0	99.7	99.6	99.0	98.7	100.3
100.6	100.1	100.5	100.0	100.0	100.1	100.1
99.4	99.6	101.4	99.1	100.8	99.2	100.2
100.9	98.0	97.0	101.3	99.1	102.1	97.5
100.2	100.0	100.1	100.2	100.1	100.1	100.0
99.9	99.5	99.9	100.0	99.8	100.0	100.0
100.2	100.0	100.1	100.2	100.4	100.1	100.0
100.3	100.1	100.1	100.2	100.2	100.1	100.0
100.2	100.0	100.1	100.2	100.0	100.0	100.1
100.1	100.1	99.9	100.2	100.0	99.9	100.1
100.1	100.1	99.9	100.2	100.1	99.8	100.2
100.1	100.2	100.0	100.2	100.0	100.0	99.9
100.0	100.0	100.0	100.0	100.0	100.0	100.0
101.7	102.8	99.0	100.0	105.2	102.4	95.5
100.2	99.7	100.0	110.6	108.4	96.5	98.7
101.7	102.9	99.0	99.9	105.1	102.5	95.4
100.1	100.0	100.0	100.7	101.3	100.0	100.0
100.0	100.0	100.1	101.0	101.4	100.0	100.0
100.4	100.0	100.0	100.1	101.1	100.0	100.0

3-22 农村商品零售价格

上月=100

类 别	1月	2月	3月	4月	5月
商品零售价格指数	**101.2**	**100.2**	**99.7**	**99.3**	**99.7**
一、食品	103.2	100.2	96.5	97.1	98.3
1.粮食	99.9	100.3	100.0	100.6	100.4
2.薯类	103.7	98.5	99.4	99.3	99.1
3.豆类	100.6	102.7	98.7	100.1	99.7
4.食用油	101.3	100.5	100.9	98.3	98.6
5.菜及食用菌	112.3	96.9	88.0	93.5	95.7
6.畜肉类	105.6	97.8	90.6	89.1	92.4
7.禽肉类	100.8	103.3	99.4	99.3	99.4
8.水产品	102.3	107.6	103.9	107.0	107.1
9.蛋类	106.7	100.5	95.2	99.5	100.7
10.奶类	100.9	100.0	100.0	100.0	100.0
11.干鲜瓜果类	102.0	104.3	99.2	98.8	98.2
12.糖果糕点类	100.0	100.0	100.0	100.0	100.0
13.调味品	100.0	100.0	100.0	100.0	100.0
14.其他食品类	99.9	100.0	100.8	100.0	100.0
15.餐饮业零售	99.9	100.1	99.9	100.0	100.0
二、饮料、烟酒	100.0	100.0	100.1	100.0	100.0
1.茶及饮料	100.0	100.1	100.7	100.0	100.0
2.卷烟	100.0	100.0	100.0	100.0	100.0
3.酒类	100.0	100.0	100.0	99.8	99.8
三、服装、鞋帽	100.0	99.7	100.1	100.2	100.1
1.服装	100.0	99.6	100.1	100.3	100.1
2.鞋帽袜	100.0	100.0	100.0	100.0	100.0
3.其他衣着配件	100.0	100.0	100.0	100.0	100.0
四、纺织品	100.0	100.0	100.0	100.0	100.0
1.服装材料	100.0	100.0	100.0	100.0	100.0
2.床上用品	100.0	100.0	100.0	100.0	100.0
五、家用电器及音像器材	100.0	100.1	100.2	100.4	99.9
1.家庭设备	100.0	100.2	100.3	100.5	99.8
2.文娱用耐用消费品	100.0	100.0	100.0	100.1	100.0
3.专业音像器材	100.0	100.0	100.0	100.0	100.0
六、文化办公用品	99.8	99.9	100.2	100.1	99.6
七、日用品	100.4	99.6	100.1	99.6	99.6
1.日用百货	100.1	99.8	100.8	99.4	100.1
2.厨具餐具茶具	100.9	99.5	99.6	100.5	100.4
3.清洗用品	101.1	100.0	99.7	100.5	98.2
4.其他日用品	100.3	99.3	99.8	99.3	99.6
八、体育娱乐用品	100.0	100.0	100.0	100.0	100.0
1.体育户外用品	100.0	100.0	99.9	100.0	100.0
2.娱乐用品	100.1	100.0	100.0	100.0	100.0
九、交通、通信用品	100.1	100.0	99.9	100.0	100.1
1.交通运输机械	100.0	100.0	100.0	100.0	100.3
2.通信器材	100.2	100.2	99.7	99.9	99.6
十、家具	100.0	100.0	100.0	100.0	100.0
十一、化妆品	100.6	99.5	99.6	100.5	99.0
十二、金银饰品	100.4	97.9	97.0	100.7	100.8
十三、中西药品及医疗保健用品	99.8	99.6	100.5	100.3	100.1
1.医疗卫生器具	99.2	102.3	101.4	100.0	100.0
2.中药	100.3	98.7	100.1	100.8	100.2
3.西药	99.9	100.0	100.8	99.9	100.0
4.保健器具及用品	97.7	100.0	100.0	100.3	100.0
十四、书报杂志及电子出版物	100.0	100.0	100.1	100.0	100.0
1.教材及参考书	100.0	100.0	100.2	100.0	100.0
2.书报杂志及音像制品	100.0	100.0	100.0	100.0	100.0
3.计算机办公软件	100.0	100.0	100.0	100.0	100.0
十五、燃料	104.3	102.6	105.9	98.8	101.3
1.煤炭及制品	100.0	100.0	100.0	100.0	100.0
2.石油及制品	104.4	102.7	105.9	98.8	101.3
十六、建筑材料及五金电料	99.9	100.0	100.1	101.2	100.2
1.建筑装潢材料	99.9	100.0	100.1	101.2	100.4
2.五金水暖	100.0	100.2	100.0	101.1	100.0

分月环比指数(2021年)

6月	7月	8月	9月	10月	11月	12月
99.6	**100.2**	**100.1**	**100.4**	**101.0**	**100.8**	**99.4**
97.8	98.8	100.9	100.7	100.9	102.9	99.4
100.3	100.3	101.2	101.2	100.4	100.0	100.0
100.1	100.1	99.9	97.5	105.6	97.2	93.6
100.1	99.9	99.8	99.5	99.9	101.8	100.4
98.7	97.4	100.4	101.1	99.7	101.7	99.9
98.9	96.2	105.7	109.4	110.4	107.6	95.3
89.6	96.5	100.7	99.3	99.1	110.3	100.2
99.6	100.1	100.7	100.8	100.5	101.7	99.8
102.6	100.2	99.4	95.5	96.2	96.5	98.0
100.1	101.4	106.2	101.7	99.8	102.1	99.8
100.0	100.3	100.0	100.0	100.2	100.3	100.0
98.5	98.1	99.8	100.6	101.4	102.5	101.5
100.2	100.1	100.0	100.0	100.0	100.0	100.0
99.9	100.0	100.0	100.3	100.3	100.0	100.2
99.8	99.8	100.2	100.2	99.9	100.2	100.0
100.0	99.9	99.9	100.0	100.1	100.1	100.0
100.2	100.3	100.3	100.0	100.0	100.0	100.0
100.0	99.9	99.9	100.0	100.0	100.0	100.2
100.0	100.4	100.4	100.0	100.0	100.0	100.0
101.3	100.0	100.0	100.0	100.0	100.0	100.0
100.2	100.2	100.1	100.3	100.5	100.3	100.1
100.3	100.0	100.0	100.4	100.6	100.4	100.1
100.0	100.6	100.3	100.0	100.1	100.1	100.0
100.0	100.0	100.0	100.0	100.0	100.0	100.0
100.0	99.8	100.0	100.0	100.0	100.0	100.3
100.0	100.0	100.0	100.0	100.0	100.0	100.0
100.0	99.7	100.0	100.0	100.0	100.0	100.5
99.7	100.8	100.2	100.1	100.0	99.9	100.5
99.6	101.0	100.1	100.1	100.0	99.9	100.8
99.9	100.5	100.3	100.0	100.0	100.0	100.2
100.0	100.0	100.0	100.0	100.0	100.0	100.0
99.6	100.2	100.1	100.6	100.5	99.3	100.5
100.1	100.9	99.1	100.3	100.3	98.9	100.4
99.9	99.8	100.2	99.8	100.1	99.4	100.2
98.8	103.4	97.6	100.5	100.5	96.5	102.3
100.0	102.1	99.1	99.9	100.1	100.0	98.8
100.5	100.5	98.9	100.7	100.4	98.7	100.7
100.0	99.8	100.0	100.0	100.0	100.0	100.0
100.0	100.0	100.0	100.0	100.0	100.0	100.0
100.0	99.8	100.0	100.0	100.0	100.0	100.0
99.9	100.0	99.8	100.4	99.8	99.8	99.9
100.0	100.0	100.0	100.8	100.3	100.2	99.9
99.7	100.0	99.2	99.4	98.5	98.6	100.1
100.0	100.2	100.5	100.0	100.0	100.0	100.0
98.5	100.6	101.1	99.9	100.9	99.1	100.3
100.5	98.4	98.5	100.4	99.1	102.4	98.7
100.2	100.4	100.1	100.8	100.5	100.2	100.7
100.0	100.8	100.5	100.0	100.0	100.0	100.0
100.4	100.9	100.3	100.7	101.1	100.6	101.9
100.1	100.2	100.0	101.2	100.2	100.0	100.1
100.1	100.0	100.0	100.0	100.0	100.0	100.0
100.1	100.1	100.1	100.0	100.0	100.0	100.0
100.2	100.0	100.1	100.0	100.0	100.0	100.0
100.0	100.3	100.0	100.0	100.0	100.0	100.0
100.0	100.0	100.0	100.0	100.0	100.0	100.0
101.7	103.4	99.0	100.1	105.8	102.3	95.2
100.0	100.0	100.0	104.0	103.7	100.0	98.7
101.7	103.4	99.0	100.0	105.8	102.3	95.2
99.9	99.8	100.5	102.0	104.0	99.7	98.9
99.8	99.8	100.9	103.2	105.3	99.5	98.2
100.0	99.9	100.0	100.0	101.8	100.0	100.0

3-23 历年工业生产者出厂、购进价格指数

上年=100

年 份	工业生产者出厂价格指数	工业生产者购进价格指数
1989	118.1	122.5
1990	100.6	103.3
1991	104.7	110.4
1992	111.1	116.2
1993	128.9	139.7
1994	117.6	119.6
1995	121.4	117.6
1996	105.6	105.7
1997	99.2	100.1
1998	95.9	94.8
1999	98.5	96.2
2000	102.9	106.7
2001	99.8	101.1
2002	99.2	99.3
2003	102.6	106.7
2004	108.0	114.4
2005	106.0	109.4
2006	104.3	106.5
2007	106.1	106.1
2008	109.3	112.0
2009	94.3	92.6
2010	106.9	110.0
2011	108.5	110.8
2012	99.1	100.1
2013	98.5	98.4
2014	98.4	97.9
2015	96.3	94.5
2016	98.9	98.0
2017	105.8	107.2
2018	103.2	103.5
2019	99.6	100.2
2020	99.0	98.9
2021	105.9	108.1

3-24 工业生产者出厂价格分类指数(2012-2021年)

上年=100

行　业	2012	2013	2014	2015	2016	2017	2018	2019	2020	2021
总指数	**99.1**	**98.5**	**98.4**	**96.3**	**98.9**	**105.8**	**103.2**	**99.6**	**99.0**	**105.9**
生产资料	98.3	97.7	97.9	95.2	98.4	107.3	104.0	99.1	98.3	108.0
采掘工业	99.3	94.4	96.1	91.8	98.8	122.9	107.3	97.4	97.1	110.3
原材料工业	97.2	96.4	97.8	93.3	96.9	111.5	103.5	96.4	95.1	113.1
加工工业	98.7	98.7	98.1	96.4	98.9	104.9	104.0	100.2	99.3	106.5
生活资料	101.8	101.3	100.6	100.4	100.2	101.1	100.6	101.2	101.4	101.0
食品类	102.5	101.6	100.9	100.8	100.9	101.1	100.6	101.3	102.1	100.3
衣着类	99.8	101.7	100.2	100.2	100.6	99.1	100.6	101.2	100.4	102.4
一般日用品	100.8	100.9	99.9	99.4	99.9	102.3	101.1	101.5	101.1	103.8
耐用消费品	101.3	99.7	100.5	99.8	97.2	99.9	99.7	100.3	99.3	99.6
按工业部门分										
冶金工业	93.3	94.3	95.9	89.6	99.3	120.0	104.9	97.4	98.8	117.9
电力工业	104.0	100.8	99.7	99.2	98.2	99.0	99.4	96.9	97.3	102.4
煤炭及炼焦工业	101.2	90.1	92.1	90.6	93.0	120.4	104.2	93.8	91.9	124.4
石油工业	102.4	99.2	96.3	82.2	92.9	111.7	113.4	96.4	85.2	125.8
化学工业	97.9	98.0	98.2	96.8	99.0	105.2	102.8	98.9	96.6	107.7
机械工业	99.6	99.5	99.5	99.3	98.6	100.0	100.2	99.9	99.3	102.3
建筑材料工业	99.4	98.8	97.6	97.0	99.4	107.8	111.8	105.1	101.0	105.6
森林工业	104.0	102.9	102.8	99.9	98.5	98.7	101.2	102.2	99.8	101.6
食品工业	103.3	102.2	101.0	100.2	100.0	101.1	100.9	101.0	102.2	100.8
纺织工业	96.0	99.0	97.9	97.8	100.1	102.7	101.6	99.2	99.7	106.9
缝纫工业	99.0	102.0	100.6	100.3	100.5	97.3	100.6	101.6	100.4	101.1
皮革工业	103.7	102.1	100.3	99.6	101.1	103.4	100.4	100.3	100.0	102.9
造纸工业	99.8	97.7	98.2	98.9	99.7	111.4	112.9	92.3	99.4	104.9
文教艺术用品工业	99.2	100.3	99.8	99.6	99.2	100.3	102.0	102.9	101.8	102.4
其它工业	101.9	101.4	100.6	101.5	98.9	107.1	105.8	103.3	102.5	109.1

3-25 工业生产者购进价格指数(2012-2021年)

上年=100

类　别	2012	2013	2014	2015	2016	2017	2018	2019	2020	2021
总指数	**100.1**	**98.4**	**97.9**	**94.5**	**98.0**	**107.2**	**103.5**	**100.2**	**98.9**	**108.1**
燃料动力类	106.8	97.9	97.4	87.9	94.3	112.3	106.6	99.3	95.0	108.5
黑色金属材料类	93.4	95.7	95.3	91.0	99.2	114.9	105.3	102.8	100.5	117.2
有色金属材料和电线	93.2	95.1	96.2	93.6	96.4	115.9	103.6	96.8	97.4	119.8
化工原料类	97.2	98.1	98.5	97.3	99.4	105.6	103.1	98.1	94.7	107.5
木材及纸浆类	101.2	100.6	100.0	99.5	100.4	104.8	102.8	100.6	98.8	103.2
建材及非金属矿	99.0	98.5	100.1	97.8	100.2	104.2	106.5	105.0	104.7	110.8
其他工业原料及半成品	99.8	98.8	98.0	98.5	98.7	101.2	100.5	101.0	101.2	101.0
农副产品类	103.7	102.8	99.1	99.2	98.6	100.3	101.3	100.7	102.0	107.1
纺织原料类	97.3	99.2	98.3	93.3	99.3	106.3	103.3	99.7	99.9	103.7

3-26 分行业(新行业)各月工业

项　　目	平均	1月	2月	3月	4月
总指数	**105.9**	**101.1**	**102.2**	**104.1**	**105.0**
煤炭开采和洗选业	118.3	101.2	100.8	104.5	111.0
烟煤和无烟煤开采洗选	118.3	101.2	100.8	104.5	111.0
黑色金属矿采选业	121.8	102.6	102.6	105.6	113.3
铁矿采选	111.2	103.9	105.4	106.5	108.1
锰矿、铬矿采选	132.1	101.5	100.0	104.7	118.2
有色金属矿采选业	109.7	111.3	107.5	109.6	110.7
常用有色金属矿采选	111.2	112.0	109.3	113.2	111.4
贵金属矿采选	101.0	116.6	108.4	106.7	102.7
稀有稀土金属矿采选	114.6	104.4	101.4	102.2	116.6
非金属矿采选业	105.5	108.3	109.1	108.6	109.1
土砂石开采	105.7	108.8	109.7	109.1	109.6
化学矿开采	102.3	107.2	106.9	106.0	106.7
石棉及其他非金属矿采选	104.4	103.9	103.7	104.4	104.7
农副食品加工业	102.4	102.4	102.1	103.5	103.7
谷物磨制	101.0	103.0	102.8	102.2	100.6
饲料加工	107.6	107.6	109.0	109.3	107.6
植物油加工	112.1	108.6	111.1	114.8	118.5
屠宰及肉类加工	91.2	95.5	90.0	92.7	95.4
水产品加工	99.8	99.4	99.4	99.4	99.4
蔬菜、菌类、水果和坚果加工	102.0	95.2	95.4	102.0	101.9
其他农副食品加工	99.3	100.1	100.1	98.9	99.3
食品制造业	98.7	97.2	97.5	97.7	97.7
焙烤食品制造	100.0	100.0	99.9	100.0	100.0
糖果、巧克力及蜜饯制造	100.0	100.0	99.8	100.1	100.3
方便食品制造	100.3	100.9	101.3	101.0	99.0
乳制品制造	94.2	90.0	90.9	91.6	92.3
罐头食品制造	97.2	96.5	96.3	97.8	97.8
调味品、发酵制品制造	95.5	93.7	93.7	93.1	94.5
其他食品制造	100.2	97.8	98.2	98.3	98.7
酒、饮料及精制茶制造业	99.9	98.2	98.2	99.4	100.6
酒的制造	104.0	101.4	100.6	103.0	102.5
饮料制造	99.3	96.7	97.5	97.5	99.5
精制茶加工	98.1	97.5	97.5	98.8	100.2
烟草制品业	100.0	100.0	100.0	100.0	100.0
烟叶复烤	100.0	100.0	100.0	100.0	100.0
卷烟制造	100.0	100.0	100.0	100.0	100.0
纺织业	106.9	103.9	104.5	104.9	107.5
棉纺织及印染精加工	108.7	100.3	100.7	103.4	108.6
麻纺织及染整精加工	104.3	97.4	97.7	99.3	102.2
家用纺织制成品制造	94.2	100.8	101.1	96.2	94.2
产业用纺织制成品制造	122.7	138.2	141.3	135.9	132.0
纺织服装、服饰业	101.4	99.0	100.0	100.4	101.2
机织服装制造	100.9	98.9	99.7	100.2	100.5
针织或钩针编织服装制造	101.6	99.0	100.5	100.6	102.5
服饰制造	102.6	99.2	100.5	101.0	101.8
皮革、毛皮、羽毛及其制品和制鞋业	102.3	98.6	101.3	101.0	100.5
皮革鞣制加工	100.8	99.0	98.1	98.6	98.9
皮革制品制造	113.2	97.9	108.5	109.0	108.4

生产者出厂价格同比指数(2021年)

5月	6月	7月	8月	9月	10月	11月	12月
106.4	**106.2**	**106.5**	**106.5**	**107.5**	**109.6**	**108.5**	**107.0**
111.2	111.4	116.3	121.6	124.1	142.6	138.2	139.1
111.2	111.4	116.3	121.6	124.1	142.6	138.2	139.1
117.4	119.0	122.8	125.1	131.4	136.3	145.2	141.3
109.2	110.8	112.5	114.1	113.8	113.4	117.0	119.8
125.1	126.8	133.1	136.1	149.1	160.0	174.5	161.2
111.8	112.7	112.2	108.8	107.9	107.6	109.8	107.2
113.1	114.2	114.2	111.3	109.5	108.5	111.6	106.4
101.2	103.9	100.8	94.0	93.0	94.4	96.4	98.7
119.9	117.8	118.8	118.3	120.3	119.3	118.8	118.7
109.8	102.9	103.9	103.7	101.6	103.7	103.3	103.2
110.4	102.7	103.8	103.6	101.4	103.6	103.5	103.4
107.5	99.8	99.6	99.6	97.8	99.7	99.1	99.7
104.7	105.1	105.2	105.5	105.6	106.1	101.8	102.2
103.8	103.1	101.8	101.1	101.0	101.3	103.1	101.7
100.4	100.3	101.2	100.5	100.3	99.6	101.3	100.2
107.7	108.2	107.7	106.7	107.9	107.9	106.3	105.6
115.9	117.9	113.2	111.2	108.9	107.8	109.5	108.3
99.4	91.1	85.7	85.1	84.9	89.6	96.0	90.3
99.3	99.2	100.5	100.4	100.3	100.2	100.2	100.0
102.2	102.5	102.4	102.3	103.2	102.6	107.2	107.4
98.5	99.2	99.4	99.5	98.9	98.7	99.0	99.3
97.6	98.5	98.7	98.9	99.8	100.3	100.8	100.2
100.0	100.0	100.0	100.0	100.0	100.0	100.0	100.0
100.5	100.5	100.0	100.7	100.0	99.9	99.1	99.4
99.6	100.3	100.2	100.2	100.3	100.4	100.3	100.2
91.4	98.0	96.5	94.9	94.9	95.4	98.4	96.9
97.5	97.0	96.9	97.9	97.6	97.4	96.8	97.2
93.0	92.6	95.8	94.7	94.6	99.3	100.5	101.5
98.7	99.3	99.6	100.3	103.0	102.9	103.6	102.0
100.5	100.6	101.2	100.7	100.1	99.9	99.6	99.6
103.1	104.1	107.3	104.9	106.4	104.1	105.9	104.4
99.5	99.5	98.6	98.9	98.1	102.1	101.4	101.9
99.8	99.5	99.8	99.8	98.1	96.1	94.7	95.3
100.0	100.0	100.0	100.0	100.0	100.0	100.0	100.0
100.0	100.0	100.0	100.0	100.0	100.0	100.0	100.0
100.0	100.0	100.0	100.0	100.0	100.0	100.0	100.0
107.4	107.2	108.8	107.2	108.3	108.3	109.2	106.0
108.7	108.6	111.5	111.0	112.8	113.5	115.0	111.4
101.9	105.8	106.8	106.3	109.2	107.7	108.4	109.4
95.4	95.1	94.5	90.6	90.0	90.7	90.4	91.1
128.0	122.9	122.0	118.2	117.5	114.0	113.4	102.0
101.3	101.6	102.0	102.4	102.3	101.8	102.1	102.2
100.7	100.7	101.0	101.4	101.9	101.7	102.1	102.1
102.3	102.7	103.3	103.6	101.9	100.6	101.0	101.7
102.0	103.3	103.8	104.3	104.4	103.8	103.9	103.3
102.1	102.3	102.9	102.3	104.0	104.1	103.7	105.3
100.1	101.0	102.1	102.2	101.4	103.6	102.5	102.6
114.0	114.3	114.4	114.6	119.4	119.1	119.2	120.8

3-26 续表 1

项　　目	平均	1月	2月	3月	4月
毛皮鞣制及制品加工	99.0	98.9	99.2	99.1	98.8
羽毛(绒)加工及制品制造	96.5	100.6	101.2	99.5	97.8
制鞋业	97.6	98.9	98.8	97.7	96.9
木材加工和木、竹、藤、棕、草制品业	101.8	99.4	99.8	99.1	100.0
木材加工	98.8	99.6	99.0	99.5	99.8
人造板制造	104.6	100.1	100.7	101.3	102.1
竹、藤、棕、草等制品制造	95.5	97.5	98.2	93.8	92.3
家具制造业	101.3	99.3	99.2	100.3	101.1
木质家具制造	101.1	99.2	99.2	100.4	101.2
其他家具制造	102.7	100.2	99.3	99.3	101.0
造纸和纸制品业	104.9	104.0	104.4	103.1	103.0
造纸	106.6	106.2	106.9	104.7	104.5
纸制品制造	101.7	99.8	99.5	100.1	100.1
印刷和记录媒介复制业	102.9	103.0	104.1	104.9	104.7
印刷	102.9	103.0	104.1	104.9	104.7
文教、工美、体育和娱乐用品制造业	112.3	99.8	103.5	105.2	108.3
工艺美术及礼仪用品制造	117.6	99.7	104.9	107.3	111.5
体育用品制造	99.4	99.7	99.7	100.7	100.1
玩具制造	101.2	100.3	100.3	100.3	102.1
游艺器材及娱乐用品制造	100.0	100.0	100.0	100.0	100.0
石油、煤炭及其他燃料加工业	131.6	94.7	106.6	120.6	130.3
精炼石油产品制造	132.0	93.1	105.2	120.4	132.1
煤炭加工	138.9	118.0	129.3	131.6	122.4
生物质燃料加工	101.8	83.3	90.1	100.1	108.9
化学原料和化学制品制造业	111.0	100.2	101.7	105.9	104.9
基础化学原料制造	138.2	108.5	115.2	125.8	126.3
肥料制造	105.3	103.6	103.3	102.7	101.3
农药制造	98.5	96.8	97.0	96.3	97.4
涂料、油墨、颜料及类似产品制造	108.5	100.7	102.9	113.5	106.7
合成材料制造	113.1	103.7	107.3	119.3	105.0
专用化学产品制造	101.4	95.6	94.6	95.4	96.9
炸药、火工及焰火产品制造	102.9	95.7	95.7	96.6	98.0
日用化学产品制造	102.9	102.0	100.7	99.6	99.5
医药制造业	102.7	100.5	100.3	101.7	102.4
化学药品原料药制造	105.5	101.3	99.7	104.6	108.2
化学药品制剂制造	100.0	98.7	97.6	98.7	99.8
中药饮片加工	110.0	100.0	102.8	109.0	111.8
中成药生产	101.9	102.0	101.7	101.4	101.2
兽用药品制造	100.2	100.6	100.2	100.0	100.0
生物药品制品制造	100.4	105.1	104.5	102.4	99.8
卫生材料及医药用品制造	101.8	95.0	95.0	95.0	95.2
药用辅料及包装材料制造	101.1	101.6	102.3	101.2	100.9
化学纤维制造业	116.1	87.4	93.8	102.8	121.3
合成纤维制造	116.1	87.4	93.8	102.8	121.3
橡胶和塑料制品业	102.2	97.1	97.4	99.9	100.5
橡胶制品业	103.3	96.5	97.0	99.3	100.6
塑料制品业	101.9	97.3	97.5	100.1	100.5
非金属矿物制品业	105.8	99.2	100.0	100.4	102.0

5月	6月	7月	8月	9月	10月	11月	12月
98.7	98.6	98.7	98.4	99.6	99.4	99.4	99.8
97.1	97.0	96.4	94.8	94.8	93.7	93.7	91.9
96.9	96.9	97.8	96.5	97.6	97.2	96.8	99.2
101.3	100.5	101.5	101.8	102.7	104.3	105.3	105.2
102.1	96.7	97.4	97.5	98.0	97.9	97.5	100.6
103.8	104.4	105.3	105.7	106.4	109.0	109.5	107.5
92.7	91.5	93.1	93.4	95.7	97.4	99.0	101.1
102.8	103.1	102.8	101.9	101.8	100.8	100.7	101.5
102.8	103.0	102.7	101.6	101.6	100.4	100.4	101.0
103.2	103.2	104.0	104.2	104.1	103.9	103.8	106.7
104.8	107.0	105.0	105.2	105.6	106.2	106.3	104.9
105.9	109.4	106.3	106.4	107.2	107.9	108.0	105.8
102.6	102.4	102.2	102.9	102.4	102.7	102.7	103.1
105.1	104.2	103.1	101.3	100.4	100.0	102.2	102.1
105.1	104.2	103.1	101.3	100.4	100.0	102.2	102.1
114.6	116.0	115.4	114.5	118.7	116.2	117.2	118.8
120.2	122.5	122.1	121.3	127.2	123.2	124.6	127.1
100.2	100.0	99.8	99.2	97.8	98.7	98.7	98.7
103.4	102.7	100.5	99.2	100.6	101.9	101.6	101.1
100.0	100.0	100.0	100.0	100.0	100.0	100.0	100.0
141.7	141.9	138.9	137.9	141.0	148.1	152.0	140.1
143.4	144.9	142.2	139.5	138.9	146.1	152.8	143.7
138.3	127.5	122.5	136.5	172.2	178.7	161.6	124.9
108.9	109.0	105.5	104.9	105.8	107.6	104.8	100.7
106.6	107.8	112.3	116.5	119.3	121.1	118.8	117.5
128.5	127.7	146.6	168.6	170.8	164.5	145.6	136.8
100.6	101.5	102.0	106.5	106.2	114.3	112.8	108.7
98.1	98.0	97.5	98.1	98.5	98.0	102.9	103.1
103.7	110.3	114.6	109.7	109.4	110.1	110.4	109.5
109.4	114.1	115.5	117.5	116.3	123.8	113.6	113.1
99.0	98.7	100.6	103.3	108.1	108.2	108.0	110.5
100.1	100.4	100.7	100.7	105.7	110.0	116.0	116.7
101.4	102.4	105.0	103.5	104.3	105.8	105.3	105.1
103.9	104.4	104.0	104.2	103.2	103.2	102.6	101.8
108.6	108.2	107.6	107.0	105.9	105.4	104.8	104.0
99.6	99.1	100.0	101.4	101.6	99.8	101.7	102.0
113.1	114.8	112.7	113.6	112.8	113.5	108.5	107.0
102.6	102.8	102.9	102.9	102.2	101.7	100.7	100.4
100.2	100.2	100.0	100.2	100.2	100.2	100.2	100.0
102.5	102.3	99.0	97.3	98.3	97.1	97.4	99.4
102.4	106.0	108.2	109.3	101.1	106.9	107.4	100.7
102.4	101.6	101.1	102.2	100.6	101.2	99.6	98.5
128.1	124.5	123.7	124.5	128.1	129.0	126.3	118.1
128.1	124.5	123.7	124.5	128.1	129.0	126.3	118.1
101.6	102.4	103.0	103.5	104.6	105.7	105.9	105.0
100.9	103.1	105.4	104.9	106.9	108.1	108.9	109.0
101.8	102.2	102.3	103.1	104.0	105.1	105.1	104.0
104.2	103.1	102.1	104.1	107.3	118.8	117.5	111.4

3-26 续表 2

项 目	平均	1月	2月	3月	4月
水泥、石灰和石膏制造	111.2	90.6	94.3	94.6	97.4
石膏、水泥制品及类似制品制造	105.6	96.7	97.8	97.8	99.0
砖瓦、石材等建筑材料制造	102.4	101.7	102.5	103.8	103.7
玻璃制造	126.4	105.5	99.7	105.3	111.0
玻璃制品制造	106.5	108.2	106.3	103.1	103.8
玻璃纤维和玻璃纤维增强塑料制品制造	104.5	98.7	100.6	102.1	104.8
陶瓷制品制造	101.0	100.1	100.1	100.8	102.6
耐火材料制品制造	100.1	100.4	100.3	99.5	100.7
石墨及其他非金属矿物制品制造	107.3	111.2	109.7	108.0	110.6
黑色金属冶炼和压延加工业	132.7	115.0	118.6	129.5	135.4
钢压延加工	134.3	116.7	120.2	132.0	138.0
铁合金冶炼	117.0	98.9	103.3	107.6	111.5
有色金属冶炼和压延加工业	115.7	109.4	112.0	120.3	122.4
常用有色金属冶炼	123.4	108.6	112.8	128.0	127.3
贵金属冶炼	105.7	121.8	120.1	125.0	123.9
稀有稀土金属冶炼	107.4	93.6	94.5	95.2	106.6
有色金属合金制造	107.3	109.1	108.0	95.6	110.7
有色金属压延加工	115.8	103.2	107.8	115.2	118.6
金属制品业	106.1	100.9	102.2	104.9	105.5
结构性金属制品制造	108.2	102.0	105.4	110.7	111.0
金属工具制造	102.3	100.6	100.5	101.2	101.4
集装箱及金属包装容器制造	109.4	107.9	106.8	103.6	105.5
金属丝绳及其制品制造	115.0	109.8	106.9	111.8	117.5
建筑、安全用金属制品制造	104.8	100.2	100.1	100.8	101.2
金属表面处理及热处理加工	102.1	100.0	102.0	101.9	102.0
金属制日用品制造	104.7	100.3	100.8	102.6	103.6
铸造及其他金属制品制造	105.6	99.1	99.4	101.4	102.3
通用设备制造业	102.5	101.0	100.7	100.7	100.8
锅炉及原动设备制造	103.9	99.7	100.3	100.9	102.9
金属加工机械制造	106.5	106.5	107.1	105.6	104.6
物料搬运设备制造	98.4	97.5	96.9	97.0	95.5
泵、阀门、压缩机及类似机械制造	99.2	98.3	97.6	98.1	97.9
轴承、齿轮和传动部件制造	99.4	100.0	99.5	99.8	99.2
烘炉、风机、包装等设备制造	100.9	97.0	97.0	97.9	100.3
文化、办公用机械制造	100.4	100.0	100.0	99.6	99.6
通用零部件制造	105.7	100.4	100.8	101.3	102.9
其他通用设备制造业	104.5	107.1	104.7	103.7	103.6
专用设备制造业	99.9	96.3	98.2	98.1	99.2
采矿、冶金、建筑专用设备制造	98.9	95.5	97.9	97.3	98.5
化工、木材、非金属加工专用设备制造	101.1	95.7	97.2	100.3	101.4
食品、饮料、烟草及饲料生产专用设备制造	101.4	101.2	101.0	101.0	101.1
印刷、制药、日化及日用品生产专用设备制造	107.0	100.8	100.8	103.6	106.9
纺织、服装和皮革加工专用设备制造	100.5	102.4	100.7	102.6	99.7
电子和电工机械专用设备制造	99.2	96.6	97.6	97.9	99.0
农、林、牧、渔专用机械制造	105.4	103.5	103.9	105.2	105.6
医疗仪器设备及器械制造	99.0	95.7	97.6	97.4	98.6
环保、邮政、社会公共服务及其他专用设备制造	103.7	95.7	97.4	97.4	98.4
汽车制造业	103.4	102.1	102.3	102.5	103.2
汽车整车制造	98.5	97.9	98.4	99.2	98.4
改装汽车制造	100.8	97.4	98.1	98.7	98.7

5月	6月	7月	8月	9月	10月	11月	12月
96.0	95.0	88.6	98.7	117.8	175.2	157.6	135.8
105.0	104.9	104.2	105.8	106.5	116.3	121.7	112.8
103.1	100.4	103.7	102.8	101.8	101.9	102.1	101.8
144.5	140.5	136.3	140.4	140.4	144.0	130.1	127.8
106.3	106.1	108.2	107.8	109.1	109.6	106.4	102.9
104.2	106.7	107.2	103.4	108.6	108.8	105.4	103.9
102.9	103.2	101.0	100.2	101.2	101.0	99.7	99.3
100.1	98.6	100.9	100.8	100.7	100.5	100.6	98.7
109.5	106.9	104.0	105.6	105.5	104.2	106.6	106.8
146.2	137.6	137.8	138.3	143.9	152.7	124.3	116.4
149.5	139.9	138.7	139.3	146.6	155.6	124.1	115.4
116.2	116.8	129.1	128.5	118.1	123.6	126.9	126.8
119.8	118.7	117.9	110.2	111.6	118.5	116.9	112.2
125.0	123.6	127.1	123.5	123.8	133.6	125.9	121.8
119.4	112.6	108.1	86.5	89.4	92.1	95.6	92.7
109.0	109.0	110.4	112.8	111.2	114.6	117.2	117.8
104.3	115.6	107.1	106.6	103.0	107.4	111.5	110.7
117.3	118.5	116.5	114.8	116.8	123.3	123.8	114.2
108.2	106.9	106.9	107.2	107.1	108.4	107.8	107.1
112.8	109.0	108.1	108.7	108.0	108.5	107.3	106.7
103.7	102.5	103.3	102.2	102.5	103.6	103.1	102.5
112.0	106.7	108.6	112.6	114.8	113.4	110.8	110.2
127.5	122.0	115.1	116.6	117.0	118.4	116.2	103.6
106.1	104.6	105.7	104.1	106.1	109.8	110.7	108.7
102.0	102.0	102.0	102.5	102.5	102.5	102.9	102.9
105.9	104.2	104.7	105.0	104.9	107.2	108.0	109.6
105.3	107.3	107.6	108.0	108.0	110.1	109.8	109.2
101.7	103.0	103.7	103.6	103.7	104.4	103.8	103.4
105.6	105.3	104.5	105.6	105.2	105.5	105.7	105.7
106.0	106.6	106.6	106.7	105.5	107.5	107.4	107.8
96.2	100.3	100.3	98.7	99.5	100.2	98.2	100.5
98.6	98.5	99.5	99.8	100.0	100.2	100.6	100.8
99.7	99.5	99.5	99.3	99.1	99.1	99.1	99.1
99.6	101.5	102.0	102.4	103.4	103.4	103.4	103.4
99.6	100.0	100.3	99.9	99.9	102.5	101.6	101.5
104.8	106.2	108.8	109.0	109.3	110.4	110.2	105.6
103.5	105.4	105.4	105.4	105.2	105.1	103.1	101.9
99.7	99.9	101.1	100.6	100.9	102.3	101.2	101.4
99.2	99.4	99.8	99.1	99.5	101.2	99.7	99.7
101.8	101.8	102.5	101.8	102.0	102.8	102.9	103.0
101.2	101.1	101.5	101.9	100.4	101.5	102.6	102.8
104.6	105.5	107.5	108.3	110.7	114.2	110.4	110.4
100.3	100.2	99.4	98.6	100.1	99.9	101.3	101.5
99.4	99.4	100.1	99.4	99.6	100.4	100.5	100.6
106.5	105.9	105.8	105.8	105.9	105.0	104.9	107.1
98.9	99.0	99.6	99.6	99.8	100.5	100.4	100.5
98.9	98.8	109.7	108.9	109.2	110.0	110.1	110.2
103.9	104.5	104.1	104.6	103.3	103.7	103.6	103.1
98.4	98.4	98.1	98.1	98.1	97.5	100.2	99.8
98.6	99.0	100.2	103.1	101.2	103.0	104.2	107.4

3-26 续表 3

项　　目	平均	1月	2月	3月	4月
汽车车身、挂车制造	105.2	103.7	106.1	108.7	106.0
汽车零部件及配件制造	109.1	107.2	106.8	106.2	108.9
铁路、船舶、航空航天和其他运输设备制造业	100.9	100.2	100.2	99.0	100.0
铁路运输设备制造	100.5	100.6	100.5	98.9	99.5
城市轨道交通设备制造	100.6	98.4	98.4	98.4	98.3
船舶及相关装置制造	103.0	98.4	98.6	98.9	102.2
航空、航天器及设备制造	103.6	100.5	100.5	102.7	105.3
电气机械和器材制造业	106.2	100.7	102.2	104.8	105.0
电机制造	105.9	106.9	106.0	104.8	105.5
输配电及控制设备制造	100.6	100.9	100.9	100.3	100.1
电线、电缆、光缆及电工器材制造	121.2	107.2	110.0	120.1	120.9
电池制造	94.5	86.6	91.2	90.3	90.4
家用电力器具制造	100.5	98.8	98.4	99.2	99.2
非电力家用器具制造	111.6	104.7	104.7	115.6	117.2
照明器具制造	103.3	98.8	99.5	103.2	101.8
其他电气机械及器材制造	101.6	102.1	102.4	102.5	103.4
计算机、通信和其他电子设备制造业	101.2	99.4	99.1	99.0	99.3
计算机制造	100.1	98.0	98.0	98.3	98.4
雷达及配套设备制造	97.9	95.5	95.5	87.4	91.3
智能消费设备制造	98.4	98.8	98.4	97.1	98.5
电子器件制造	104.3	98.5	98.4	97.7	98.1
电子元件及电子专用材料制造	101.4	100.9	100.3	100.5	101.0
其他电子设备制造	99.7	98.4	98.4	98.2	98.2
仪器仪表制造业	103.2	106.6	107.0	107.1	104.9
通用仪器仪表制造	103.2	106.5	106.9	107.1	104.9
其他仪器仪表制造业	103.6	108.4	108.4	108.2	105.1
其他制造业	109.1	111.5	107.0	107.7	109.5
日用杂品制造	107.3	107.8	105.6	105.2	106.4
其他未列明制造业	112.2	118.0	109.5	112.2	114.8
废弃资源综合利用业	103.0	100.0	100.6	102.5	102.9
金属废料和碎屑加工处理	106.9	100.5	102.4	105.7	106.3
非金属废料和碎屑加工处理	94.9	99.0	96.9	95.8	95.8
电力、热力生产和供应业	102.4	100.3	100.8	101.9	100.4
电力生产	101.9	102.8	102.5	103.0	97.1
电力供应	102.8	98.8	99.7	101.4	102.5
热力生产和供应	102.8	98.6	100.1	97.4	99.9
燃气生产和供应业	102.0	99.8	99.9	103.0	103.7
燃气生产和供应业	102.0	99.8	99.9	103.0	103.7
水的生产和供应业	100.1	100.1	100.1	100.1	100.2
自来水生产和供应	100.1	100.0	100.1	100.1	100.1
污水处理及其再生利用	100.2	100.4	100.2	100.2	100.4

5月	6月	7月	8月	9月	10月	11月	12月
105.6	106.4	105.5	104.2	103.7	105.3	104.1	103.5
110.5	111.8	111.5	112.6	109.5	110.9	107.3	106.4
101.5	101.3	102.0	101.4	102.1	102.2	101.3	100.1
101.0	100.7	101.4	100.8	101.4	101.5	100.6	99.0
98.3	99.1	99.5	99.9	102.4	104.9	105.1	105.1
103.9	104.0	105.2	104.4	105.5	105.8	104.3	105.4
105.9	106.2	103.5	104.6	104.8	103.5	102.9	102.4
107.0	106.7	107.4	108.0	108.2	108.4	108.8	107.8
106.4	106.5	106.7	106.7	107.1	105.3	104.9	104.3
100.5	100.9	100.2	100.6	101.0	100.6	100.6	100.2
125.8	123.5	122.8	124.8	125.0	125.9	126.3	122.3
92.5	93.9	97.4	98.1	96.9	97.7	99.7	101.5
99.5	101.2	101.2	101.2	101.2	102.0	102.0	101.8
116.9	115.5	111.7	111.7	110.5	110.5	110.5	110.5
102.6	102.5	104.8	103.8	104.7	106.0	105.8	105.7
103.6	98.4	102.7	99.1	102.2	101.5	101.2	100.0
99.4	100.5	103.5	104.3	105.4	101.5	101.6	102.2
97.4	99.1	103.1	104.0	104.0	100.0	100.2	101.0
97.8	101.8	98.0	101.0	100.5	101.5	101.0	103.7
94.7	95.8	100.0	102.1	102.1	97.5	97.5	98.2
103.5	104.1	107.3	108.1	112.1	107.2	107.9	109.1
99.9	100.8	102.9	103.3	104.2	101.3	100.9	101.3
97.2	98.5	102.4	103.6	103.6	99.0	99.2	100.0
103.3	103.3	103.2	101.2	101.4	101.0	100.4	100.2
103.3	103.2	103.1	101.2	101.4	101.0	100.4	100.2
102.4	104.4	104.5	101.3	101.1	100.2	99.9	99.9
112.4	109.7	108.8	108.0	109.8	110.5	108.0	106.3
108.5	106.8	106.5	105.8	109.5	110.7	108.3	106.4
119.2	114.8	112.6	111.8	110.3	110.1	107.5	106.2
102.7	102.4	102.2	103.6	104.0	104.5	105.1	105.7
106.3	105.9	106.0	108.5	108.8	110.1	111.3	111.6
95.2	95.2	94.4	93.5	93.8	93.0	92.4	93.5
102.0	103.4	101.6	101.9	102.6	102.5	104.7	107.2
100.6	104.8	100.7	99.9	101.2	101.0	101.6	107.4
102.8	102.5	102.2	103.1	103.4	103.4	106.6	107.1
101.1	100.5	101.0	103.2	103.2	107.1	110.3	110.9
103.8	103.4	101.6	101.8	102.0	102.4	102.6	100.9
103.8	103.4	101.6	101.8	102.0	102.4	102.6	100.9
100.1	100.1	100.2	100.1	100.1	100.0	100.0	100.1
100.1	100.1	100.1	100.1	100.1	100.1	100.0	100.0
100.2	100.2	100.4	100.2	100.1	100.0	100.0	100.2

3-27 分行业(新行业)各月工业

项　　目	1月	2月	3月	4月
总指数	100.9	100.6	101.2	100.4
煤炭开采和洗选业	101.4	101.1	102.9	104.8
烟煤和无烟煤开采洗选	101.4	101.1	102.9	104.8
黑色金属矿采选业	101.6	100.4	102.7	106.4
铁矿采选	103.9	101.5	101.1	101.5
锰矿、铬矿采选	99.6	99.3	104.2	111.0
有色金属矿采选业	102.5	97.8	99.9	101.5
常用有色金属矿采选	103.4	97.8	100.1	99.7
贵金属矿采选	101.0	95.0	96.7	102.7
稀有稀土金属矿采选	100.9	100.4	102.6	105.8
非金属矿采选业	100.2	100.8	99.9	100.2
土砂石开采	100.3	100.9	99.8	100.2
化学矿开采	100.0	100.0	99.6	100.0
石棉及其他非金属矿采选	99.9	99.8	100.6	100.3
农副食品加工业	100.6	100.5	100.2	100.1
谷物磨制	100.0	100.1	100.0	100.0
饲料加工	101.4	101.7	100.1	98.6
植物油加工	101.8	102.3	102.9	103.9
屠宰及肉类加工	100.4	98.4	99.3	97.8
水产品加工	100.0	100.0	100.0	100.0
蔬菜、菌类、水果和坚果加工	100.4	100.3	100.5	100.0
其他农副食品加工	100.0	100.0	98.8	100.5
食品制造业	99.1	100.1	100.3	100.2
焙烤食品制造	100.0	99.9	100.1	100.0
糖果、巧克力及蜜饯制造	100.0	99.8	100.3	100.3
方便食品制造	100.1	100.3	99.9	100.0
乳制品制造	93.2	101.1	100.0	99.2
罐头食品制造	98.9	99.6	101.2	99.6
调味品、发酵制品制造	100.0	100.0	100.0	101.6
其他食品制造	100.0	100.1	100.3	100.5
酒、饮料和精制茶制造业	99.3	100.6	100.5	100.9
酒的制造	97.0	101.4	99.7	99.7
饮料制造	100.1	100.8	99.9	102.0
精制茶加工	100.0	100.0	101.4	100.9
烟草制品业	100.0	100.0	100.0	100.0
烟叶复烤	100.0	100.0	100.0	100.0
卷烟制造	100.0	100.0	100.0	100.0
纺织业	100.4	100.6	100.7	101.2
棉纺织及印染精加工	100.7	100.5	102.3	101.9
麻纺织及染整精加工	101.2	100.3	101.4	100.5
家用纺织制成品制造	99.1	100.1	96.0	100.0
产业用纺织制成品制造	100.4	102.2	99.6	100.4
纺织服装、服饰业	100.3	100.1	100.0	100.1
机织服装制造	100.3	100.0	100.1	99.9
针织或钩针编织服装制造	100.3	100.0	99.6	100.6
服饰制造	100.1	100.3	100.1	100.0
皮革、毛皮、羽毛及其制品和制鞋业	99.9	102.6	99.9	99.6
皮革鞣制加工	101.0	99.6	100.4	100.3
皮革制品制造	100.0	110.9	100.0	100.0

生产者出厂价格环比指数(2021年)

5月	6月	7月	8月	9月	10月	11月	12月
101.1	100.0	100.3	100.6	100.9	101.8	99.6	99.5
98.9	98.3	104.8	104.6	102.3	113.9	97.6	103.8
98.9	98.3	104.8	104.6	102.3	113.9	97.6	103.8
104.6	99.8	101.1	102.2	106.6	103.6	106.7	99.7
101.0	101.5	101.5	101.4	101.5	101.4	103.1	99.0
107.8	98.4	100.9	102.8	111.0	105.2	109.4	100.2
101.2	101.2	100.7	100.2	101.0	101.4	100.5	99.2
100.5	100.7	100.8	100.3	101.0	102.3	101.2	98.5
103.3	102.8	100.1	98.6	99.5	99.0	100.0	100.2
101.4	101.0	101.0	101.4	102.2	101.2	99.2	100.3
102.4	98.3	101.2	99.8	99.6	100.8	100.0	100.0
102.7	98.0	101.4	99.7	99.6	100.8	100.0	100.0
100.7	100.0	100.0	100.0	98.8	100.0	100.0	100.6
100.0	100.5	100.1	100.3	100.1	100.4	99.9	100.4
99.2	99.9	99.9	99.8	100.0	99.9	101.2	100.2
100.0	100.0	101.0	99.4	100.0	99.6	100.1	100.1
100.2	100.9	100.5	100.3	101.1	100.5	99.2	101.0
97.6	100.0	96.9	99.1	99.7	100.3	103.8	99.9
97.5	96.7	100.2	99.8	98.5	99.1	102.7	99.5
100.0	100.0	100.0	100.0	100.0	100.0	100.0	100.0
100.1	100.1	100.0	100.0	100.9	99.7	104.8	100.4
99.1	100.7	100.3	100.2	99.5	100.0	100.1	100.1
100.1	100.6	100.2	100.1	100.0	100.0	99.8	99.6
100.0	100.0	100.0	100.0	100.0	100.0	100.0	100.0
100.2	100.0	99.5	100.6	99.4	99.8	99.2	100.3
99.9	100.0	100.0	100.0	100.0	100.0	100.0	100.0
100.2	104.1	99.5	99.9	100.0	99.8	99.9	100.3
99.7	99.8	99.8	99.8	99.5	99.7	99.4	100.2
100.0	100.0	102.3	97.7	99.9	100.1	99.7	100.1
100.3	100.5	100.3	100.7	100.3	100.0	100.0	98.9
100.0	99.9	100.0	99.6	100.3	98.7	99.7	100.2
100.8	101.0	101.1	97.8	104.8	98.5	102.2	100.5
100.0	100.0	99.1	100.3	99.7	100.0	99.9	100.0
99.6	99.1	100.0	100.0	98.2	97.9	98.1	100.2
100.0	100.0	100.0	100.0	100.0	100.0	100.0	100.0
100.0	100.0	100.0	100.0	100.0	100.0	100.0	100.0
100.0	100.0	100.0	100.0	100.0	100.0	100.0	100.0
99.4	100.0	101.8	98.7	101.0	100.9	101.0	100.3
99.1	99.5	103.0	99.0	101.5	101.6	101.7	100.3
100.1	102.7	100.4	99.0	103.2	99.6	100.6	100.1
100.1	99.7	99.4	96.3	99.4	100.6	99.9	100.3
99.5	100.3	101.2	99.9	99.4	99.3	99.5	100.3
100.1	100.3	100.2	100.3	100.2	100.2	100.4	100.1
100.0	100.2	100.1	100.2	100.3	100.2	100.5	100.2
100.4	99.7	100.3	100.2	100.1	100.0	100.1	100.2
100.4	101.2	100.3	100.4	100.3	100.1	100.5	99.6
101.5	100.0	100.5	99.7	100.5	100.3	99.7	101.3
100.3	100.3	100.4	100.1	99.2	101.3	99.1	100.5
104.4	100.0	100.0	100.0	102.6	100.0	100.0	101.7

3-27 续表 1

项　　目	1月	2月	3月	4月
毛皮鞣制及制品加工	99.9	100.3	100.2	99.6
羽毛(绒)加工及制品制造	101.6	100.5	98.7	98.2
制鞋业	99.3	99.7	99.4	99.0
木材加工和木、竹、藤、棕、草制品业	100.2	100.4	99.1	100.5
木材加工	100.5	99.5	100.2	100.3
人造板制造	100.0	100.7	100.4	100.7
木质制品制造	100.0	100.5	101.3	103.0
竹、藤、棕、草等制品制造	100.7	100.4	94.9	98.7
家具制造业	100.0	99.9	100.2	100.2
木质家具制造	100.0	100.0	100.3	100.0
其他家具制造	100.0	99.1	100.0	101.7
造纸和纸制品业	101.0	100.5	101.1	99.3
造纸	101.2	100.6	101.2	99.0
纸制品制造	100.6	100.2	101.0	99.7
印刷和记录媒介复制业	100.7	101.1	102.6	99.8
印刷	100.7	101.1	102.6	99.8
文教、工美、体育和娱乐用品制造业	99.8	103.7	101.6	103.0
工艺美术及礼仪用品制造	99.7	105.3	102.2	104.0
体育用品制造	99.7	100.0	101.0	99.4
玩具制造	100.3	100.0	100.0	101.7
游艺器材及娱乐用品制造	100.0	100.0	100.0	100.0
石油、煤炭及其他燃料加工业	114.4	104.2	102.2	99.8
精炼石油产品制造	115.9	104.0	103.0	100.8
煤炭加工	107.7	107.5	96.3	90.2
生物质燃料加工	100.0	99.6	100.0	100.0
化学原料和化学制品制造业	100.8	101.0	103.1	99.4
基础化学原料制造	102.8	103.1	106.0	100.8
肥料制造	99.7	100.5	100.6	100.1
农药制造	99.5	100.0	100.0	100.1
涂料、油墨、颜料及类似产品制造	100.7	102.4	109.7	94.1
合成材料制造	100.6	101.2	108.1	98.2
专用化学产品制造	100.4	100.4	101.2	99.5
炸药、火工及焰火产品制造	100.0	100.0	100.0	100.3
日用化学产品制造	100.2	98.7	99.7	99.9
医药制造业	100.2	100.0	101.7	100.9
化学药品原料药制造	101.3	98.4	104.9	103.4
化学药品制剂制造	99.5	98.9	101.1	100.5
中药饮片加工	100.0	102.9	106.3	102.4
中成药生产	100.4	100.0	100.0	100.0
兽用药品制造	100.0	100.0	100.0	100.0
生物药品制品制造	99.9	99.4	100.2	99.6
卫生材料及医药用品制造	100.0	100.0	100.0	100.2
药用辅料及包装材料制造	100.3	100.8	99.7	100.3
化学纤维制造业	101.5	103.3	105.2	98.0
合成纤维制造	101.5	103.3	105.2	98.0
橡胶和塑料制品业	100.1	100.0	101.5	100.9
橡胶制品业	101.3	100.6	102.4	101.2
塑料制品业	99.8	99.9	101.3	100.9
非金属矿物制品业	100.6	100.1	99.8	100.1

5月	6月	7月	8月	9月	10月	11月	12月
99.9	99.8	100.0	100.0	100.0	100.0	100.1	100.1
99.3	99.8	99.3	98.7	98.8	99.0	100.1	97.7
100.5	99.9	100.9	99.2	99.6	100.1	99.7	101.8
101.1	99.4	100.8	100.1	101.2	101.5	100.8	100.0
102.2	94.6	100.3	99.9	100.2	99.7	99.9	103.3
101.2	101.1	100.7	100.3	100.8	102.7	100.4	98.2
101.5	100.9	100.9	100.0	100.1	100.0	101.8	99.7
100.0	98.1	100.9	100.0	103.2	101.5	101.4	101.5
100.2	99.8	100.4	100.0	100.0	100.0	100.0	100.8
100.0	99.8	100.3	100.0	100.0	100.0	100.0	100.6
102.3	100.0	100.6	100.2	100.0	100.0	100.0	102.8
100.0	100.6	100.0	100.5	100.6	100.7	100.4	100.1
99.8	100.9	100.0	100.6	101.2	100.9	100.4	99.8
100.4	100.0	100.1	100.4	99.4	100.3	100.3	100.7
100.4	99.1	99.6	98.3	99.1	100.6	100.8	100.1
100.4	99.1	99.6	98.3	99.1	100.6	100.8	100.1
105.8	101.2	99.5	99.3	103.6	97.9	100.8	101.4
107.8	101.9	99.7	99.3	104.9	96.8	101.2	102.0
100.1	99.8	99.8	99.4	98.6	100.9	100.0	100.0
101.3	99.3	97.9	98.7	101.4	101.2	99.7	99.6
100.0	100.0	100.0	100.0	100.0	100.0	100.0	100.0
108.7	100.4	100.6	100.0	101.4	103.4	104.0	96.3
108.3	100.7	100.9	99.0	98.6	102.8	105.5	98.5
115.6	97.2	98.0	109.8	127.8	107.7	94.9	78.7
99.9	100.3	99.6	100.1	100.3	100.7	99.3	100.7
100.8	101.4	102.6	102.9	102.2	101.9	100.1	100.1
102.2	103.3	107.8	112.0	101.4	99.2	94.9	99.4
100.3	99.9	99.9	104.0	99.5	107.8	98.8	97.7
100.0	100.0	99.8	100.0	99.8	99.1	104.9	100.0
97.0	107.0	103.7	95.3	101.1	100.2	100.0	99.1
100.9	100.0	101.1	100.9	101.9	106.6	93.3	100.4
100.6	98.9	101.6	101.1	101.2	100.2	102.8	102.3
100.9	100.3	100.1	100.0	104.9	103.5	105.5	100.3
102.2	100.7	101.7	100.0	100.0	102.1	99.8	100.0
100.9	100.4	100.0	100.2	98.9	100.1	99.5	99.1
100.4	99.6	99.5	99.4	99.0	99.5	99.5	99.2
100.0	99.5	100.5	101.5	100.5	99.0	101.0	100.0
100.8	101.5	98.8	99.8	99.0	101.0	96.1	98.5
100.0	100.0	100.0	100.0	100.0	100.0	100.0	100.0
100.0	100.0	100.0	100.0	100.0	100.0	100.0	100.0
101.0	99.9	99.4	100.3	100.0	99.6	100.0	100.2
107.5	103.5	102.1	100.9	90.9	102.2	100.2	94.0
100.7	99.3	100.3	101.4	98.1	100.8	98.5	98.5
102.3	100.4	104.3	102.4	102.9	100.7	98.8	97.3
102.3	100.4	104.3	102.4	102.9	100.7	98.8	97.3
100.3	100.2	100.4	100.1	100.1	100.9	100.5	99.7
99.3	101.7	100.3	99.1	101.0	101.1	100.7	100.1
100.6	99.9	100.4	100.3	99.9	100.8	100.5	99.6
101.0	99.5	99.3	101.2	102.9	110.7	99.9	96.2

3-27 续表 2

项　　目	1月	2月	3月	4月
水泥、石灰和石膏制造	98.9	101.1	95.2	98.9
石膏、水泥制品及类似制品制造	100.1	100.6	100.5	99.2
砖瓦、石材等建筑材料制造	101.2	100.8	101.3	100.6
玻璃制造	110.9	92.1	104.6	102.2
玻璃制品制造	104.0	98.2	98.3	100.2
玻璃纤维和玻璃纤维增强塑料制品制造	100.7	101.1	100.3	101.2
陶瓷制品制造	100.5	99.8	100.0	100.4
耐火材料制品制造	100.0	99.9	100.1	99.9
石墨及其他非金属矿物制品制造	100.1	99.7	100.7	102.4
黑色金属冶炼和压延加工业	105.4	100.7	105.5	104.1
钢压延加工	105.8	100.4	105.6	104.2
铁合金冶炼	101.9	105.0	103.9	102.5
有色金属冶炼和压延加工业	101.6	101.2	103.4	101.1
常用有色金属冶炼	101.7	102.0	108.2	100.1
贵金属冶炼	103.0	98.9	96.9	102.1
稀有稀土金属冶炼	101.9	101.4	103.1	100.3
有色金属合金制造	101.0	102.7	100.9	103.0
有色金属压延加工	100.4	101.5	102.2	101.6
金属制品业	100.4	101.3	102.8	100.6
结构性金属制品制造	100.0	103.3	105.1	100.5
金属工具制造	101.0	100.2	100.8	99.9
集装箱及金属包装容器制造	105.4	99.0	97.2	100.6
金属丝绳及其制品制造	101.1	97.5	101.9	102.6
建筑、安全用金属制品制造	100.0	99.8	100.9	100.6
金属表面处理及热处理加工	100.0	101.9	100.0	100.0
金属制日用品制造	100.0	100.6	101.9	101.1
铸造及其他金属制品制造	100.4	100.4	102.3	101.0
通用设备制造业	100.1	99.8	100.2	100.1
锅炉及原动设备制造	100.2	99.5	100.6	102.0
金属加工机械制造	100.3	100.4	100.7	100.6
物料搬运设备制造	100.0	99.1	100.1	99.0
泵、阀门、压缩机及类似机械制造	99.3	99.3	100.3	99.7
轴承、齿轮和传动部件制造	99.4	100.2	100.3	99.4
烘炉、风机、包装等设备制造	100.0	100.0	100.3	100.0
文化、办公用机械制造	100.0	100.0	99.6	100.0
通用零部件制造	100.6	100.0	100.4	100.6
其他通用设备制造业	101.2	100.0	99.0	100.0
专用设备制造业	100.5	100.3	99.9	99.9
采矿、冶金、建筑专用设备制造	100.5	100.4	99.3	99.8
化工、木材、非金属加工专用设备制造	100.0	99.8	103.2	100.0
食品、饮料、烟草及饲料生产专用设备制造	101.7	99.9	100.2	100.8
印刷、制药、日化及日用品生产专用设备制造	99.8	100.0	102.8	97.9
纺织、服装和皮革加工专用设备制造	101.1	98.4	101.9	97.6
电子和电工机械专用设备制造	100.9	99.3	100.4	100.0
农、林、牧、渔专用机械制造	100.5	100.4	102.6	101.4
医疗仪器设备及器械制造	100.0	100.2	99.9	100.2
环保、邮政、社会公共服务及其他专用设备制造	100.0	100.0	100.0	100.0
汽车制造业	100.3	100.6	100.1	100.2
汽车整车制造	100.0	100.5	100.8	99.2
改装汽车制造	100.0	100.0	101.1	99.6

5月	6月	7月	8月	9月	10月	11月	12月
99.1	99.6	91.1	107.4	118.7	149.1	94.5	89.2
103.1	100.2	99.4	100.9	100.7	108.1	105.2	94.7
99.4	97.4	103.3	99.2	99.0	99.7	100.1	99.9
112.0	99.9	106.4	104.9	100.7	99.2	90.0	104.2
102.1	99.8	101.4	101.4	100.0	101.4	96.7	99.8
98.8	102.8	100.5	95.5	104.8	100.2	98.2	100.0
100.2	99.8	99.3	99.4	100.0	100.6	99.9	99.4
99.4	99.7	100.5	99.5	99.9	99.7	100.1	99.9
99.4	100.5	99.8	99.8	100.9	100.7	101.8	100.8
108.8	96.1	99.6	102.8	104.4	105.8	86.1	98.0
109.2	95.7	99.3	103.0	105.2	106.1	84.9	97.6
103.9	101.2	102.5	100.9	96.0	102.9	101.9	101.8
100.1	100.2	100.8	101.4	101.5	102.8	99.2	98.4
99.3	98.8	101.5	103.7	103.0	105.2	96.6	100.3
102.7	97.4	99.1	98.1	100.0	95.7	102.0	96.8
99.5	101.2	99.8	105.9	100.2	102.2	101.8	99.5
96.1	110.5	97.7	99.1	97.7	101.6	102.3	98.5
100.2	102.6	101.8	100.4	101.2	104.6	100.7	96.2
102.2	99.7	100.2	100.1	100.2	100.4	99.6	99.6
101.6	98.4	100.0	100.3	99.7	99.2	99.0	99.6
102.2	98.4	100.7	99.0	100.3	100.7	99.3	100.0
106.3	96.1	101.9	104.0	102.6	98.9	98.5	99.7
107.0	98.3	95.4	104.1	102.8	101.0	99.2	93.6
104.4	99.3	101.2	98.4	102.0	102.6	100.9	98.5
100.0	100.0	100.0	100.5	100.0	100.0	100.4	100.0
101.9	99.1	100.6	100.2	100.0	101.3	100.9	101.7
102.1	102.0	100.0	100.0	100.0	101.2	99.9	99.6
100.7	101.1	100.2	100.3	100.0	100.9	99.9	100.0
102.7	99.7	99.3	101.0	99.6	100.7	100.3	100.0
100.8	100.7	100.0	100.9	100.0	103.5	100.0	99.8
99.9	102.7	100.2	100.3	99.1	100.0	99.6	100.5
100.4	100.2	100.8	100.2	100.0	100.0	100.3	100.1
100.5	99.8	100.0	99.8	99.8	100.0	100.0	100.0
99.3	101.8	100.5	100.3	101.0	100.0	100.0	99.9
100.0	100.4	100.3	99.6	100.0	102.6	99.2	99.9
102.3	100.8	99.8	100.2	100.4	100.9	99.7	99.8
99.8	102.0	100.0	100.0	100.0	100.0	100.0	100.0
100.1	100.2	100.5	100.2	100.2	100.7	98.9	100.1
100.2	100.2	99.4	100.3	100.2	101.0	98.4	100.0
100.0	100.0	100.0	100.0	100.0	100.0	100.0	100.0
100.0	99.9	100.0	100.0	100.0	100.1	100.0	100.0
97.9	100.8	105.0	100.7	103.3	103.1	98.9	100.0
99.5	100.3	99.6	100.0	101.8	100.0	101.0	100.4
100.0	100.0	100.0	100.0	100.0	100.0	100.0	100.0
99.9	100.2	100.2	100.1	100.1	99.2	100.1	102.3
99.8	100.2	99.8	100.8	99.9	99.9	99.8	99.9
100.0	100.0	110.2	100.0	100.0	100.0	100.0	100.0
100.7	100.6	99.7	100.3	99.6	100.4	101.1	99.5
100.0	100.0	99.7	100.0	100.0	99.4	100.7	99.6
99.6	100.6	101.4	102.9	98.0	101.6	100.1	102.5

3-27 续表 3

项　　目	1月	2月	3月	4月
汽车车身、挂车制造	101.7	102.6	102.5	97.3
汽车零部件及配件制造	100.5	100.7	99.1	101.4
铁路、船舶、航空航天和其他运输设备制造业	100.0	100.0	100.1	101.0
铁路运输设备制造	100.0	99.9	100.0	100.6
城市轨道交通设备制造	100.0	100.0	100.0	99.9
船舶及相关装置制造	99.8	100.3	100.6	103.3
航空、航天器及设备制造	100.0	100.0	102.1	102.4
电气机械和器材制造业	100.4	101.1	102.5	99.9
电机制造	100.4	100.5	100.2	100.9
输配电及控制设备制造	100.3	100.2	100.0	99.9
电线、电缆、光缆及电工器材制造	101.6	102.1	107.7	99.5
电池制造	98.7	102.4	99.9	99.9
家用电力器具制造	100.8	99.6	100.8	100.0
非电力家用器具制造	100.0	100.0	110.5	101.4
照明器具制造	99.6	100.7	101.7	99.1
其他电气机械及器材制造	100.0	100.0	100.0	100.0
计算机、通信和其他电子设备制造业	100.4	99.7	100.0	100.3
计算机制造	99.6	100.0	100.4	100.2
雷达及配套设备制造	99.7	100.0	91.6	104.4
智能消费设备制造	100.4	99.6	98.8	101.4
电子器件制造	100.1	99.9	99.4	100.5
电子元件及电子专用材料制造	101.1	99.4	100.3	100.6
其他电子设备制造	100.0	100.0	100.0	100.0
仪器仪表制造业	99.9	100.4	100.3	99.7
通用仪器仪表制造	99.8	100.4	100.3	99.8
其他仪器仪表制造业	101.4	100.0	100.0	99.1
其他制造业	100.2	98.2	101.6	101.2
日用杂品制造	96.9	100.3	100.5	100.7
其他未列明制造业	106.1	94.9	103.4	101.9
废弃资源综合利用业	100.0	100.6	101.9	100.4
金属废料和碎屑加工处理	100.5	101.9	103.3	100.5
非金属废料和碎屑加工处理	99.0	97.9	98.9	100.0
电力、热力生产和供应业	100.2	100.4	101.4	99.5
电力生产	100.5	99.6	100.5	98.2
电力供应	100.0	101.0	102.1	100.3
热力生产和供应	98.6	101.5	97.3	102.6
燃气生产和供应业	100.0	100.0	99.8	98.7
燃气生产和供应业	100.0	100.0	99.8	98.7
水的生产和供应业	100.1	100.0	100.0	100.1
自来水生产和供应	100.0	100.1	100.0	100.0
污水处理及其再生利用	100.4	99.8	100.0	100.3

5月	6月	7月	8月	9月	10月	11月	12月
99.7	100.9	98.9	98.9	100.0	101.7	100.0	99.4
101.5	101.2	99.7	100.7	99.2	101.4	101.7	99.3
100.7	100.1	100.0	100.0	100.1	100.0	100.0	98.2
100.8	100.0	100.0	100.0	100.0	100.0	100.0	97.8
100.0	100.0	100.0	100.0	102.5	102.5	100.2	100.0
100.3	100.6	100.1	100.1	100.2	100.1	100.0	100.0
100.0	100.0	98.5	100.5	100.8	98.2	100.0	100.0
101.3	99.6	101.1	100.7	100.3	100.6	100.5	99.6
100.8	100.0	100.2	100.0	100.0	101.2	100.1	100.0
100.3	100.1	99.9	100.2	99.9	100.0	100.0	99.4
103.6	99.0	102.3	102.8	101.0	101.0	100.8	99.3
99.6	100.1	100.9	99.7	98.7	99.7	101.9	100.1
100.0	100.0	100.0	100.0	100.0	100.8	100.0	99.8
99.7	100.0	100.0	100.0	98.9	100.0	100.0	100.0
100.9	100.0	102.1	99.2	101.1	101.3	100.0	100.0
100.0	94.9	105.4	96.6	103.5	100.0	100.0	100.0
100.9	99.8	100.0	100.1	101.1	99.8	100.0	100.0
100.0	100.1	100.1	100.0	100.0	100.6	100.0	100.0
107.1	104.1	96.3	103.1	99.5	99.3	99.5	100.0
97.2	99.4	100.5	101.2	100.0	100.0	99.8	99.9
106.5	99.0	99.1	99.9	103.8	100.0	100.5	100.4
99.4	100.3	100.4	100.0	100.9	99.4	99.7	99.9
100.0	99.7	100.0	100.3	100.0	100.0	100.0	100.0
100.0	100.0	99.8	98.9	100.7	99.8	100.4	100.2
100.1	99.9	99.8	98.9	100.7	99.8	100.4	100.2
99.0	101.9	100.0	97.7	100.3	99.3	100.8	100.5
103.7	99.6	101.1	100.0	100.2	100.8	100.2	99.6
102.9	100.4	101.7	100.0	102.0	101.3	100.2	99.3
104.8	98.3	100.0	100.0	97.2	100.0	100.0	100.0
99.8	99.8	99.8	101.3	100.3	100.6	100.6	100.5
100.0	99.7	100.1	102.3	100.4	101.1	101.1	100.2
99.4	100.0	99.2	99.0	100.3	99.2	99.3	101.3
99.4	101.1	98.5	100.5	100.8	100.1	102.8	102.4
98.8	104.0	96.6	100.0	100.7	100.2	103.3	105.1
99.8	99.4	99.6	100.8	100.8	100.0	102.4	100.8
101.2	99.5	100.5	102.2	100.0	103.8	103.0	100.6
100.0	99.5	99.9	100.0	99.9	100.3	102.8	100.0
100.0	99.5	99.9	100.0	99.9	100.3	102.8	100.0
99.9	100.0	100.1	99.9	100.0	99.9	100.0	100.0
100.0	100.0	100.0	100.0	100.0	100.0	99.9	100.0
99.8	100.0	100.3	99.7	99.9	99.9	100.1	100.1

3-28　长沙市住宅销售同比价格指数(2021年)

上年同期=100

项　　目	1月	2月	3月	4月	5月	6月	7月	8月	9月	10月	11月	12月
新建商品住宅	104.9	105.6	105.9	106.3	106.7	106.7	107.1	106.8	106.9	107.1	107.5	107.5
90平方米以下	104.9	105.0	105.3	106.1	106.6	106.7	107.4	107.1	107.1	107.2	107.9	107.3
90-144平方米	104.6	105.7	106.0	106.4	106.8	106.9	107.1	106.9	106.9	107.2	107.4	107.4
144平方米以上	105.8	105.9	105.9	105.9	106.5	106.3	106.7	106.3	106.8	107.0	107.4	108.0
二手住宅	102.0	102.7	103.5	104.4	104.7	104.9	105.7	106.0	106.2	105.7	105.5	105.1
90平方米以下	101.6	102.0	103.1	104.5	105.2	104.8	105.6	106.0	106.2	106.0	105.7	104.5
90-144平方米	102.2	103.4	104.3	105.2	105.1	106.0	106.1	106.0	106.4	105.5	105.4	105.3
144平方米以上	102.3	102.5	102.5	103.0	103.4	103.4	105.2	105.9	106.0	105.6	105.3	105.7

3-29　岳阳市住宅销售同比价格指数(2021年)

上年同期=100

项　　目	1月	2月	3月	4月	5月	6月	7月	8月	9月	10月	11月	12月
新建商品住宅	101.0	101.8	101.3	100.9	100.9	99.9	99.1	98.3	97.6	97.6	98.0	97.6
90平方米以下	100.6	101.4	100.4	100.0	99.8	98.6	98.2	97.2	96.3	97.5	98.2	97.5
90-144平方米	100.8	101.7	101.1	100.6	100.6	99.8	99.0	98.5	97.7	97.3	97.8	98.0
144平方米以上	101.6	102.3	102.5	102.5	102.5	101.5	100.1	99.0	98.3	98.4	98.1	96.9
二手住宅	100.9	101.1	100.6	99.9	99.3	98.8	98.1	98.2	97.6	97.8	97.3	96.8
90平方米以下	99.1	98.8	99.5	99.3	98.1	98.0	97.6	97.8	97.7	98.3	97.9	97.4
90-144平方米	101.8	102.5	101.5	100.5	100.2	99.7	98.9	98.8	98.2	98.2	97.6	97.1
144平方米以上	100.7	99.9	99.5	98.8	98.0	97.3	96.6	96.6	95.8	95.8	95.6	95.3

3-30 常德市住宅销售同比价格指数(2021年)

上年同期=100

项　　目	1月	2月	3月	4月	5月	6月	7月	8月	9月	10月	11月	12月
新建商品住宅	98.5	98.3	99.0	99.2	98.6	98.3	97.9	97.6	97.5	97.7	97.8	97.5
90平方米以下	99.0	99.2	99.9	100.3	99.3	99.4	98.7	98.8	98.5	98.3	98.2	97.0
90-144平方米	98.3	98.0	98.7	99.0	98.5	98.1	97.7	97.4	97.2	97.4	97.7	97.5
144平方米以上	99.1	99.4	99.8	99.3	98.4	98.7	98.2	98.0	98.3	99.1	98.6	97.4
二手住宅	98.2	98.2	98.9	99.2	99.3	99.7	99.4	98.8	99.0	99.0	98.4	97.8
90平方米以下	99.2	99.1	100.1	99.5	100.7	100.5	100.2	99.9	99.7	98.5	98.3	98.0
90-144平方米	97.7	97.5	98.0	98.8	98.6	99.0	99.1	98.9	98.7	99.5	98.4	97.8
144平方米以上	98.4	98.6	99.6	99.8	99.6	100.5	99.4	97.8	99.1	98.4	98.3	97.9

3-31 农产品生产者价格指数(2012-2021年)

上年=100

项　　目	2012	2013	2014	2015	2016	2017	2018	2019	2020	2021
合计	**100.2**	**102.1**	**98.6**	**104.1**	**104.7**	**98.0**	**95.4**	**118.0**	**123.3**	**90.1**
种植业产品	103.1	101.1	100.0	101.5	96.2	107.4	98.2	102.0	102.7	101.3
谷物(原粮)	104.9	98.1	101.4	102.2	96.2	101.7	99.5	98.9	106.6	98.5
稻谷	105.1	97.9	101.4	102.3	96.7	101.5	99.0	99.0	106.5	97.4
玉米	107.0	102.7	99.7	100.1	85.7	106.7	108.2	97.8	108.7	118.8
薯类	112.2	106.2	101.1	89.2	124.8	104.3	110.1	112.1	103.1	104.1
油料	103.3	103.9	100.4	102.0	102.9	103.6	100.7	105.5	108.3	104.0
棉花(籽棉)	90.2	99.1	87.1	90.5	91.5	121.9	93.9	103.2	90.4	108.7
未加工烟草				103.1	103.8	110.4	100.5	104.7	101.3	103.3
蔬菜	106.5	109.5	98.0	101.6	101.6	98.8	100.3	117.5	106.5	102.3
水果				111.3	82.1	122.8	91.3	117.8	94.8	96.2
茶叶	122.7	96.1	106.4	104.0	99.6	98.1	101.9	112.8	103.0	100.5

注：2015年部分指标口径和名称有所变动，当前指标均按照新的调查制度印刷，历年数据请结合参考往年调查资料。

3-31 续表　　上年=100

项　　目	2012	2013	2014	2015	2016	2017	2018	2019	2020	2021
林业产品	104.1	111.5	104.9	96.3	93.0	91.9	101.4	101.2	94.1	99.5
木材	104.5	104.9	93.6	95.6	95.8	95.7	102.8	95.3	93.6	97.8
竹材	105.2	102.0	101.8	95.1	90.5	88.3	93.9	102.1	94.6	104.6
畜牧业产品	96.0	102.2	95.9	108.1	115.9	86.6	91.6	139.8	151.7	74.3
牛	103.9	116.6	105.6	100.4	96.5	104.1	97.9	112.9	122.5	106.2
羊	104.7	108.4	104.9	94.8	88.0	90.5	110.9	116.6	119.3	99.9
猪	95.6	99.5	92.9	110.8	121.6	82.5	86.9	149.6	166.9	64.1
活家禽	106.5	105.8	106.2	103.7	103.6	97.7	105.0	110.1	89.0	100.2
禽蛋	106.2	105.8	102.8	101.8	89.4	98.8	119.0	99.4	88.5	113.7
渔业产品	104.6	104.9	102.7	101.2	103.1	102.8	95.8	101.1	103.1	112.3
淡水养殖产品	104.6	104.9	102.7	101.2	103.1	102.8	95.8	101.1	103.1	112.3

注：2015年部分指标口径和名称有所变动，当前指标均按照新的调查制度印刷，历年数据请结合参考往年调查资料。

3-32　分季度农产品生产者价格指数(2021年)

上年=100

项　　目	1季度	2季度	3季度	4季度
合计	**95.4**	**88.4**	**85.4**	**94.3**
种植业产品	98.1	103.7	101.6	105.7
谷物(原粮)	103.8	98.8	99.1	94.6
稻谷	103.5	96.0	98.2	94.2
玉米	137.6	150.0	116.8	102.2
薯类	83.0	118.2	93.4	85.9
油料	99.4	110.0	116.2	95.7
棉花(籽棉)	95.6		100.0	129.8
烟叶			103.1	103.4
蔬菜	111.1	101.7	88.6	104.3
水果	63.3	116.0	106.8	121.7
茶叶	96.1	95.7	113.9	98.8
林业产品	92.6	96.3	107.0	105.4
木材		96.6	102.6	104.3
竹材	97.9	107.7	109.0	104.8
畜牧业产品	92.8	76.7	58.3	67.9
猪	89.8	66.1	42.2	54.7
牛	114.4	95.7	97.8	107.0
羊	107.6	113.0	86.7	94.1
活家禽	92.5	99.7	112.3	106.0
禽蛋	103.9	109.0	119.4	125.1
渔业产品	100.4	121.4	113.6	107.2
淡水养殖产品	97.0	121.4	113.6	107.2

3-33 农产品集贸市场分月价格(2021年)

单位：元/公斤

项　目	1月	2月	3月	4月	5月	6月	7月	8月	9月	10月	11月	12月
粮食类												
籼稻	2.95	2.94	2.96	2.92	2.91	2.85	2.84	2.80	2.79	2.80	2.82	2.86
粳稻	3.12	3.13	3.08	3.09	3.08	3.08	3.07	3.07	3.06	3.06	3.06	3.07
玉米	2.77	2.85	2.87	2.95	2.99	3.03	3.02	2.98	2.98	2.97	2.98	3.00
大豆	7.55	7.60	7.61	7.68	7.71	7.69	7.77	7.74	7.72	7.67	7.73	7.79
籼米	5.61	5.62	5.58	5.54	5.56	5.53	5.52	5.51	5.51	5.53	5.56	5.60
粳米	6.16	6.21	6.31	6.27	6.27	6.29	6.27	6.29	6.28	6.30	6.29	6.30
经济作物类												
棉花(籽棉)	6.58	6.52	6.54	6.51	6.54	6.52	7.76	7.77	7.80	8.81	8.80	8.76
花生仁	14.29	14.26	14.28	14.24	14.20	14.11	13.79	13.48	13.59	13.79	13.76	13.81
油菜籽	7.08	6.70	6.70	6.70	7.67	7.33	7.33	7.33	7.33	7.33	7.33	7.33
畜产品类												
活猪(毛重)	37.08	32.46	30.31	25.92	20.00	14.69	15.63	15.35	13.80	16.20	19.48	19.31
仔猪	99.39	103.64	97.49	93.45	82.11	56.07	50.88	48.18	42.46	41.99	40.24	40.13
猪肉	55.09	47.65	43.28	35.89	28.69	21.72	23.85	23.34	22.42	25.62	29.20	29.50
活牛	40.21	40.02	40.30	40.16	40.04	40.11	40.02	40.45	40.70	40.97	41.03	41.23
牛肉	99.90	98.63	98.01	97.77	97.90	97.86	98.02	98.26	98.17	100.13	100.23	100.47
活羊	45.57	45.05	45.11	45.19	44.93	44.68	44.40	44.44	44.55	45.14	45.48	46.47
羊肉	91.32	92.93	90.45	89.56	89.45	89.25	89.24	89.87	90.12	90.52	92.96	91.44
活鸡	23.42	23.15	23.15	23.44	23.32	23.29	23.29	23.55	23.38	23.80	24.02	24.03
鸡蛋	12.22	11.63	11.41	11.48	11.66	11.82	12.23	12.78	13.21	13.69	13.71	13.43
水产品类												
草鱼	15.54	16.00	17.14	18.80	22.10	22.82	22.42	22.17	20.69	19.53	19.74	19.63
鲤鱼	13.51	14.04	14.52	14.93	16.34	17.07	16.71	15.80	15.25	14.38	13.75	14.12
链鱼	8.85	8.90	9.12	9.52	10.49	12.21	12.33	12.65	12.46	12.30	11.52	11.23
蔬菜类												
大白菜	4.06	3.82	3.97	3.78	3.69	4.11	4.29	4.67	4.70	5.41	5.15	4.53
黄瓜	6.69	6.68	6.83	6.02	5.28	5.37	5.36	5.63	5.96	9.35	8.75	8.12
西红柿	8.62	7.94	7.84	7.81	7.88	7.44	7.56	7.56	7.79	8.98	8.84	9.34
菜椒	12.93	13.93	12.65	11.37	10.26	8.82	9.51	9.83	9.73	11.90	11.07	11.87
四季豆	13.20	13.29	12.20	10.89	10.78	9.88	10.41	10.72	11.08	15.37	13.53	12.20
水果类												
红富士苹果	12.91	12.80	12.58	12.62	12.73	12.55	12.76	12.62	12.71	12.83	12.77	12.83
香蕉	6.55	6.84	6.98	6.82	6.80	6.81	6.78	6.62	6.33	6.38	6.70	6.96
橙子	11.87	11.34	10.30	10.70	10.51	10.66	10.65	11.03	10.85	12.82	12.25	11.09

3-34　农产品集贸市场价格分月同比涨幅(2021年)

单位：%

项　目	1月	2月	3月	4月	5月	6月	7月	8月	9月	10月	11月	12月
粮食类												
籼稻	8.9	6.9	7.6	3.9	2.5	0.7	0	-1.8	-0.7	-2.8	-3.4	-3.1
粳稻	6.9	7.2	4.4	5.1	4.1	3.4	3.0	1.7	2.0	1.3	-1.3	-1.6
玉米	19.4	23.4	24.2	25.5	26.2	25.7	23.8	19.2	18.7	17.4	15.1	11.5
大豆	10.9	11.0	11.9	11.5	12.2	11.8	12.1	10.4	8.0	5.1	5.3	4.3
籼米	6.3	5.1	5.1	3.0	2.6	2.4	2.2	0.9	1.1	0.4	0.2	0.2
粳米	6.6	8.0	10.9	9.2	10.4	10.7	10.6	9.8	8.5	5.9	5.9	2.8
经济作物类												
棉花(籽棉)	4.0	-13.1	-12.2	-13.2	-12.7	-12.7	3.7	3.2	2.2	32.1	38.6	32.3
花生仁	5.5	3.9	5.7	1.6	-0.9	-1.8	-4.0	-6.0	-5.2	-0.5	-0.5	-2.4
油菜籽	9.3	1.2	0.3	0.3	20.6	14.7	7.8	7.8	7.8	9.6	8.8	6.1
畜产品类												
活猪(毛重)	-5.9	-21.8	-19.6	-25.5	-36.7	-57.7	-58.8	-60.5	-62.8	-49.9	-37.0	-43.4
仔猪	17.5	19.2	-3.1	-3.7	-14.5	-40.9	-49.1	-53.4	-60.4	-59.2	-58.2	-59.0
猪肉	-4.5	-23.8	-22.6	-27.7	-37.3	-57.2	-57.2	-59.2	-59.2	-47.5	-35.9	-42.3
活牛	0.0	1.0	4.2	4.4	5.2	4.6	4.3	4.3	3.7	4.2	3.3	2.8
牛肉	-2.7	-3.7	-2.0	-0.9	2.0	1.4	1.6	0.3	-0.8	1.0	1.8	1.0
活羊	9.2	8.2	9.2	10.0	10.1	10.2	9.3	9.7	7.5	6.5	5.9	2.5
羊肉	1.4	1.2	0.2	1.1	2.9	3.8	4.8	5.9	5.0	1.7	2.3	0.7
活鸡	-9.5	0	8.5	10.3	16.5	15.0	11.8	10.3	4.1	6.9	10.3	6.7
鸡蛋	-3.3	-4.3	-1.4	-0.3	8.3	11.6	11.0	15.2	15.6	22.2	24.1	18.1
水产品类												
草鱼	6.2	4.0	14.3	26.5	46.5	48.8	44.1	41.3	31.1	28.6	33.5	32.6
鲤鱼	6.9	5.8	14.9	20.4	28.5	32.1	29.0	21.6	16.6	9.1	8.3	9.3
链鱼	7.7	1.1	6.2	9.1	19.6	44.5	40.4	44.4	43.4	42.5	33.0	29.8
蔬菜类												
大白菜	17.0	14.7	0	-7.8	-1.3	-4.9	-13.3	-8.1	-12.0	5.9	18.1	14.4
黄瓜	-18.4	-14.7	-4.2	8.7	12.3	9.2	-8.4	-16.7	-4.8	48.4	40.5	32.7
西红柿	-12.7	-21.5	-16.9	-24.8	-4.1	5.7	-2.3	-11.6	-10.5	0.6	2.3	8.9
菜椒	28.0	45.9	30.7	18.0	5.8	-3.7	-9.3	-15.8	-19.4	2.4	4.1	-2.1
四季豆	-11.2	-12.5	0.4	-11.5	25.4	9.9	-2.4	-9.1	-7.7	34.5	26.6	3.2
水果类												
红富士苹果	1.7	-3.4	-3.1	-3.6	-4.5	-6.0	-5.4	-5.8	-3.7	-1.0	-0.5	-0.5
香蕉	-4.8	-6.8	-4.3	-6.1	-2.9	-0.4	3.4	0.8	-2.3	-1.4	5.9	9.4
橙子	17.8	6.5	-0.7	1.9	5.8	17.3	16.8	17.5	10.6	0.6	0.7	-7.0

3-35 农产品集贸市场价格分月环比涨幅(2021年)

单位：%

项目	1月	2月	3月	4月	5月	6月	7月	8月	9月	10月	11月	12月
粮食类												
籼稻	0	-0.3	0.7	-1.4	-0.3	-2.1	-0.4	-1.4	-0.4	0.4	0.7	1.4
粳稻	0	0.3	-1.6	0.3	-0.3	0	-0.3	0	-0.3	0	0	0.3
玉米	3.0	2.9	0.7	2.8	1.4	1.3	-0.3	-1.3	0	-0.3	0.3	0.7
大豆	1.1	0.7	0.1	0.9	0.4	-0.3	1.0	-0.4	-0.3	-0.7	0.8	0.8
籼米	0.4	0.2	-0.7	-0.7	0.4	-0.5	-0.2	-0.2	0	0.4	0.5	0.7
粳米	0.5	0.8	1.6	-0.6	0	0.3	-0.3	0.3	-0.2	0.3	-0.2	0.2
经济作物类												
棉花(籽棉)	-0.6	-0.9	0.3	-0.5	0.5	-0.3	19.0	0.1	0.4	13.0	-0.1	-0.5
花生仁	1.0	-0.2	0.1	-0.3	-0.3	-0.6	-2.3	-2.3	0.8	1.5	-0.2	0.4
油菜籽	2.5	-5.4	0	0	14.5	-4.4	0	0	0	0	0	0
畜产品类												
活猪(毛重)	8.7	-12.5	-6.6	-14.5	-22.8	-26.6	6.4	-1.8	-10.1	17.4	20.3	-0.9
仔猪	1.6	4.3	-5.9	-4.1	-12.1	-31.7	-9.3	-5.3	-11.9	-1.1	-4.2	-0.3
猪肉	7.8	-13.5	-9.2	-17.1	-20.1	-24.3	9.8	-2.1	-3.9	14.3	14.0	1.0
活牛	0.3	-0.5	0.7	-0.4	-0.3	0.2	-0.2	1.1	0.6	0.7	0.2	0.5
牛肉	0.4	-1.3	-0.6	-0.2	0.1	0.0	0.2	0.2	-0.1	2.0	0.1	0.2
活羊	0.5	-1.1	0.1	0.2	-0.6	-0.6	-0.6	0.1	0.3	1.3	0.8	2.2
羊肉	0.5	1.8	-2.7	-1.0	-0.1	-0.2	0.0	0.7	0.3	0.4	2.7	-1.6
活鸡	4.0	-1.2	0	1.3	-0.5	-0.1	0	1.1	-0.7	1.8	0.9	0.0
鸡蛋	7.5	-4.8	-1.9	0.6	1.6	1.4	3.5	4.5	3.4	3.6	0.2	-2.0
水产品类												
草鱼	4.9	3.0	7.1	9.7	17.6	3.3	-1.8	-1.1	-6.7	-5.6	1.1	-0.6
鲤鱼	4.6	3.9	3.4	2.8	9.4	4.5	-2.1	-5.5	-3.5	-5.7	-4.4	2.7
链鱼	2.3	0.6	2.5	4.4	10.2	16.4	1.0	2.6	-1.5	-1.3	-6.3	-2.5
蔬菜类												
大白菜	2.5	-5.9	3.9	-4.8	-2.4	11.4	4.4	8.9	0.6	15.1	-4.8	-12.0
黄瓜	9.3	-0.2	2.3	-11.9	-12.3	1.7	-0.2	5.0	5.9	56.9	-6.4	-7.2
西红柿	0.5	-7.9	-1.3	-0.4	0.9	-5.6	1.6	0	3.0	15.3	-1.6	5.7
菜椒	6.7	7.7	-9.2	-10.1	-9.8	-14.0	7.8	3.4	-1.0	22.3	-7.0	7.2
四季豆	11.7	0.7	-8.2	-10.7	-1.0	-8.4	5.4	3.0	3.4	38.7	-12.0	-9.8
水果类												
红富士苹果	0.1	-0.9	-1.7	0.3	0.9	-1.4	1.7	-1.1	0.7	0.9	-0.5	0.5
香蕉	3.0	4.4	2.1	-2.3	-0.3	0.2	-0.4	-2.4	-4.4	0.8	5.0	3.9
橙子	-0.5	-4.5	-9.2	3.9	-1.8	1.4	-0.1	3.6	-1.6	18.2	-4.5	-9.5

四、农业调查

资料整理人员：陈　婷　刘　美

4-1 历年粮食播种面积

单位：千公顷

年 份	粮食	稻谷			
			早稻	中稻	晚稻
1983	5423.2	4418.9	1895.0	509.7	2014.2
1984	5390.9	4401.1	1885.4	507.0	2008.7
1985	5161.4	4246.5	1825.1	495.0	1926.4
1986	5210.4	4327.6	1838.3	499.4	1989.9
1987	5150.9	4255.1	1779.5	508.4	1967.2
1988	5196.3	4293.7	1803.9	505.7	1984.1
1989	5330.5	4354.1	1827.8	497.8	2028.5
1990	5365.7	4370.5	1844.1	484.3	2042.1
1991	5365.2	4298.1	1813.3	512.0	1972.8
1992	5243.6	4188.0	1741.0	477.5	1969.5
1993	5050.5	4025.9	1618.0	516.9	1891.0
1994	5077.4	4040.7	1633.8	525.1	1881.8
1995	5115.6	4084.1	1675.6	510.2	1898.3
1996	5133.9	4064.1	1669.3	513.7	1881.1
1997	5155.3	4075.8	1651.2	515.0	1909.6
1998	5074.8	3976.4	1610.1	538.1	1828.2
1999	5135.2	3984.5	1571.1	585.4	1828.0
2000	5029.9	3896.1	1515.8	632.1	1748.2
2001	4802.8	3691.6	1361.1	707.4	1623.1
2002	4652.6	3541.5	1224.5	812.5	1504.5
2003	4529.8	3410.0	1173.3	834.5	1402.1
2004	4754.1	3716.8	1288.3	1061.8	1366.7
2005	4838.6	3795.2	1324.4	1068.6	1402.2
2006	4545.4	3931.7	1355.9	1156.3	1419.5
2007	4539.7	3915.1	1303.6	1232.1	1379.5
2008	4607.1	3968.3	1306.6	1258.3	1403.4
2009	4827.2	4103.4	1399.8	1225.3	1478.3
2010	4847.8	4105.2	1385.7	1251.2	1468.3
2011	4932.2	4160.8	1427.7	1245.6	1487.4
2012	4975.3	4209.6	1464.5	1216.5	1528.5
2013	5010.0	4218.5	1494.0	1210.1	1514.5
2014	5065.6	4275.0	1507.7	1217.6	1549.6
2015	5053.7	4287.8	1505.9	1228.3	1553.6
2016	5010.7	4277.6	1487.3	1263.0	1527.3
2017	4978.9	4238.7	1448.2	1291.3	1499.2
2018	4747.9	4009.0	1238.2	1472.5	1298.3
2019	4616.4	3855.2	1094.6	1602.1	1158.5
2020	4754.8	3993.9	1225.7	1476.1	1292.0
2021	4758.4	3971.1	1219.6	1479.2	1272.3

注：2004年起为抽样调查数，2006、2007年为农普口径修正数。根据第三次全国农业普查结果对2007-2017年粮食、棉花播种面积及产量进行了修正。

4-1 续表 单位：万亩

年 份	粮食	稻谷			
			早稻	中稻	晚稻
1983	8134.8	6628.4	2842.5	764.6	3021.3
1984	8086.4	6601.7	2828.1	760.5	3013.1
1985	7742.1	6369.8	2737.7	742.5	2889.6
1986	7815.6	6491.4	2757.5	749.1	2984.9
1987	7726.4	6382.7	2669.3	762.6	2950.8
1988	7794.5	6440.6	2705.9	758.6	2976.2
1989	7995.8	6531.2	2741.7	746.7	3042.8
1990	8048.6	6555.8	2766.2	726.5	3063.2
1991	8047.8	6447.2	2720.0	768.0	2959.2
1992	7865.4	6282.0	2611.5	716.3	2954.3
1993	7575.8	6038.9	2427.0	775.4	2836.5
1994	7616.1	6061.1	2450.7	787.7	2822.7
1995	7673.4	6126.2	2513.4	765.3	2847.5
1996	7700.9	6096.2	2504.0	770.6	2821.7
1997	7733.0	6113.7	2476.8	772.5	2864.4
1998	7612.2	5964.6	2415.2	807.2	2742.3
1999	7702.8	5976.8	2356.7	878.1	2742.0
2000	7544.9	5844.2	2273.7	948.2	2622.3
2001	7204.2	5537.4	2041.7	1061.1	2434.7
2002	6978.9	5312.3	1836.8	1218.8	2256.8
2003	6794.7	5115.0	1760.0	1251.8	2103.2
2004	7131.2	5575.2	1932.5	1592.7	2050.1
2005	7257.9	5692.8	1986.6	1602.9	2103.3
2006	6818.1	5897.6	2033.9	1734.5	2129.3
2007	6809.5	5872.7	1955.4	1848.1	2069.3
2008	6910.6	5952.4	1959.8	1887.5	2105.1
2009	7240.8	6155.1	2099.7	1837.9	2217.5
2010	7271.8	6157.9	2078.6	1876.8	2202.5
2011	7398.3	6241.2	2141.6	1868.4	2231.2
2012	7462.9	6314.3	2196.8	1824.8	2292.8
2013	7515.0	6327.8	2240.9	1815.2	2271.7
2014	7598.5	6412.4	2261.6	1826.4	2324.4
2015	7580.5	6431.6	2258.8	1842.4	2330.4
2016	7516.0	6416.4	2231.0	1894.5	2291.0
2017	7468.4	6358.1	2172.3	1936.9	2248.8
2018	7121.9	6013.5	1857.3	2208.8	1947.5
2019	6924.6	5782.8	1641.9	2403.2	1737.8
2020	7132.1	5990.8	1838.6	2214.2	1938.0
2021	7137.6	5956.7	1829.4	2218.8	1908.5

4-2 历年粮食产量

单位：万吨

年 份	粮食	稻谷			
			早稻	中稻	晚稻
1983	2654.0	2458.1	1038.4	280.5	1139.2
1984	2613.0	2416.5	1069.0	280.8	1066.7
1985	2514.3	2338.8	991.7	247.3	1099.8
1986	2631.6	2464.4	1050.6	289.2	1124.6
1987	2593.7	2414.2	948.7	302.3	1163.2
1988	2519.8	2343.9	987.8	258.5	1097.6
1989	2648.2	2445.2	994.2	307.7	1143.3
1990	2651.4	2468.2	1033.5	302.4	1132.3
1991	2682.0	2473.3	957.5	314.1	1201.7
1992	2620.1	2423.1	916.1	305.0	1202.0
1993	2570.2	2343.5	825.7	324.8	1193.0
1994	2661.0	2414.9	903.5	350.6	1160.8
1995	2691.6	2438.5	854.7	336.8	1247.0
1996	2701.6	2418.6	854.6	344.2	1219.8
1997	2801.9	2495.8	945.2	359.6	1191.0
1998	2647.9	2345.1	830.6	357.1	1157.4
1999	2725.4	2360.6	817.5	404.4	1138.7
2000	2767.6	2392.5	877.6	436.1	1078.8
2001	2700.3	2328.9	783.2	478.4	1067.3
2002	2501.3	2119.2	627.8	590.8	900.6
2003	2442.7	2070.2	621.2	637.9	811.1
2004	2640.0	2285.5	716.4	720.0	849.1
2005	2678.6	2296.2	734.4	723.8	838.0
2006	2654.2	2414.5	747.6	782.0	884.9
2007	2698.5	2435.3	743.0	833.5	858.8
2008	2822.2	2551.3	774.1	890.9	886.3
2009	2928.8	2614.3	821.0	862.0	931.3
2010	2881.6	2551.8	779.5	867.1	905.2
2011	2983.6	2634.2	824.5	883.8	925.9
2012	3061.9	2704.3	841.6	881.4	981.3
2013	2989.5	2645.3	888.5	795.6	961.2
2014	3078.9	2732.7	886.8	847.1	998.8
2015	3094.2	2756.8	895.2	857.7	1003.9
2016	3052.3	2724.6	873.5	871.4	979.8
2017	3073.6	2740.4	846.5	932.6	961.3
2018	3022.9	2674.0	755.5	1086.7	831.8
2019	2974.8	2611.5	661.4	1206.8	743.3
2020	3015.1	2638.9	718.7	1110.2	810.0
2021	3074.4	2683.1	743.8	1122.2	817.1

注：粮食产量1988年起为抽样调查数，棉花产量1998年起为抽样调查数。2006、2007年为农普口径修正数。

4-2 续表

单位：亿斤

年 份	粮食	稻谷			
			早稻	中稻	晚稻
1983	530.8	491.6	207.7	56.1	227.8
1984	522.6	483.3	213.8	56.2	213.3
1985	502.9	467.8	198.3	49.5	220.0
1986	526.3	492.9	210.1	57.8	224.9
1987	518.7	482.8	189.7	60.5	232.6
1988	504.0	468.8	197.6	51.7	219.5
1989	529.6	489.0	198.8	61.5	228.7
1990	530.3	493.6	206.7	60.5	226.5
1991	536.4	494.7	191.5	62.8	240.3
1992	524.0	484.6	183.2	61.0	240.4
1993	514.0	468.7	165.1	65.0	238.6
1994	532.2	483.0	180.7	70.1	232.2
1995	538.3	487.7	170.9	67.4	249.4
1996	540.3	483.7	170.9	68.8	244.0
1997	560.4	499.2	189.0	71.9	238.2
1998	529.6	469.0	166.1	71.4	231.5
1999	545.1	472.1	163.5	80.9	227.7
2000	553.5	478.5	175.5	87.2	215.8
2001	540.1	465.8	156.6	95.7	213.5
2002	500.3	423.8	125.6	118.2	180.1
2003	488.5	414.0	124.2	127.6	162.2
2004	528.0	457.1	143.3	144.0	169.8
2005	535.7	459.2	146.9	144.8	167.6
2006	530.8	482.9	149.5	156.4	177.0
2007	539.7	487.1	148.6	166.7	171.8
2008	564.4	510.3	154.8	178.2	177.3
2009	585.8	522.9	164.2	172.4	186.3
2010	576.3	510.4	155.9	173.4	181.0
2011	596.7	526.8	164.9	176.8	185.2
2012	612.4	540.9	168.3	176.3	196.3
2013	597.9	529.1	177.7	159.1	192.2
2014	615.8	546.5	177.4	169.4	199.8
2015	618.8	551.4	179.0	171.5	200.8
2016	610.5	544.9	174.7	174.3	196.0
2017	614.7	548.1	169.3	186.5	192.3
2018	604.6	534.8	151.1	217.3	166.4
2019	595.0	522.3	132.3	241.4	148.7
2020	603.0	527.8	143.7	222.0	162.0
2021	614.9	536.6	148.8	224.4	163.4

4-3 农作物播种面积(2012-2021年)

单位：千公顷

项　目	2012	2013	2014	2015	2016	2017	2018	2019	2020	2021
农作物总播种面积	**8416.80**									
粮食	4975.3	5010.0	5065.6	5053.7	5010.7	4978.9	4747.9	4616.4	4754.8	4758.4
#春夏收粮食	165.06	166.55	172.01	157.54	126.19	135.94	123.70	102.5	106.3	113.87
#谷物	45.56	42.51	40.80	39.54	28.69	33.14	26.85	25.9	26.7	26.79
#秋收粮食	3345.70	3349.49	3385.91	3390.25	3397.17	3394.81	3386.00	3419.3	3422.7	3424.90
#谷物	3109.32	3094.54	3141.81	3161.45	3173.55	3169.22	3146.10	3165.0	3168.1	3164.87
谷物	4619.41	4631.01	4690.33	4706.87	4689.54	4650.56	4411.15	4285.5	4420.5	4411.26
稻谷	4209.6	4218.5	4275.0	4287.8	4277.6	4238.7	4009.0	3855.2	3993.9	3971.1
早稻	1464.5	1494.0	1507.7	1505.9	1487.3	1448.2	1238.2	1094.6	1225.7	1219.6
中稻与一季晚稻	1216.5	1210.1	1217.6	1228.3	1263.0	1291.3	1472.5	1602.1	1476.1	1479.2
晚稻	1528.5	1514.5	1549.6	1553.6	1527.3	1499.2	1298.3	1158.5	1292.0	1272.3
小麦	38.89	36.19	34.88	34.05	22.79	28.34	23.35	22.4	23.3	23.36
玉米	353.99	358.35	361.91	366.85	370.47	365.81	359.20	386.6	384.4	397.60
高粱	2.83	4.41	6.45	6.37	6.10	6.30	9.60	10.7	8.8	8.97
其他谷物	14.13	13.53	12.13	11.84	12.60	11.40	10.00	10.6	10.3	10.23
春夏收杂粮	6.67	6.33	5.92	5.49	5.90	4.80	3.50	3.5	3.4	3.43
大麦	0.96	0.91	0.80	0.76	1.50	1.40	1.40	1.4	1.4	1.38
其他春夏收杂粮	5.71	5.42	5.12	4.73	4.40	3.40	2.10	2.1	2.1	2.05
秋收杂粮	7.46	7.20	6.21	6.35	6.70	6.60	6.50	7.1	6.8	6.80
荞麦	2.35	2.34	2.13	2.23	2.10	2.20	2.20	2.6	2.5	2.51
其他秋收杂粮	5.12	4.86	4.07	4.12	4.60	4.40	4.30	4.5	4.4	4.29
豆类	146.21	142.05	144.37	134.75	137.63	141.01	148.19	149.2	150.8	155.95
大豆	94.39	95.59	101.07	96.75	98.53	99.71	106.50	113.3	114.7	117.80
绿豆	14.19	11.70	11.23	10.88	10.10	10.70	11.60	11.5	11.1	11.18
蚕豌豆	35.34	32.38	29.89	24.97	25.90	27.60	26.99	21.3	22.1	24.02
红小豆	0.98	0.97	0.78	0.75	0.80	1.10	1.22	1.2	1.2	1.19
其他杂豆	1.31	1.41	1.41	1.40	2.30	1.90	1.88	1.8	1.8	1.76
薯类(折粮)	209.67	236.93	230.94	212.05	183.49	187.38	188.56	181.7	183.5	191.16
红薯	125.51	145.28	129.61	119.01	111.89	112.18	118.70	126.4	125.9	128.10
马铃薯	84.16	91.65	101.33	93.03	71.60	75.20	69.86	55.3	57.5	63.06

4-3 续表　　单位：万亩

项　目	2012	2013	2014	2015	2016	2017	2018	2019	2020	2021
农作物总播种面积										
粮食	7462.92	7514.98	7598.46	7580.51	7515.98	7468.42	7121.85	6924.57	7132.13	7137.56
#春夏收粮食	247.59	249.82	258.02	236.31	189.28	203.91	185.55	153.69	159.47	170.81
#谷物	68.34	63.77	61.20	59.32	43.03	49.71	40.275	38.81	40.02	40.19
#秋收粮食	5018.55	5024.23	5078.86	5085.38	5095.75	5092.21	5079	5128.98	5134.07	5137.35
#谷物	4663.99	4641.81	4712.71	4742.18	4760.33	4753.83	4719.15	4747.53	4752.17	4747.31
谷物	6929.11	6946.51	7035.49	7060.31	7034.31	6975.84	6616.73	6428.24	6630.78	6616.89
稻谷	6314.34	6327.80	6412.44	6431.64	6416.37	6358.07	6013.5	5782.80	5990.78	5956.65
早稻	2196.79	2240.93	2261.58	2258.82	2230.95	2172.30	1857.3	1641.90	1838.60	1829.40
中稻与一季晚稻	1824.75	1815.16	1826.43	1842.43	1894.47	1936.92	2208.75	2403.15	2214.15	2218.80
晚稻	2292.80	2271.71	2324.43	2330.39	2290.95	2248.85	1947.45	1737.75	1938.03	1908.45
小麦	58.33	54.28	52.32	51.08	34.18	42.51	35.025	33.56	34.88	35.04
玉米	530.99	537.52	542.86	550.27	555.71	548.71	538.8	579.90	576.57	596.40
高粱	4.25	6.62	9.68	9.56	9.15	9.45	14.4	16.05	13.16	13.46
其他谷物	21.20	20.29	18.19	17.76	18.90	17.10	15	15.93	15.41	15.35
春夏收杂粮	10.01	9.49	8.88	8.24	8.85	7.20	5.25	5.25	5.15	5.15
大麦	1.44	1.36	1.20	1.14	2.25	2.10	2.1	2.10	2.06	2.07
其他春夏收杂粮	8.57	8.13	7.68	7.10	6.60	5.10	3.15	3.15	3.09	3.08
秋收杂粮	11.20	10.80	9.31	9.53	10.05	9.90	9.75	10.68	10.26	10.20
荞麦	3.52	3.51	3.20	3.34	3.15	3.30	3.3	3.87	3.72	3.77
其他秋收杂粮	7.68	7.29	6.11	6.19	6.90	6.60	6.45	6.81	6.54	6.44
豆类	219.31	213.07	216.56	202.13	206.44	211.51	222.29	223.79	226.17	233.93
大豆	141.58	143.38	151.60	145.13	147.79	149.56	159.75	169.95	171.99	176.70
绿豆	21.29	17.55	16.85	16.32	15.15	16.05	17.40	17.30	16.61	16.77
蚕豌豆	53.01	48.57	44.83	37.45	38.85	41.40	40.49	31.94	33.15	36.03
红小豆	1.47	1.46	1.17	1.13	1.20	1.65	1.83	1.85	1.77	1.79
其他杂豆	1.96	2.11	2.11	2.10	3.45	2.85	2.82	2.76	2.66	2.64
薯类(折粮)	314.50	355.40	346.41	318.07	275.24	281.07	282.84	272.55	275.18	286.74
红薯	188.26	217.92	194.42	178.52	167.84	168.27	178.05	189.60	188.88	192.15
马铃薯	126.24	137.48	151.99	139.55	107.40	112.80	104.79	82.95	86.30	94.59

4-4 粮食总产量(2012-2021年)

单位：万吨

项　　目	2012	2013	2014	2015	2016	2017	2018	2019	2020	2021
粮食	3061.87	2989.54	3078.94	3094.21	3052.30	3073.60	3022.90	2974.84	3015.12	3074.36
#春夏收粮食	52.02	53.65	55.35	52.96	44.28	48.56	51.39	41.34	43.13	45.16
#谷物	11.19	13.93	13.33	12.25	9.03	11.36	9.29	8.81	9.02	9.02
#秋收粮食	2168.26	2047.36	2136.82	2146.08	2134.52	2178.54	2216.01	2272.10	2253.26	2285.40
#谷物	2070.16	1952.59	2047.47	2064.46	2055.22	2097.29	2126.75	2176.57	2149.18	2179.23
谷物	2922.94	2855.05	2947.57	2971.88	2937.75	2955.15	2891.54	2846.78	2876.93	2932.05
稻谷	2704.26	2645.27	2732.68	2756.75	2724.61	2740.35	2674.01	2611.50	2638.94	2683.10
早稻	841.59	888.53	886.77	895.17	873.50	846.50	755.50	661.40	718.73	743.80
中稻与一季晚稻	881.35	795.58	847.10	857.65	871.35	932.55	1086.70	1206.80	1110.17	1122.20
晚稻	981.32	961.16	998.81	1003.93	979.76	961.30	831.81	743.30	810.04	817.10
小麦	9.45	12.29	11.78	10.84	7.00	9.61	8.01	7.54	7.77	7.78
玉米	204.43	192.59	197.49	198.87	200.02	199.17	202.82	220.30	223.25	234.11
高粱	1.25	1.50	2.29	2.31	2.34	2.45	3.64	4.19	3.81	3.91
其他谷物	3.55	3.40	3.33	3.11	3.78	3.57	3.06	3.25	3.15	3.15
春夏收杂粮	1.74	1.64	1.55	1.41	2.03	1.75	1.28	1.27	1.25	1.24
大麦	0.24	0.22	0.21	0.19	0.52	0.55	0.56	0.55	0.54	0.54
其他春夏收杂粮	1.50	1.42	1.34	1.22	1.51	1.20	0.72	0.72	0.71	0.70
秋收杂粮	1.81	1.76	1.78	1.70	1.75	1.82	1.78	1.98	1.90	1.91
荞麦	0.59	0.58	0.69	0.64	0.59	0.64	0.63	0.75	0.73	0.74
其他秋收杂粮	1.22	1.18	1.09	1.06	1.16	1.18	1.15	1.23	1.18	1.17
豆类	33.69	30.74	31.29	29.42	30.52	31.98	36.34	37.34	40.03	41.18
大豆	22.37	21.32	22.53	21.96	22.78	23.21	26.51	28.82	31.16	31.83
绿豆	3.51	2.79	2.32	2.28	2.02	2.17	2.41	2.42	2.34	2.36
蚕豌豆	7.32	6.16	6.00	4.68	5.10	5.90	6.70	5.39	5.85	6.32
红小豆	0.15	0.15	0.14	0.14	0.17	0.20	0.24	0.24	0.23	0.23
其他杂豆	0.34	0.32	0.30	0.36	0.45	0.50	0.48	0.47	0.45	0.44
薯类(折粮)	105.24	103.75	100.08	92.91	84.03	86.47	95.02	90.72	98.16	101.13
红薯	71.73	70.19	64.06	56.88	53.88	55.17	59.62	63.58	69.90	71.31
马铃薯	33.51	33.56	36.02	36.03	30.15	31.30	35.40	27.14	28.26	29.82

4-4 续表

单位：亿斤

项　　目	2012	2013	2014	2015	2016	2017	2018	2019	2020	2021
粮食	612.4	597.9	615.8	618.8	610.46	614.72	604.58	594.97	603.02	614.9
#春夏收粮食	10.4	10.7	11.1	10.6	8.86	9.71	10.28	8.27	8.63	9.0
#谷物	2.2	2.8	2.7	2.5	1.81	2.27	1.86	1.76	1.80	1.8
#秋收粮食	433.7	409.5	427.4	429.2	426.90	435.71	443.20	454.42	450.65	457.1
#谷物	414.0	390.5	409.5	412.9	411.04	419.46	425.35	435.31	429.84	435.8
谷物	584.6	571.0	589.5	594.4	587.55	591.03	578.31	569.36	575.39	586.4
稻谷	540.9	529.1	546.5	551.4	544.92	548.07	534.80	522.30	527.79	536.6
早稻	168.3	177.7	177.4	179.0	174.70	169.30	151.10	132.28	143.75	148.8
中稻与一季晚稻	176.3	159.1	169.4	171.5	174.27	186.51	217.34	241.36	222.03	224.4
晚稻	196.3	192.2	199.8	200.8	195.95	192.26	166.36	148.66	162.01	163.4
小麦	1.9	2.5	2.4	2.2	1.40	1.92	1.60	1.51	1.55	1.6
玉米	40.9	38.5	39.5	39.8	40.00	39.83	40.56	44.06	44.65	46.8
高粱	0.3	0.3	0.5	0.5	0.47	0.49	0.73	0.84	0.76	0.8
其他谷物	0.7	0.7	0.7	0.6	0.76	0.71	0.61	0.65	0.63	0.6
春夏收杂粮	0.3	0.3	0.3	0.3	0.41	0.35	0.26	0.25	0.25	0.2
大麦	0.0	0.0	0.0	0.0	0.10	0.11	0.11	0.11	0.11	0.1
其他春夏收杂粮	0.3	0.3	0.3	0.2	0.30	0.24	0.14	0.14	0.14	0.1
秋收杂粮	0.4	0.4	0.4	0.3	0.35	0.36	0.36	0.40	0.38	0.4
荞麦	0.1	0.1	0.1	0.1	0.12	0.13	0.13	0.15	0.15	0.1
其他秋收杂粮	0.2	0.2	0.2	0.2	0.23	0.24	0.23	0.25	0.24	0.2
豆类	6.7	6.1	6.3	5.9	6.10	6.40	7.27	7.47	8.01	8.2
大豆	4.5	4.3	4.5	4.4	4.56	4.64	5.30	5.76	6.23	6.4
绿豆	0.7	0.6	0.5	0.5	0.40	0.43	0.48	0.48	0.47	0.5
蚕豌豆	1.5	1.2	1.2	0.9	1.02	1.18	1.34	1.08	1.17	1.3
红小豆	0.03	0.03	0.0	0.0	0.03	0.04	0.05	0.05	0.05	0.05
其他杂豆	0.1	0.1	0.1	0.1	0.09	0.10	0.10	0.09	0.09	0.1
薯类(折粮)	21.0	20.8	20.0	18.6	16.81	17.29	19.00	18.14	19.63	20.2
红薯	14.3	14.0	12.8	11.4	10.78	11.03	11.92	12.72	13.98	14.3
马铃薯	6.7	6.7	7.2	7.2	6.03	6.26	7.08	5.43	5.65	6.0

4-5 粮食单位面积产量(2012-2021年)

单位：公斤/公顷

项　目	2012	2013	2014	2015	2016	2017	2018	2019	2020	2021
粮食	6154	5967	6078.1	6122.7	6091.6	6173.2	6366.8	6444.0	6341.3	6461
#春夏收粮食	3152	3221	3217.8	3361.6	3509.1	3572.2	4154.4	4035.0	4057.0	3966
#谷物	2456	3277	3267.2	3097.9	3147.8	3427.9	3460.0	3405.0	3380.8	3367
#秋收粮食	6481	6112	6310.9	6330.2	6283.2	6417.3	6544.6	6645.0	6583.3	6673
#谷物	6658	6310	6516.9	6530.1	6476.1	6617.7	6760.0	6877.5	6783.8	6886
谷物	6328	6165	6284.4	6313.9	6264.5	6354.4	6555.1	6643.5	6508.1	6647
稻谷	6424	6271	6392.3	6429.3	6369.5	6465.1	6670.0	6774.0	6607.5	6757
早稻	5746	5948	5881.5	5944.5	5873.1	5845.2	6101.6	6042.0	5863.7	6099
中稻与一季晚稻	7245	6574	6957.0	6982.5	6899.2	7221.9	7380.0	7533.0	7521.0	7587
晚稻	6420	6346	6445.5	6462.0	6415.0	6412.0	6406.9	6415.5	6269.6	6422
小麦	2430	3396	3377.3	3183.2	3072.0	3391.0	3430.4	3370.5	3341.9	3330
玉米	5775	5374	5456.9	5421.1	5399.1	5444.7	5646.4	5698.5	5808.0	5888
高粱	4412	3399	3548.6	3624.5	3836.1	3888.9	3791.7	3916.5	4347.0	4359
其他谷物	2512	2514	2746.0	2626.7	3000.0	3131.6	3060.0	3060.0	3070.7	3079
春夏收杂粮	2609	2592	2618.2	2568.3	3440.7	3645.8	3657.1	3628.5	3644.3	3615
大麦	2500	2426	2625.0	2500.0	3466.7	3928.6	4000.0	3928.5	3941.6	3913
其他春夏收杂粮	2627	2620	2617.2	2579.3	3431.8	3529.4	3428.6	3429.0	3446.6	3415
秋收杂粮	2425	2444	2867.9	2677.2	2611.9	2757.6	2738.5	2781.0	2783.1	2809
荞麦	2514	2479	3234.4	2874.3	2809.5	2909.1	2863.6	2907.0	2923.5	2948
其他秋收杂粮	2384	2428	2675.9	2570.7	2521.7	2681.8	2674.4	2709.0	2703.3	2727
豆类	2304	2164	2167.3	2183.2	2217.6	2267.9	2452.3	2503.5	2655.0	2641
大豆	2370	2230	2229.2	2269.7	2312.1	2327.8	2489.2	2544.0	2717.6	2702
绿豆	2473	2385	2065.3	2095.6	2000.0	2028.0	2077.6	2098.5	2110.9	2111
蚕豌豆	2071	1902	2007.6	1874.5	1969.1	2137.7	2482.4	2532.0	2647.1	2631
红小豆	1531	1541	1794.9	1858.4	2125.0	1818.2	1967.2	1951.5	1970.7	1933
其他杂豆	2602	2275	2131.7	2570.2	1956.5	2631.6	2553.2	2554.5	2564.1	2500
薯类(折粮)	5019	4379	4333.6	4381.6	4579.5	4614.7	5039.2	4993.5	5350.8	5290
红薯	5715	4831	4942.4	4779.3	4815.3	4918.0	5022.7	5029.5	5551.2	5567
马铃薯	3982	3662	3554.8	3872.8	4210.9	4162.2	5067.3	4908.0	4912.2	4729

4-5 续表 单位：公斤/亩

项　目	2012	2013	2014	2015	2016	2017	2018	2019	2020	2021
粮食	410.3	397.8	405.2	408.2	406.1	411.5	424.5	429.6	422.8	430.7
#春夏收粮食	210.1	214.8	214.5	224.1	233.9	238.1	277.0	269.0	270.5	264.4
#谷物	163.8	218.4	217.8	206.5	209.9	228.5	230.7	227.0	225.4	224.5
#秋收粮食	432.0	407.5	420.7	422.0	418.9	427.8	436.3	443.0	438.9	444.9
#谷物	443.9	420.7	434.5	435.3	431.7	441.2	450.7	458.5	452.3	459.0
谷物	421.8	411.0	419.0	420.9	417.6	423.6	437.0	442.9	433.9	443.1
稻谷	428.3	418.0	426.2	428.6	424.6	431.0	444.7	451.6	440.5	450.4
早稻	383.1	396.5	392.1	396.3	391.5	389.7	406.8	402.8	390.9	406.6
中稻与一季晚稻	483.0	438.3	463.8	465.5	459.9	481.5	492.0	502.2	501.4	505.8
晚稻	428.0	423.1	429.7	430.8	427.7	427.5	427.1	427.7	418.0	428.1
小麦	162.0	226.4	225.2	212.2	204.8	226.1	228.7	224.7	222.8	222.0
玉米	385.0	358.3	363.8	361.4	359.9	363.0	376.4	379.9	387.2	392.5
高粱	294.1	226.6	236.6	241.6	255.7	259.3	252.8	261.1	289.8	290.6
其他谷物	167.5	167.6	183.1	175.1	200.0	208.8	204.0	204.0	204.7	205.3
春夏收杂粮	173.9	172.8	174.5	171.2	229.4	243.1	243.8	241.9	243.0	241.0
大麦	166.7	161.8	175.0	166.7	231.1	261.9	266.7	261.9	262.8	260.9
其他春夏收杂粮	175.1	174.7	174.5	172.0	228.8	235.3	228.6	228.6	229.8	227.6
秋收杂粮	161.7	163.0	191.2	178.5	174.1	183.8	182.6	185.4	185.5	187.3
荞麦	167.6	165.2	215.6	191.6	187.3	193.9	190.9	193.8	194.9	196.5
其他秋收杂粮	159.0	161.9	178.4	171.4	168.1	178.8	178.3	180.6	180.2	181.8
豆类	153.6	144.3	144.5	145.5	147.8	151.2	163.5	166.9	177.0	176.0
大豆	158.0	148.7	148.6	151.3	154.1	155.2	165.9	169.6	181.2	180.1
绿豆	164.9	159.0	137.7	139.7	133.3	135.2	138.5	139.9	140.7	140.7
蚕豌豆	138.1	126.8	133.8	125.0	131.3	142.5	165.5	168.8	176.5	175.4
红小豆	102.0	102.7	119.7	123.9	141.7	121.2	131.1	130.1	131.4	128.9
其他杂豆	173.5	151.7	142.1	171.3	130.4	175.4	170.2	170.3	170.9	166.7
薯类(折粮)	334.6	291.9	288.9	292.1	305.3	307.6	335.9	332.9	356.7	352.7
红薯	381.0	322.1	329.5	318.6	321.0	327.9	334.8	335.3	370.1	371.1
马铃薯	265.4	244.1	237.0	258.2	280.7	277.5	337.8	327.2	327.5	315.3

4-6 粮食生产大县粮食播种面积(2021年)

单位：千公顷

地区	粮食作物播种面积	稻谷	早稻	中稻	晚稻	玉米	其他粮食
望城区	44.30	42.64	17.71	7.22	17.71	0.16	1.50
长沙县	75.67	63.27	25.12	12.95	25.20	4.03	8.38
浏阳市	79.28	72.95	18.72	34.99	19.24	1.50	4.84
宁乡市	106.50	100.39	34.53	29.66	36.21	3.18	2.93
渌口区	28.82	26.96	8.07	9.19	9.70	0.35	1.51
攸　县	61.23	58.87	18.67	20.15	20.06	0.53	1.82
茶陵县	37.35	36.14	11.53	12.74	11.86	0.21	1.01
醴陵市	69.67	65.60	23.33	18.20	24.07	2.08	1.99
湘潭县	83.70	82.03	28.09	24.19	29.74	0.59	1.08
湘乡市	66.15	64.44	26.61	10.32	27.50	1.20	0.51
衡阳县	85.67	78.30	29.60	16.78	31.93	2.46	4.90
衡南县	88.67	80.41	30.27	18.55	31.59	0.86	7.40
衡山县	32.67	31.13	11.61	7.51	12.01	0.12	1.43
衡东县	57.33	52.36	19.66	11.15	21.54	0.69	4.29
祁东县	69.33	61.89	21.58	17.18	23.13	3.38	4.06
耒阳市	74.00	68.19	23.62	18.20	26.37	1.00	4.81
常宁市	57.67	51.51	16.94	14.40	20.17	1.67	4.49
新邵县	48.84	39.06	12.24	14.43	12.39	5.22	4.56
邵阳县	69.62	56.60	19.15	18.31	19.14	7.71	5.31
隆回县	72.16	60.81	11.46	36.50	12.86	5.12	6.23
洞口县	73.33	63.75	19.61	24.54	19.60	4.99	4.60
新宁县	43.93	33.52	9.93	13.12	10.47	7.79	2.62
武冈市	67.47	54.23	17.33	19.80	17.10	9.12	4.12
邵东市	68.71	55.81	17.03	21.89	16.90	5.31	7.59
岳阳县	80.32	73.13	30.08	12.07	30.98	3.47	3.72
华容县	86.12	80.82	30.19	20.37	30.25	2.75	2.55
湘阴县	75.42	67.07	25.05	16.14	25.88	4.63	3.72
平江县	66.70	59.94	22.37	14.94	22.63	4.08	2.68
汨罗市	76.37	65.96	24.17	16.82	24.96	6.10	4.31
临湘市	56.43	50.45	18.94	12.12	19.40	1.42	4.56

4-6 续表 单位：千公顷

地 区	粮食作物播种面积	稻谷				玉米	其他粮食
			早稻	中稻	晚稻		
鼎城区	105.94	101.63	41.89	16.39	43.35	1.85	2.47
安乡县	53.69	49.47	12.56	22.82	14.08	1.16	3.06
汉寿县	96.02	93.21	40.35	11.99	40.87	0.60	2.22
澧 县	77.61	68.24	19.64	28.68	19.91	4.29	5.09
临澧县	53.19	49.00	16.97	13.93	18.10	2.12	2.06
桃源县	119.21	106.52	39.48	27.03	40.01	6.64	6.05
石门县	48.36	28.66	3.07	22.28	3.31	12.90	6.80
慈利县	58.01	27.76	0.76	26.27	0.73	17.56	12.68
资阳区	42.75	40.61	18.01	4.14	18.45	0.67	1.47
赫山区	73.17	69.56	29.20	9.42	30.94	1.33	2.29
南 县	74.96	67.62	15.91	35.31	16.40	3.17	4.17
桃江县	58.61	52.59	15.99	19.89	16.71	3.05	2.97
安化县	45.02	30.94	4.48	21.84	4.62	10.10	3.98
沅江市	71.41	67.80	27.30	11.66	28.84	1.63	1.98
桂阳县	48.01	33.13	4.90	20.35	7.87	3.66	11.22
宜章县	45.54	31.50	11.25	8.99	11.26	10.69	3.36
永兴县	45.37	38.11	12.20	13.68	12.23	3.56	3.70
安仁县	45.29	41.19	16.72	7.74	16.73	1.38	2.71
零陵区	55.58	50.17	18.77	12.11	19.29	1.74	3.68
冷水滩	50.05	43.03	15.91	11.61	15.51	3.55	3.47
祁阳县	84.43	70.92	25.68	17.67	27.57	3.89	9.62
东安县	57.51	48.15	17.57	12.93	17.65	3.55	5.81
道 县	57.73	46.82	17.40	11.69	17.73	4.21	6.70
宁远县	48.14	40.50	11.46	16.21	12.83	2.04	5.60
江华县	38.60	26.08	8.59	8.72	8.77	10.90	1.62
沅陵县	44.85	29.33		29.33		9.22	6.30
辰溪县	32.90	21.99		21.99		5.89	5.02
溆浦县	54.72	32.35	0.05	32.25	0.05	15.69	6.68
芷江县	34.65	22.41		22.41		8.72	3.52
靖州县	20.99	17.47		17.47		1.02	2.50
洪江市	27.62	18.93		18.93		5.35	3.34
双峰县	78.48	66.54	26.41	13.58	26.54	8.25	3.69
新化县	76.13	56.13	14.00	27.20	14.93	13.25	6.75
涟源市	63.50	45.32	14.03	17.23	14.06	11.12	7.07
永顺县	38.67	24.50		24.50		6.35	7.82

4-7 粮食生产大县粮食产量(2021年)

单位：吨

地 区	粮食作物总 产	稻谷				玉米	其他粮食
			早稻	中稻	晚稻		
望城区	306004	297488	108518	61870	127100	1171	7345
长沙县	506075	438746	159632	104906	174208	27196	40133
浏阳市	562412	530829	115891	281109	133829	10070	21513
宁乡市	729233	693207	201189	243709	248309	22781	13245
渌口区	201048	192143	51933	74423	65787	2128	6777
攸 县	436521	425889	120965	162769	142155	3565	7067
茶陵县	256872	251616	73533	101722	76361	1387	3869
醴陵市	495028	473947	151232	151398	171317	12963	8118
湘潭县	596873	587961	182221	202120	203620	3674	5238
湘乡市	476806	464045	169545	93840	200660	9881	2880
衡阳县	599763	558849	186924	147241	224684	18784	22130
衡南县	609632	574466	189997	159723	224746	6910	28256
衡山县	216432	207690	78074	61974	67642	956	7786
衡东县	389805	366965	123573	97910	145482	5583	17257
祁东县	446941	402427	137358	131808	133261	26221	18293
耒阳市	478238	446940	149649	147637	149654	8132	23166
常宁市	368273	337048	104679	116424	115945	13437	17788
新邵县	315388	258468	76852	109103	72513	37046	19874
邵阳县	467422	392660	119873	149631	123156	52698	22064
隆回县	526482	457804	71984	300331	85489	36643	32035
洞口县	491181	433807	124439	190612	118756	38708	18666
新宁县	300229	232079	62936	103833	65310	54398	13752
武冈市	467101	376524	108917	162393	105214	71428	19149
邵东市	451804	376028	107993	169505	98530	40395	35381
岳阳县	512937	476916	181841	94358	200717	21054	14967
华容县	547088	524662	180322	157674	186666	15097	7329
湘阴县	488527	445583	153296	130188	162099	29576	13368
平江县	423587	388252	124291	120899	143062	25560	9775
汨罗市	483077	431521	145081	129703	156737	38073	13483
临湘市	353898	330809	114544	92422	123843	8705	14384

4-7 续表 单位：吨

地区	粮食作物总产	稻谷	早稻	中稻	晚稻	玉米	其他粮食
鼎城区	703065	678706	257752	136162	284792	13552	10807
安乡县	354139	332697	70733	172846	89118	9179	12263
汉寿县	621327	606186	237898	97747	270541	4275	10866
澧　县	527170	472424	116292	230036	126096	33148	21598
临澧县	339527	312111	99780	106136	106195	17278	10138
桃源县	760712	690178	240834	212952	236392	46271	24263
石门县	308385	196139	17579	157136	21424	83611	28635
慈利县	337586	191847	3999	183577	4271	99862	45877
资阳区	279576	266732	111209	32149	123374	5906	6938
赫山区	496027	475431	182068	82929	210434	11146	9450
南　县	512376	474487	92806	288120	93561	22212	15677
桃江县	371002	340393	92031	150221	98141	18586	12023
安化县	244525	185984	25117	135996	24871	42675	15866
沅江市	458868	439363	160279	98152	180932	12326	7179
桂阳县	291238	220374	28359	143243	48772	17922	52942
宜章县	274294	200553	64989	69977	65587	57658	16083
永兴县	272249	238842	69815	97985	71042	16579	16828
安仁县	296420	277503	98995	59251	119257	8559	10358
零陵区	361809	332386	110140	99952	122294	12645	16778
冷水滩	324461	287211	96596	94014	96601	23187	14063
祁阳县	555228	480619	159031	146556	175032	24587	50022
东安县	370501	319575	105427	103590	110558	24203	26723
道　县	367533	310569	106694	93761	110114	29782	27182
宁远县	311650	266044	69346	116736	79962	14586	31020
江华县	235189	157581	49412	56702	51467	70850	6758
沅陵县	258757	200993		200993		35785	21979
辰溪县	212473	164033		164033		31260	17180
溆浦县	366686	258018	306	257363	349	85263	23405
芷江县	236706	177304		177304		47029	12373
靖州县	138053	122495		122495		5647	9911
洪江市	180652	140791		140791		25724	14137
双峰县	512645	449195	168566	110821	169808	51801	11649
新化县	487793	379727	82762	202435	94530	84459	23607
涟源市	401198	309148	89993	129127	90028	70613	21437
永顺县	230047	158221		158221		35200	36626

4-8 粮食生产大县粮食单产(2021年)

单位：公斤/亩

地 区	粮食作物单 产	稻谷				玉米	其他粮食
			早稻	中稻	晚稻		
望城区	460.54	465.12	408.52	571.28	478.42	487.92	327.32
长沙县	445.84	462.34	423.67	540.22	460.87	450.12	319.23
浏阳市	472.91	485.11	412.74	535.55	463.77	447.85	296.63
宁乡市	456.47	460.34	388.49	547.78	457.22	477.89	300.95
渌口区	465.11	475.18	428.81	540.12	452.28	403.03	299.58
攸 县	475.27	482.28	432.01	538.66	472.43	445.07	258.15
茶陵县	458.45	464.19	425.02	532.21	429.20	444.55	255.66
醴陵市	473.71	481.65	432.08	554.57	474.56	415.48	272.52
湘潭县	475.41	477.84	432.42	556.94	456.38	417.26	323.03
湘乡市	480.54	480.09	424.72	605.97	486.43	548.94	376.50
衡阳县	466.74	475.81	421.04	585.06	469.16	509.05	300.78
衡南县	458.37	476.27	418.44	573.97	474.33	538.79	254.52
衡山县	441.69	444.84	448.47	550.15	375.48	554.20	363.99
衡东县	453.26	467.26	418.95	585.25	450.27	539.42	268.42
祁东县	429.75	433.48	424.30	511.42	384.14	517.18	300.23
耒阳市	430.84	436.99	422.45	540.94	378.29	541.59	320.81
常宁市	425.75	436.19	411.86	539.00	383.23	537.70	264.35
新邵县	430.50	441.17	418.58	504.20	390.11	472.86	290.62
邵阳县	447.63	462.51	417.38	544.78	428.94	455.67	277.22
隆回县	486.44	501.90	418.79	548.62	443.35	477.40	342.86
洞口县	446.53	453.68	422.96	517.89	404.01	517.66	270.46
新宁县	455.60	461.61	422.66	527.65	415.82	465.30	349.80
武冈市	461.56	462.88	419.09	546.72	410.17	521.96	310.23
邵东市	438.38	449.14	422.71	516.33	388.77	507.63	310.81
岳阳县	425.75	434.80	403.07	521.39	431.87	404.03	268.23
华容县	423.50	432.77	398.14	515.93	411.33	365.59	191.84
湘阴县	431.84	442.91	407.94	537.88	417.55	425.77	239.69
平江县	423.37	431.83	370.41	539.52	421.45	417.34	243.25
汨罗市	421.72	436.16	400.14	514.05	418.57	415.83	208.80
临湘市	418.07	437.11	403.27	508.33	425.64	407.82	210.47

4-8 续表 单位：公斤/亩

地 区	粮食作物单 产	稻谷	早稻	中稻	晚稻	玉米	其他粮食
鼎城区	442.42	445.23	410.22	553.81	438.00	488.62	292.04
安乡县	439.72	448.37	375.44	504.87	421.84	525.72	267.26
汉寿县	431.40	433.58	393.04	543.54	441.36	478.99	326.74
澧 县	452.83	461.56	394.73	534.66	422.18	515.72	282.83
临澧县	425.57	424.65	392.01	507.99	391.12	542.31	327.31
桃源县	425.43	431.95	406.65	525.30	393.87	464.78	267.37
石门县	425.15	456.24	381.36	470.16	432.02	432.17	280.78
慈利县	388.00	460.76	350.79	465.91	390.05	379.04	241.15
资阳区	435.96	437.91	411.61	517.45	445.72	585.91	313.80
赫山区	451.93	455.66	415.67	586.96	453.44	559.96	275.72
南 县	455.70	467.80	388.95	543.94	380.35	467.13	250.69
桃江县	422.03	431.50	383.65	503.43	391.64	406.78	269.96
安化县	362.13	400.77	373.85	415.19	358.73	281.60	266.09
沅江市	428.41	432.04	391.42	561.38	418.23	503.51	241.95
桂阳县	404.39	443.49	385.76	469.22	412.94	326.27	314.45
宜章县	401.52	424.45	385.02	519.21	388.25	359.71	319.38
永兴县	400.08	417.81	381.41	477.47	387.38	310.73	303.28
安仁县	436.37	449.13	394.67	510.67	475.11	412.58	254.62
零陵区	433.95	441.71	391.28	550.15	422.67	485.88	303.78
冷水滩	432.21	444.97	404.84	539.80	415.14	436.05	270.11
祁阳县	438.39	451.80	412.80	552.91	423.32	420.94	346.62
东安县	429.49	442.52	400.09	534.27	417.55	454.26	306.47
道 县	424.44	442.25	408.81	534.62	414.13	471.27	270.51
宁远县	431.62	437.93	403.27	480.13	415.59	476.90	369.48
江华县	406.24	402.88	383.57	433.60	391.24	433.17	278.81
沅陵县	384.61	456.85		456.85		258.75	232.51
辰溪县	430.57	497.30		497.30		353.82	228.24
溆浦县	446.75	531.72	408.00	532.02	465.33	362.28	233.62
芷江县	455.49	527.46		527.46		359.55	234.67
靖州县	438.53	467.45		467.45		370.90	264.08
洪江市	436.10	495.83		495.83		320.55	282.51
双峰县	435.50	450.07	425.45	544.04	426.50	418.80	210.28
新化县	427.18	451.05	394.10	496.16	422.24	425.05	233.02
涟源市	421.20	454.81	427.53	499.71	427.03	423.45	202.17
永顺县	396.59	430.53		430.53		369.55	312.20

4-9 历年畜禽出栏量

年 份	生猪 (万头)	牛 (万头)	羊 (万头)	禽 (万只)
1983	1850.1	11.9	27.6	
1984	2128.9	10.1	28.8	
1985	2296.6	9.3	30.1	8458.6
1986	2471.8	9.9	28.5	9453.9
1987	2657.4	11.7	30.3	10255.8
1988	2813.7	15.3	32.6	10548.9
1989	2866.5	15.8	35.2	11384.5
1990	3092.1	16.3	35.3	11832.6
1991	3247.9	20.2	42.9	12607.1
1992	3536.3	26.5	50.1	14187.4
1993	3813.2	33.4	71.0	15872.9
1994	4372.6	43.5	101.5	18441.2
1995	5001.7	58.0	157.9	23198.2
1996	4387.5	87.0	319.1	28315.8
1997	5127.0	96.5	291.1	31458.2
1998	5467.3	109.0	331.3	35703.4
1999	5385.3	118.8	354.2	27967.5
2000	5491.3	128.1	397.1	30448.9
2001	5540.5	125.0	435.2	32672.0
2002	5653.1	146.8	526.0	35286.0
2003	5905.8	148.3	604.9	41497.0
2004	6088.7	154.6	662.1	42816.6
2005	6176.3	167.4	763.4	39209.8
2006	5126.9	121.7	638.9	32867.8
2007	4822.4	125.0	661.8	32806.7
2008	5165.2	125.2	682.1	34779.9
2009	5528.1	132.0	722.7	36895.8
2010	5750.4	134.1	711.6	38377.1
2011	5608.7	128.9	700.6	39292.2
2012	5920.4	131.1	720.7	41686.0
2013	5951.0	136.8	757.9	41324.9
2014	6279.0	139.1	795.4	40089.6
2015	6141.7	142.5	840.0	41528.0
2016	5990.8	143.4	888.5	42732.9
2017	6116.3	147.0	901.8	42263.8
2018	5993.7	152.7	911.0	42476.7
2019	4812.9	162.5	971.5	51057.0
2020	4658.9	174.6	983.3	54403.6
2021	6121.8	180.7	1064.1	54025.2

注：生猪2000年起为抽样调查数，牛2001年起为抽样调查数，1997年起禽为农普衔接数，2006—2016年猪牛羊禽数据为三农普衔接数。

4-10 历年畜禽存栏量

年 份	生猪(万头)	能繁母猪(万头)	牛(万头)	羊(万头)	禽(万只)
1983	2233.0	166.2	323.5	69.8	
1984	2337.1	157.4	334.7	63.9	
1985	2441.7	177.5	349.1	55.7	
1986	2596.9	208.5	364.7	58.0	
1987	2647.8	185.5	378.6	63.4	
1988	2694.4	188.4	383.8	63.8	
1989	2727.6	195.3	392.4	68.6	
1990	2798.3	204.6	399.2	66.5	
1991	2837.5	197.7	404.9	71.4	
1992	2912.1	218.9	411.6	79.4	
1993	3016.1	257.0	414.7	109.2	
1994	3171.8	260.3	420.5	140.0	
1995	3391.1	275.5	430.5	214.8	
1996	3008.0	247.1	469.4	390.2	
1997	3401.0	288.8	481.9	345.3	
1998	3492.2	280.7	489.0	336.6	
1999	3422.4	275.1	493.9	349.5	
2000	3583.8	360.2	504.8	375.2	
2001	3604.3	378.3	507.9	387.9	
2002	3908.5	394.4	534.0	483.0	22364.0
2003	4108.7	415.4	556.2	588.4	28611.0
2004	4343.4	430.2	583.6	671.1	26986.6
2005	4435.0	421.0	591.3	711.3	24949.1
2006	3452.5	349.2	405.7	499.1	24346.5
2007	3776.4	403.9	399.6	511.9	26103.1
2008	3924.5	425.4	399.5	523.9	26890.1
2009	4047.0	435.1	414.3	553.8	27111.6
2010	4063.9	433.1	401.7	552.7	27278.2
2011	4182.7	442.3	385.0	567.3	27583.5
2012	4275.5	443.9	381.8	565.6	29048.3
2013	4130.7	449.5	385.0	590.6	29950.4
2014	4227.8	442.3	389.2	622.1	31060.1
2015	4122.7	417.1	393.9	655.4	32147.1
2016	3983.1	398.7	374.1	648.1	33148.4
2017	3968.1	396.0	379.4	661.7	33012.8
2018	3822.0	378.7	385.4	668.3	32616.0
2019	2698.3	248.0	410.4	712.2	36333.2
2020	3734.6	351.6	438.1	433.3	37688.5
2021	4202.0	368.1	435.1	775.1	37456.1

注：生猪2000年起为抽样调查数，牛2001年起为抽样调查数，1997年起禽为农普衔接数，2006-2016年猪牛羊禽数据为三农普衔接数。

4-11　历年畜禽产品产量

单位：万吨

年　份	猪肉	牛肉	羊肉	禽肉	牛奶	禽蛋
1983	103.6	0.8	0.3		10.2	18.1
1984	124.0	0.7	0.3		11.2	23.2
1985	137.5	0.7	0.3	9.3	10.3	24.4
1986	154.8	0.8	0.3	10.6	10.0	23.5
1987	162.6	0.9	0.3	11.5	11.1	22.6
1988	176.9	1.4	0.4	12.0	10.3	26.0
1989	178.8	1.3	0.4	13.4	10.0	26.3
1990	187.7	1.4	0.4	14.0	10.5	27.9
1991	197.0	1.9	0.5	15.2	11.8	29.1
1992	211.1	2.3	0.6	16.6	12.0	31.1
1993	233.7	3.0	0.8	19.4	11.5	33.6
1994	267.1	3.9	1.2	22.8	8.7	36.3
1995	310.1	5.3	1.9	28.0	8.2	46.6
1996	286.9	8.5	4.4		6.0	58.8
1997	343.5	10.8	4.2	33.6	7.7	44.5
1998	365.0	11.7	5.1	40.6	8.0	47.3
1999	364.9	13.0	5.4	42.6	10.3	49.6
2000	371.8	13.5	6.1	43.2	10.5	52.3
2001	389.8	13.2	6.7	46.4	18.5	54.7
2002	396.9	15.9	8.1	50.1	3.0	62.7
2003	419.3	16.1	9.4	57.3	5.2	64.6
2004	429.1	16.8	10.1	58.9	6.6	88.1
2005	437.0	18.2	11.6	54.2	6.9	92.1
2006	365.8	13.8	9.6	45.2	6.7	78.3
2007	348.9	14.3	10.5	47.0	4.8	85.6
2008	381.1	14.4	11.1	50.0	4.8	87.6
2009	396.8	14.8	11.7	52.3	4.8	89.0
2010	414.3	15.1	11.5	53.3	4.9	91.8
2011	408.5	14.7	11.3	54.7	5.1	93.6
2012	430.6	15.0	11.6	58.3	5.4	95.3
2013	434.2	16.0	12.3	57.5	5.6	95.7
2014	462.4	16.3	13.1	56.0	5.9	98.0
2015	452.8	16.8	13.9	58.1	6.1	101.6
2016	439.9	16.9	14.7	60.0	6.4	104.8
2017	449.6	17.0	14.9	59.2	6.1	103.2
2018	446.8	17.9	14.9	59.7	6.2	105.4
2019	348.5	19.0	15.9	73.4	6.3	114.7
2020	337.7	20.5	16.1	78.2	5.6	118.8
2021	443.1	21.3	17.5	77.8	5.7	117.9

注：生猪2000年起为抽样调查数，牛2001年起为抽样调查数，1997年起禽为农普衔接数，2006-2016年猪牛羊禽数据为三农普衔接数。

4-12 各市(州)生猪监测调查主要指标(2021年)

区 县	年末生猪存栏(万头)	年末能繁母猪存栏(万头)	生猪出栏(万头)	猪肉产量(万吨)
长沙市	227.7	19.0	361.9	26.4
株洲市	198.8	18.5	313.2	22.2
湘潭市	195.2	16.6	309.5	22.4
衡阳市	468.2	44.0	675.1	49.2
邵阳市	470.4	43.7	683.4	49.6
岳阳市	328.0	28.8	462.1	33.6
常德市	326.0	28.7	507.6	36.1
张家界市	65.2	5.7	94.7	7.1
益阳市	279.1	24.7	398.2	29.2
郴州市	411.2	35.3	602.8	43.2
永州市	559.6	45.9	779.1	56.3
怀化市	288.4	22.5	396.9	28.9
娄底市	285.0	26.3	401.9	28.8
湘西州	99.3	8.5	135.5	10.0

4-13 各市(州)牛监测调查主要指标(2021年)

区 县	年末牛存栏(万头)	牛出栏(万头)	牛肉产量(万吨)	牛奶产量(万吨)
长沙市	11.2	6.2	0.7	0.4
株洲市	9.5	4.4	0.6	
湘潭市	7.4	2.9	0.4	0.1
衡阳市	30.7	11.8	1.4	
邵阳市	50.6	21.8	2.5	3.1
岳阳市	28.6	11.9	1.4	
常德市	41.6	18.0	2.1	1.3
张家界市	13.9	4.7	0.5	
益阳市	19.9	8.9	1.0	
郴州市	32.3	11.8	1.4	0.1
永州市	75.8	32.7	4.0	0.6
怀化市	49.1	20.2	2.4	0.1
娄底市	42.8	19.0	2.2	
湘西州	21.7	6.5	0.8	

4-14 各市(州)羊监测调查主要指标(2021年)

区 县	年末羊存栏(万头)	羊出栏(万头)	羊肉产量(万吨)
长沙市	49.8	67.6	1.1
株洲市	52.6	70.4	1.2
湘潭市	14.2	17.9	0.3
衡阳市	57.5	82.2	1.3
邵阳市	59.1	79.7	1.3
岳阳市	54.2	60.5	1.0
常德市	142.9	205.3	3.5
张家界市	19.7	31.3	0.5
益阳市	43.6	61.0	1.0
郴州市	43.6	64.9	1.0
永州市	77.8	112.5	1.9
怀化市	64.0	91.4	1.5
娄底市	51.3	68.1	1.1
湘西州	45.1	51.1	0.8

4-15 各市(州)家禽监测调查主要指标(2021年)

区 县	年末家禽存笼(万羽)	家禽出笼(万羽)	家禽产量(万吨)	禽蛋产量(千吨)
长沙市	2699.1	4772.5	6.9	48.3
株洲市	1606.6	2010.8	2.9	47.6
湘潭市	1011.0	1251.1	1.8	45.5
衡阳市	6239.7	8439.0	12.3	220.4
邵阳市	3247.3	4463.8	6.5	19.4
岳阳市	2511.1	3103.6	4.4	74.7
常德市	5923.7	9544.5	13.8	378.8
张家界市	501.0	619.2	0.9	13.9
益阳市	2622.9	2753.4	4.0	155.9
郴州市	1575.2	2665.0	3.8	34.6
永州市	4836.7	7490.3	10.6	71.9
怀化市	2434.8	3765.4	5.4	16.5
娄底市	1735.4	2487.2	3.6	41.1
湘西州	511.8	659.5	0.9	10.4

4-16 粮食中间消耗(2021年)

项 目	早籼稻	中籼稻	晚籼稻
平均每单位产值(元)	**965.84**	**1263.42**	**1150.62**
平均每单位中间消耗(元)	**494.72**	**486.25**	**494.89**
物质消耗	306.72	339.69	342.10
用种量	61.46	86.00	85.96
饲料、饲草			
肥料	142.13	152.15	144.46
燃料	11.42	15.01	14.51
农膜(棚膜、地膜)	8.16	0.88	0.65
农药	70.13	77.66	85.51
水费		0.22	
用电量	2.30	1.38	3.05
棚架材料费	0.52	0.22	
小农具购置费	5.27	2.17	1.73
办公用品购置	0.01	0.15	0.09
其他物质消耗	5.31	3.85	6.12
生产服务支出	188.00	146.56	152.79
外雇运输费	7.93	2.92	5.16
外雇排灌费	3.39	0.69	2.97
外雇机械作业费	166.75	139.36	141.16
技术服务费	1.78	0.11	
保险费	2.96	2.52	2.88
其他服务费	5.20	0.97	0.61

4-17 棉花中间消耗(2021年)

项 目	棉花(籽棉)
平均每单位产值(元)	**1882.14**
平均每单位中间消耗(元)	**480.86**
物质消耗	443.16
用种量	51.62
肥料	231.24
农膜(棚膜、地膜)	2.26
农药	132.22
用电量	1.33
小农具购置费	24.50
生产服务支出	37.70
外雇机械作业费	33.17
保险费	1.20
其他	3.33

4-18 生猪、活牛中间消耗(2021年)

项 目	生猪		活牛		活羊		活鸡	
	上半年	下半年	上半年	下半年	上半年	下半年	上半年	下半年
平均每单位产值(元)	**3245.93**	**2420.77**	**20324.11**	**22134.64**	**1958.43**	**2110.72**	**52.46**	**34.25**
平均每单位中间消耗(元)	**2047.05**	**1710.97**	**14316.18**	**11205.67**	**161.27**	**144.90**	**32.43**	**21.63**
物质消耗	1980.03	1654.22	14215.86	11107.22	146.57	129.59	31.74	20.45
用种量	541.62	168.04	8836.33	8807.94			3.37	2.45
饲料、饲草	1380.75	1432.15	5292.74	2187.65	126.36	113.80	27.42	16.69
燃料	4.65	3.59	24.67	23.53	1.87	0.74	0.10	0.38
畜牧水产养殖用药品	36.86	35.93	39.90	41.45	9.92	8.18	0.68	0.77
水费	1.58	2.07	0.31	11.27		0.26		
用电量	12.10	10.62	21.91	33.15	6.30	5.90	0.11	0.13
小农具购置费	1.17	0.84			0.67	0.22		
办公用品购置	0.12	0.01		2.23	0.06	0.07	0.03	0.04
其他物质消耗	1.17	0.98			1.39	0.43		
生产服务支出合计	67.02	56.75	100.33	98.45	14.70	15.31	0.70	1.17
外雇运输费	11.65	9.65	30.00	75.93	4.78	5.05	0.03	0.03
配种费	9.55	6.99	10.71	4.17				
防疫费	27.56	24.30	31.78	9.62	7.14	10.09	0.56	0.73
技术服务费	0.40	0.94	0.52	2.41	0.61			
保险费	11.68	9.52	1.40	4.67				0.33
其他	6.18	5.33	25.92	1.67	2.17	0.17	0.09	0.08

4-19 各县(市、区)生猪监测调查主要指标(2021年)

区　县	年末生猪存栏(万头)	年末能繁母猪存栏(万头)	生猪出栏(万头)	猪肉产量(万吨)
芙蓉区				
天心区	0.4	0.1	0.5	0.0
岳麓区	1.3	0.2	2.2	0.2
开福区	1.5	0.2	1.2	0.1
雨花区	0.3	0.1	0.9	0.1
望城区	20.5	1.7	31.8	2.3
长沙县	44.6	3.5	66.5	4.8
宁乡市	79.0	6.7	127.9	9.4
浏阳市	80.2	6.6	130.9	9.7
荷塘区	1.1	0.1	1.9	0.1
芦淞区	2.1	0.2	3.2	0.2
石峰区	0.4	0.0	0.7	0.1
天元区	3.1	0.3	4.5	0.3
渌口区	34.9	2.7	52.3	3.7
攸县	51.2	4.4	84.9	6.0
茶陵县	45.0	5.2	65.3	4.7
炎陵县	4.5	0.4	8.5	0.6
醴陵市	56.6	5.1	92.1	6.5
雨湖区	25.1	2.0	42.9	3.0
岳塘区	2.2	0.2	2.9	0.2
湘潭县	82.6	6.9	129.1	9.3
湘乡市	77.1	6.8	120.4	8.9
韶山市	8.2	0.8	14.1	1.0
珠晖区	2.0	0.2	6.3	0.5
雁峰区	0.4	0.1	1.1	0.1
石鼓区	1.1	0.1	1.8	0.1
蒸湘区	1.0	0.1	2.3	0.2
南岳区	1.0	0.1	1.8	0.1
衡阳县	85.7	8.0	127.9	9.4
衡南县	85.1	7.9	128.6	9.1
衡山县	43.4	4.1	61.1	4.6
衡东县	55.1	5.5	76.2	5.5
祁东县	59.8	5.7	80.2	5.9
耒阳市	77.1	6.8	107.0	7.9
常宁市	56.6	5.5	80.8	5.9
双清区	6.0	0.5	7.0	0.5
大祥区	6.2	0.6	7.8	0.6
北塔区	3.2	0.3	3.8	0.2
邵东市	54.7	5.2	82.4	5.9
新邵县	54.2	5.2	78.3	5.7

4-19 续表 1

区 县	年末生猪存栏（万头）	年末能繁母猪存栏（万头）	生猪出栏（万头）	猪肉产量（万吨）
邵阳县	60.9	5.9	91.4	6.8
隆回县	55.2	5.2	82.2	5.9
洞口县	80.5	7.7	117.0	8.5
绥宁县	45.1	3.3	60.2	4.4
新宁县	27.4	2.6	40.7	3.0
城步苗族自治县	10.8	1.0	17.8	1.3
武冈市	66.3	6.3	94.7	6.9
岳阳楼区	1.7	0.2	3.7	0.3
云溪区	3.0	0.3	4.2	0.3
君山区	3.7	0.3	5.3	0.4
岳阳县	60.2	5.2	84.2	6.1
华容县	36.9	3.1	52.2	3.8
湘阴县	38.3	3.4	54.1	4.0
平江县	64.1	5.7	90.8	6.6
汨罗市	76.7	6.7	106.7	7.8
临湘市	43.3	3.9	60.9	4.4
武陵区	0.6	0.1	1.2	0.1
鼎城区	48.5	4.3	73.8	5.2
安乡县	23.1	2.1	47.0	3.3
汉寿县	39.3	3.5	62.1	4.4
澧县	46.9	4.1	66.0	4.7
临澧县	34.5	3.1	55.0	3.9
桃源县	50.1	4.4	74.3	5.3
石门县	44.8	4.1	66.8	4.7
津市市	38.2	3.2	61.3	4.4
永定区	7.8	0.6	12.6	1.0
武陵源区	1.4	0.1	2.2	0.2
慈利县	46.3	4.1	67.1	5.0
桑植县	9.7	0.8	12.7	0.9
资阳区	39.7	3.4	58.4	4.3
赫山区	45.2	4.4	59.0	4.4
南县	41.7	3.8	52.5	4.1
桃江县	47.1	4.1	66.0	4.6
安化县	63.8	5.2	101.8	7.4
沅江市	41.7	3.9	60.7	4.4
北湖区	5.3	0.3	9.7	0.7
苏仙区	42.3	3.7	63.5	4.6
桂阳县	58.6	5.2	78.4	5.7
宜章县	58.1	4.9	79.0	5.6
永兴县	46.7	3.8	65.7	4.7
嘉禾县	47.8	4.3	70.1	5.0

4-19 续表 2

区 县	年末生猪存栏（万头）	年末能繁母猪存栏（万头）	生猪出栏（万头）	猪肉产量（万吨）
临武县	36.9	3.5	65.2	4.7
汝城县	31.8	3.0	47.4	3.4
桂东县	9.0	0.7	13.1	1.0
安仁县	28.9	2.1	40.3	2.9
资兴市	45.9	3.9	70.4	4.9
零陵区	58.2	4.9	81.7	5.9
冷水滩区	58.1	5.0	82.4	5.9
祁阳县	65.9	5.6	91.4	6.7
东安县	38.3	3.1	58.7	4.3
双牌县	21.8	1.9	30.9	2.3
道县	60.6	4.6	76.6	5.5
江永县	49.4	3.8	75.5	5.4
宁远县	66.1	5.4	90.2	6.5
蓝山县	51.4	4.3	66.1	4.8
新田县	40.2	3.0	56.5	4.0
江华瑶族自治县	49.8	4.3	69.1	5.0
鹤城区	8.6	0.7	12.2	0.9
中方县	16.0	1.3	21.7	1.6
沅陵县	22.6	1.7	31.0	2.3
辰溪县	23.9	1.9	33.5	2.4
溆浦县	72.0	5.6	94.1	6.9
会同县	17.3	1.4	23.5	1.7
麻阳苗族自治县	17.6	1.4	25.9	1.9
新晃侗族自治县	19.4	1.5	26.0	1.9
芷江侗族自治县	29.7	2.6	43.5	3.1
靖州苗族侗族自治县	29.2	2.1	38.0	2.8
通道侗族自治县	10.9	0.7	16.9	1.2
洪江市	21.1	1.7	30.6	2.2
娄星区	23.1	2.0	34.5	2.6
双峰县	73.9	6.9	97.6	6.9
新化县	82.7	7.9	108.5	7.9
冷水江市	22.1	1.8	33.5	2.5
涟源市	83.2	7.7	127.9	9.0
吉首市	8.1	0.6	8.2	0.6
泸溪县	9.2	0.8	12.1	0.8
凤凰县	12.6	1.2	17.0	1.3
花垣县	11.3	0.9	15.7	1.2
保靖县	17.0	1.2	29.7	2.2
古丈县	5.9	0.4	6.6	0.5
永顺县	18.1	1.7	22.6	1.7
龙山县	17.1	1.7	23.6	1.8

4-20　各县(市、区)牛监测调查主要指标(2021年)

区　县	年末牛存栏(万头)	牛出栏(万头)	牛肉产量(万吨)	牛奶产量(万吨)
芙蓉区				
天心区		0.0		
岳麓区	0.1	0.0		
开福区	0.0	0.0		
雨花区				
望城区	1.0	0.7	0.1	0.1
长沙县	0.9	0.7	0.1	0.1
宁乡市	5.6	3.0	0.4	0.2
浏阳市	3.7	1.7	0.2	
荷塘区	0.1	0.1	0.0	
芦淞区	0.1	0.0	0.0	
石峰区	0.0			
天元区	0.0	0.0	0.0	
渌口区	0.6	0.3	0.0	
攸县	3.5	1.5	0.2	
茶陵县	3.6	1.8	0.2	
炎陵县	0.6	0.3	0.1	
醴陵市	1.0	0.5	0.1	
雨湖区	0.2	0.3	0.1	
岳塘区	0.0	0.0		
湘潭县	1.8	1.2	0.2	0.0
湘乡市	5.2	1.2	0.1	0.0
韶山市	0.1	0.2	0.0	0.0
珠晖区	0.1	0.1		
雁峰区				
石鼓区	0.0			
蒸湘区	0.0			
南岳区	0.1			
衡阳县	4.3	2.3	0.3	
衡南县	5.2	2.0	0.2	
衡山县	2.5	0.5	0.1	
衡东县	3.2	0.8	0.1	
祁东县	3.2	1.0	0.2	
耒阳市	7.2	2.9	0.4	
常宁市	4.9	2.3	0.2	
双清区	0.4	0.2	0.0	0.1
大祥区	0.4	0.3	0.0	0.1
北塔区	0.2	0.2	0.0	
邵东市	2.2	1.0	0.1	
新邵县	6.6	2.5	0.3	

4-20 续表 1

区 县	年末牛存栏（万头）	牛出栏（万头）	牛肉产量（万吨）	牛奶产量（万吨）
邵阳县	5.2	2.2	0.3	
隆回县	6.6	2.9	0.3	
洞口县	5.5	2.4	0.3	
绥宁县	7.2	3.0	0.4	
新宁县	6.6	3.6	0.4	
城步县	5.2	1.2	0.1	2.8
武冈市	4.5	2.3	0.3	0.1
岳阳楼区	0.1	0.0	0.0	
云溪区	0.4	0.2	0.0	
君山区				
岳阳县	4.7	1.9	0.2	
华容县	4.0	1.7	0.2	
湘阴县	3.6	1.8	0.3	
平江县	12.8	5.2	0.5	
汨罗市	0.6	0.2	0.0	
临湘市	2.5	0.9	0.1	
武陵区	0.3	0.2	0.0	
鼎城区	5.3	3.0	0.4	0.3
安乡县	1.3	0.6	0.1	
汉寿县	4.0	1.7	0.2	0.8
澧县	5.3	2.1	0.2	
临澧县	3.3	1.6	0.2	0.2
桃源县	11.8	4.5	0.5	
石门县	9.0	3.9	0.5	
津市市	1.3	0.6	0.1	
永定区	2.6	1.0	0.1	
武陵源区	0.0	0.0	0.0	
慈利县	8.3	2.8	0.3	
桑植县	3.1	0.9	0.1	
资阳区	1.1	0.5	0.1	
赫山区	1.8	0.8	0.1	
南县	2.9	1.3	0.2	
桃江县	5.3	2.2	0.2	
安化县	7.4	3.5	0.4	
沅江市	1.5	0.6	0.1	
北湖区	0.8	0.5	0.1	0.0
苏仙区	3.0	1.3	0.2	
桂阳县	2.7	1.0	0.1	
宜章县	4.4	1.7	0.2	
永兴县	3.6	1.5	0.2	
嘉禾县	1.4	0.7	0.1	0.0

4-20 续表 2

区 县	年末牛存栏（万头）	牛出栏（万头）	牛肉产量（万吨）	牛奶产量（万吨）
临武县	4.7	1.4	0.2	
汝城县	0.5	0.2	0.0	
桂东县	2.4	1.0	0.1	0.0
安仁县	4.1	1.1	0.1	
资兴市	4.7	1.5	0.2	0.0
零陵区	5.9	2.6	0.3	0.0
冷水滩区	2.9	1.7	0.2	
祁阳县	2.4	1.6	0.2	0.0
东安县	4.0	2.0	0.2	0.1
双牌县	7.1	3.4	0.4	
道县	16.5	7.1	0.9	
江永县	15.1	5.3	0.6	
宁远县	5.0	2.0	0.2	
蓝山县	4.3	1.8	0.2	
新田县	1.7	1.4	0.2	
江华瑶族自治县	11.0	3.8	0.5	0.5
鹤城区	0.7	0.4	0.0	0.0
中方县	1.5	0.6	0.1	
沅陵县	7.3	2.6	0.3	
辰溪县	2.9	1.1	0.1	
溆浦县	5.4	2.1	0.2	0.0
会同县	2.4	1.0	0.1	
麻阳苗族自治县	4.5	1.4	0.1	
新晃侗族自治县	8.5	5.2	0.7	
芷江侗族自治县	4.0	1.5	0.2	
靖州苗族侗族自治县	5.1	1.7	0.2	
通道侗族自治县	3.6	1.4	0.2	0.1
洪江市	3.1	1.2	0.2	0.0
娄星区	2.3	1.1	0.1	
双峰县	5.9	2.7	0.3	
新化县	16.6	6.9	0.8	
冷水江市	2.8	1.5	0.2	
涟源市	15.2	6.7	0.7	
吉首市	0.8	0.4	0.0	
泸溪县	2.5	0.5	0.1	
凤凰县	3.0	0.6	0.1	
花垣县	2.4	1.0	0.1	
保靖县	1.4	0.6	0.1	
古丈县	2.8	0.6	0.1	
永顺县	5.9	1.6	0.2	
龙山县	2.8	1.2	0.2	

4-21 各县(市、区)羊监测调查主要指标(2021年)

区 县	年末羊存栏(万头)	羊出栏(万头)	羊肉产量(万吨)
芙蓉区			
天心区	0.1	0.1	
岳麓区	0.6	0.5	0.0
开福区		0.0	
雨花区	0.0	0.0	
望城区	1.8	1.6	0.0
长沙县	1.8	2.5	0.0
宁乡市	7.4	11.3	0.2
浏阳市	38.1	51.6	0.8
荷塘区	0.8	2.5	0.0
芦淞区	0.5	1.1	0.0
石峰区	0.4	0.4	0.0
天元区	0.8	1.4	0.0
渌口区	4.3	6.3	0.1
攸县	6.4	7.9	0.1
茶陵县	3.5	3.9	0.0
炎陵县	1.2	1.2	0.0
醴陵市	34.7	45.6	0.8
雨湖区	1.7	1.3	0.0
岳塘区	0.2	1.9	0.0
湘潭县	5.0	6.8	0.1
湘乡市	6.1	6.5	0.1
韶山市	1.3	1.5	0.0
珠晖区	0.0	0.1	0.0
雁峰区			
石鼓区			
蒸湘区	0.1	0.5	0.0
南岳区	0.3	0.9	0.1
衡阳县	6.1	9.4	0.1
衡南县	7.6	11.3	0.1
衡山县	4.0	6.0	0.1
衡东县	5.9	7.7	0.2
祁东县	10.0	17.7	0.4
耒阳市	11.3	12.4	0.1
常宁市	12.2	16.4	0.3
双清区	0.6	1.2	0.1
大祥区	0.9	2.0	0.1
北塔区	0.5	0.8	0.1
邵东市	2.5	3.3	0.1
新邵县	13.6	9.0	0.1

4-21 续表 1

区 县	年末羊存栏（万头）	羊出栏（万头）	羊肉产量（万吨）
邵阳县	4.0	6.5	0.1
隆回县	7.1	10.9	0.2
洞口县	11.1	15.4	0.2
绥宁县	6.2	9.5	0.2
新宁县	5.2	6.5	0.1
城步县	2.8	5.5	0.1
武冈市	4.8	9.1	0.1
岳阳楼区	0.1	1.7	0.0
云溪区	0.1	1.6	0.0
君山区			
岳阳县	12.3	12.4	0.2
华容县	3.5	3.7	0.1
湘阴县	4.0	4.1	0.1
平江县	27.1	29.3	0.5
汨罗市	3.6	3.6	0.1
临湘市	3.5	4.0	0.1
武陵区	0.1	0.3	
鼎城区	9.3	14.1	0.2
安乡县	3.0	5.7	0.1
汉寿县	2.5	4.2	0.1
澧县	16.4	27.2	0.5
临澧县	13.7	18.3	0.3
桃源县	51.0	83.6	1.4
石门县	44.0	48.0	0.8
津市市	3.0	3.9	0.1
永定区	3.0	4.1	0.1
武陵源区	0.2	0.4	0.0
慈利县	12.0	17.4	0.3
桑植县	4.6	9.4	0.1
资阳区	1.2	1.1	0.0
赫山区	4.3	5.1	0.1
南县	6.0	6.5	0.1
桃江县	4.4	5.3	0.1
安化县	26.8	41.7	0.7
沅江市	0.9	1.4	0.0
北湖区	2.4	3.6	0.1
苏仙区	8.5	14.8	0.2
桂阳县	6.2	8.4	0.1
宜章县	2.6	4.2	0.1
永兴县	7.8	9.5	0.2
嘉禾县	2.1	2.4	0.0

4-21 续表 2

区　县	年末羊存栏 (万头)	羊出栏 (万头)	羊肉产量 (万吨)
临武县	6.4	10.4	0.2
汝城县	0.4	0.2	
桂东县	1.3	2.7	0.0
安仁县	1.0	1.3	0.0
资兴市	5.1	7.4	0.1
零陵区	4.8	6.4	0.1
冷水滩区	5.3	5.7	0.1
祁阳县	5.8	8.6	0.2
东安县	7.1	9.5	0.2
双牌县	22.7	29.7	0.5
道县	9.5	18.1	0.3
江永县	3.4	5.4	0.1
宁远县	1.6	3.4	0.1
蓝山县	3.2	5.2	0.1
新田县	4.8	6.7	0.1
江华瑶族自治县	9.5	13.9	0.2
鹤城区	0.7	1.4	0.0
中方县	0.6	2.7	0.1
沅陵县	19.6	24.1	0.4
辰溪县	5.9	7.5	0.1
溆浦县	4.1	7.1	0.1
会同县	9.9	12.4	0.2
麻阳苗族自治县	4.2	7.3	0.1
新晃侗族自治县	4.7	7.6	0.1
芷江侗族自治县	3.7	6.1	0.1
靖州苗族侗族自治县	3.7	4.0	0.1
通道侗族自治县	2.7	4.5	0.1
洪江市	4.3	6.8	0.1
娄星区	2.8	6.2	0.1
双峰县	6.0	8.6	0.1
新化县	16.8	18.7	0.3
冷水江市	6.9	8.3	0.1
涟源市	18.8	26.4	0.4
吉首市	2.7	4.3	0.1
泸溪县	4.5	4.0	0.1
凤凰县	3.4	2.7	0.0
花垣县	3.1	5.6	0.1
保靖县	5.2	8.5	0.2
古丈县	3.4	4.9	0.1
永顺县	9.9	9.6	0.2
龙山县	13.0	11.6	0.2

4-22 各县(市、区)家禽监测调查主要指标(2021年)

区 县	年末家禽存笼(万羽)	家禽出笼(万羽)	家禽产量(万吨)	禽蛋产量(千吨)
芙蓉区				
天心区	3.8	5.5	0.0	0.6
岳麓区	49.2	39.4	0.1	1.5
开福区	7.7	7.1	0.0	0.1
雨花区	3.4	6.7	0.0	0.1
望城区	326.5	310.4	0.5	13.4
长沙县	211.8	279.8	0.4	7.1
宁乡市	1298.0	2777.9	4.2	11.0
浏阳市	798.8	1345.6	1.8	14.5
荷塘区	33.4	31.2	0.1	0.6
芦淞区	36.6	44.8	0.1	2.0
石峰区	14.0	34.6	0.1	0.6
天元区	67.1	100.3	0.2	1.3
渌口区	141.9	205.5	0.3	5.8
攸县	500.7	540.6	0.7	17.3
茶陵县	110.8	187.0	0.3	7.8
炎陵县	60.5	107.1	0.2	0.6
醴陵市	641.6	759.7	1.1	11.6
雨湖区	59.6	142.1	0.2	0.7
岳塘区	15.5	36.1	0.1	0.2
湘潭县	597.9	721.3	1.0	32.5
湘乡市	313.9	318.2	0.5	10.6
韶山市	24.0	33.3	0.1	1.5
珠晖区	27.4	41.3	0.0	0.9
雁峰区	22.6	43.0	0.0	0.7
石鼓区	33.7	59.6	0.1	0.6
蒸湘区	32.6	58.4	0.1	2.5
南岳区	25.4	43.6	0.0	0.6
衡阳县	1250.9	1695.8	1.6	39.7
衡南县	940.4	1178.5	2.0	32.8
衡山县	520.7	716.3	1.0	20.1
衡东县	522.4	728.6	0.9	19.2
祁东县	835.7	1223.5	1.5	38.2
耒阳市	1400.9	1830.9	3.9	41.5
常宁市	627.2	819.7	1.2	23.6
双清区	82.6	176.7	0.2	0.7
大祥区	94.2	175.9	0.3	0.7
北塔区	93.2	166.8	0.3	0.7
邵东市	382.1	460.8	0.6	4.8
新邵县	356.8	413.2	0.6	2.5

4-22 续表 1

区 县	年末家禽存笼（万羽）	家禽出笼（万羽）	家禽产量（万吨）	禽蛋产量（千吨）
邵阳县	428.8	487.2	0.7	3.2
隆回县	379.4	542.6	0.7	2.9
洞口县	362.6	653.5	1.0	1.1
绥宁县	180.4	304.1	0.5	0.4
新宁县	260.1	309.3	0.4	0.9
城步苗族自治县	146.5	176.0	0.2	0.4
武冈市	480.6	597.7	0.9	1.1
岳阳楼区	60.7	80.4	0.1	0.5
云溪区	164.5	363.6	0.5	2.6
君山区	80.6	157.7	0.2	2.5
岳阳县	482.5	506.0	0.7	14.7
华容县	450.6	487.4	0.7	14.3
湘阴县	358.1	380.3	0.5	10.7
平江县	340.1	485.8	0.7	14.8
汨罗市	392.0	423.7	0.6	8.0
临湘市	182.0	218.8	0.3	6.6
武陵区	39.8	32.6	0.1	1.8
鼎城区	858.9	1277.8	1.9	60.3
安乡县	412.4	344.4	0.5	21.7
汉寿县	444.4	690.2	1.0	33.8
澧县	620.0	877.4	1.3	62.3
临澧县	712.5	1591.2	2.3	32.9
桃源县	1387.8	2568.2	3.7	125.0
石门县	1268.0	1888.0	2.7	19.4
津市市	180.0	274.6	0.4	21.6
永定区	128.8	141.5	0.1	1.9
武陵源区	4.3	4.1	0.0	0.3
慈利县	270.3	356.5	0.6	10.0
桑植县	97.6	117.2	0.1	1.7
资阳区	240.5	285.4	0.5	8.9
赫山区	588.6	594.7	0.9	44.5
南县	474.2	515.6	0.8	34.7
桃江县	451.7	459.2	0.6	22.5
安化县	402.7	427.2	0.6	8.7
沅江市	465.2	471.3	0.6	36.6
北湖区	46.1	93.6	0.1	1.5
苏仙区	183.8	268.0	0.4	2.1
桂阳县	158.8	286.0	0.4	1.8
宜章县	174.8	443.9	0.6	3.5
永兴县	264.1	453.3	0.7	6.3
嘉禾县	65.9	214.0	0.3	0.8

4-22 续表 2

区 县	年末家禽存笼（万羽）	家禽出笼（万羽）	家禽产量（万吨）	禽蛋产量（千吨）
临武县	167.9	376.7	0.5	1.8
汝城县	168.4	57.4	0.1	9.2
桂东县	29.8	41.9	0.1	0.5
安仁县	165.5	179.4	0.3	4.6
资兴市	150.2	250.8	0.4	2.5
零陵区	601.1	1078.4	1.4	6.8
冷水滩区	499.2	727.1	1.0	9.8
祁阳县	994.6	1282.7	1.9	19.4
东安县	604.1	936.5	1.4	14.9
双牌县	189.6	253.6	0.3	2.2
道县	618.4	945.6	1.2	5.8
江永县	203.4	358.0	0.4	3.0
宁远县	226.8	484.1	0.8	3.3
蓝山县	211.5	242.2	0.4	1.5
新田县	375.0	762.2	1.2	3.2
江华瑶族自治县	313.0	420.1	0.7	2.0
鹤城区	99.3	158.9	0.2	0.5
中方县	145.2	252.5	0.4	0.6
沅陵县	171.3	276.2	0.5	1.3
辰溪县	439.6	496.3	0.7	2.8
溆浦县	291.3	552.1	0.7	2.2
会同县	225.1	258.4	0.3	0.9
麻阳苗族自治县	204.6	312.5	0.4	2.1
新晃侗族自治县	43.1	80.2	0.1	1.0
芷江侗族自治县	231.1	598.1	0.8	1.2
靖州苗族侗族自治县	169.6	206.2	0.3	2.2
通道侗族自治县	94.3	135.6	0.2	0.4
洪江市	320.3	438.4	0.7	1.3
娄星区	349.3	443.2	0.6	5.3
双峰县	300.3	376.0	0.6	10.1
新化县	424.7	616.1	0.8	11.3
冷水江市	150.1	282.0	0.4	1.8
涟源市	511.1	769.9	1.1	12.6
吉首市	52.3	81.2	0.1	1.6
泸溪县	93.2	112.2	0.2	1.3
凤凰县	50.3	64.5	0.1	0.9
花垣县	55.4	72.9	0.1	1.1
保靖县	59.0	75.6	0.1	0.9
古丈县	30.2	48.4	0.1	0.6
永顺县	117.0	153.9	0.2	2.6
龙山县	54.4	50.9	0.1	1.4

五、监测调查

资料整理人员：彭晔莹　王　耿

5-1 脱贫县农村基础设施建设、人口及资源情况(2021年)

项　　目	脱贫县
基础设施	
通硬化路的自然村占全部自然村的比重(%)	98.1
主干道路面经过硬化处理的自然村占全部自然村的比重(%)	95.7
通广播电视信号的自然村占全部自然村的比重(%)	96.5
通宽带的自然村占全部自然村的比重(%)	98.6
通信信号覆盖的自然村占全部自然村的比重(%)	99.3
有幼儿园/学前班的村占调查村的比重(%)	44.3
有小学的村占调查村的比重(%)	49.0
有卫生室的村占调查村的比重(%)	99.4
有合法行医证医生的村占调查村的比重(%)	98.8
人口状况	
平均每个村户籍人口数(人)	2197.01
平均每个村常住户数(户)	563.92
平均每个村常住人口数(人)	1733.56
资源状况	
人均耕地面积(亩)	0.98
其中：人均有效灌溉面积(亩)	0.53
人均园地面积(亩)	0.18
人均林地面积(亩)	3.56
人均牧草面积(亩)	0.01
人均养殖水面面积（亩)	0.06

5-2 脱贫县村级受灾、救济、社会保障情况(2021年)

项　　目	脱贫县
当年遭遇严重自然灾害的村的比重(%)	73.9
自然灾害的类型构成(%)	
旱灾	38.9
水灾	32.5
植物病虫害	11.1
冷冻灾害	1.0
干热灾害	
动物疫情	13.1
泥石流或山体滑坡	8.3
地震	
台风	1.0
其他灾害	3.2
当年收到过救济救灾款物的村的比重(元)	53.4
当年收到过救济救灾款物的农户比例(%)	2.3
当年享受农村最低生活保障人数比重(%)	3.0
当年参加城乡居民基本医疗保险人数比重(%)	80.6
当年参加城乡居民基本养老保险人数比重(%)	45.4
当年存在地方病的村的比重(%)	1.3

5-3 脱贫县农村人口、劳动力就业情况(2021年)

项　　目	脱贫县
家庭成员的基本情况	
户均人口(人)	4.29
户均常住人口(人)	3.20
男	1.57
女	1.63
常住人口的年龄组成	
0-5岁人口比重(%)	6.2
6-15岁人口比重(%)	20.6
16岁以上人口比重(%)	73.2
常住人口的民族构成	
汉族(%)	70.7
少数民族(%)	29.3
户均常住劳动力(人)	**1.99**
常住劳动力负担系数	**2.16**
常住劳动力受教育程度(%)	
未上学	4.5
小学	37.9
初中	41.3
高中	13.5
大专及以上	2.8
常住劳动力行业构成(%)	
农、林、牧、渔产业	59.3
采矿业	0.3
制造业	4.5
电力热力燃气及水生产供应业	1.0
建筑业	11.3
批发和零售业	6.5
交通运输仓储和邮政业	2.9
住宿和餐饮业	1.8
信息传输软件业和信息技术服务业	0.3
金融业	0.2
房地产业	0.0
租赁和商务服务业	0.2
科学研究和技术服务业	0.0
水利环境和公共设施管理业	0.2
居民服务修理和其他服务业	5.5
教育	1.0
卫生和社会工作	1.5
文化体育和娱乐业	0.3
公共管理社会保障和社会组织	3.2
国际组织	

5-4 脱贫县农户住房、土地及生产性固定资产(2021年)

项　　目	脱贫县
年末住户状况	
居住住房主要建筑材料(%)	
钢筋混凝土	26.6
砖混材料	49.8
砖瓦砖木	21.7
竹草土坯	0.2
其他	1.7
户均居住住房建筑面积(平方米)	204.85
户均自有现住房市场价估计值(万元)	22.03
主要饮水来源(%)	
经过净化处理的自来水	53.9
受保护的井水和泉水	35.4
不受保护的井水和泉水	6.7
江河湖泊水	0.5
收集雨水	0.0
桶装水	3.0
其他	0.5
每百户年末拥有生产性固定资产	
生产用房及建筑面积(平方米)	**824.11**
大中型拖拉机(台)	0.20
小型、手扶拖拉机(台)	4.44
产品畜(头)	23.05
每百户年末拥有耐用消费品状况	
家用汽车(辆)	19.23
摩托车(辆)	70.48
洗衣机(台)	90.54
电冰箱、柜(台)	102.36
彩色电视机(台)	105.68
空调(台)	41.00
固定电话(线)	5.34
移动电话(部)	282.43
其中：接入互联网	218.83
计算机(台)	21.91

5-5 脱贫县农村居民人均可支配收入、总收入(2021年)

单位：元

项　　目	脱贫县
可支配收入	**13536.7**
工资性收入	5546.0
工资	5414.6
实物福利	46.2
其他	85.2
经营净收入	3469.2
第一产业经营净收入	1823.8
农业	1092.5
林业	165.5
牧业	518.4
渔业	47.4
第二产业经营净收入	212.8
第三产业经营净收入	1432.6
财产净收入	192.4
转移净收入	4329.1
实物可支配收入	1343.7
总收入(未扣除生产费用)	**17113.6**
工资性收入	5546.0
工资	5414.6
实物福利	46.2
其他	85.2
经营性收入	6476.0
第一产业经营收入	3331.7
农业	1685.9
林业	183.1
牧业	1370.6
渔业	92.1
第二产业经营收入	282.7
第三产业经营收入	2861.6
财产性收入	202.7
转移性收入	4888.9

5-6 脱贫县农村居民人均总支出(2021年)

单位：元

指　　标	脱贫县
总支出	**19962.5**
生活消费支出	13338.3
食品烟酒	4477.7
衣着	644.5
居住	3154.3
生活用品及服务	686.6
交通通信	1247.4
教育文化娱乐	1686.1
医疗保健	1254.0
其他用品和服务	187.7
生产经营费用支出	2827.3
第一产业经营费用支出	1438.6
农业	553.3
林业	16.9
牧业	824.5
渔业	43.9
第二产业经营费用支出	58.8
采矿业	
制造业	13.4
电力、热力、燃气及水生产和供应业	0.4
建筑业	45.0
第三产业经营费用支出	1329.9
财产性支出	10.2
转移性支出	559.9
部分商业保险支出	46.2
购置资产及非经常性转移支出	2826.4
借贷性支出	354.2

5-7 脱贫县农村居民人均现金收支情况(2021年)

单位：元

指　　标	脱贫县
现金收入	**15427.3**
现金工资性收入	5499.8
工资	5414.6
其他工资性收入	85.2
现金经营性收入	5201.8
第一产业现金经营收入	2057.6
农业	917.0
林业	97.6
牧业	957.6
渔业	85.4
第二产业现金经营收入	282.7
采矿业	6.4
制造业	62.4
电力、热力、燃气及水生产和供应业	17.5
建筑业	196.4
第三产业现金经营收入	2861.5
现金财产性收入	202.7
现金转移性收入	4523.0
现金支出	**16476.0**
现金生活消费支出	10015.0
生产经营现金费用支出	2664.1
第一产业经营现金费用支出	1275.4
农业	531.0
林业	16.8
牧业	684.5
渔业	43.1
第二产业经营现金费用支出	58.8
采矿业	
制造业	13.4
电力、热力、燃气及水生产和供应业	0.4
建筑业	45.0
第三产业经营现金费用支出	1329.9
现金财产性支出	10.2
现金转移性支出	559.9
部分商业保险支出	46.2
购置资产及非经常性转移支出	2826.4
借贷性支出	354.2

5-8　脱贫县农村居民人均食物消费量(2021年)

单位：公斤

指　　标	脱贫县
谷物消费量	178.23
薯类消费量	1.37
豆类消费量	9.97
油脂类消费量	10.84
蔬菜及菜制品消费量	88.89
肉类消费	34.72
禽类消费	16.07
水产品消费	8.44
蛋类及蛋制品消费	9.84
奶和奶制品消费	3.38

5-9　脱贫县农村居民健康状况(2021年)

单位：%

指　　标	脱贫县
有病能否及时就医构成	
是	99.9
否	0.1
不能及时就医的主要原因构成	
经济困难	39.4
医院太远	44.2
没有时间	
本人不重视	
小病不用医	
其他	16.4

5-10 制造业采购经理(PMI)分月指数(2021年)

单位：%

指标	1月	2月	3月	4月	5月	6月
制造业采购经理指数	51.2	49.6	51.1	50.9	50.4	50.0
生产	55.2	52.7	53.3	51.5	53.3	52.5
新订单	52.9	49.2	52.3	50.9	51.0	48.8
新出口订单	42.2	42.8	43.7	50.9	48.9	46.2
在手订单	43.3	42.6	42.5	46.4	43.2	39.6
产成品库存	42.2	44.8	42.7	48.6	46.9	46.1
采购量	51.9	51.1	50.9	51.0	50.4	51.6
进口	51.1	48.6	49.7	53.4	55.0	48.2
主要原材料购进价格	62.0	61.7	68.3	68.9	68.6	60.5
出厂价格	54.5	54.3	56.8	57.0	56.4	52.2
原材料库存	43.9	42.9	45.0	49.9	45.5	45.6
从业人员	47.8	48.1	50.6	53.0	48.0	51.9
供应商配送时间	49.5	48.3	50.4	52.5	49.2	51.6
生产经营活动预期	56.9	59.2	59.6	63.7	59.0	58.1

5-10 续表

单位：%

指标	7月	8月	9月	10月	11月	12月
制造业采购经理指数	49.7	48.1	52.8	49.5	51.2	51.5
生产	50.6	48.0	55.4	50.5	53.4	54.6
新订单	49.7	46.2	54.9	50.3	50.7	52.3
新出口订单	43.0	46.7	45.5	46.3	50.1	50.2
在手订单	44.3	42.6	44.0	44.1	43.6	42.4
产成品库存	51.1	46.0	51.1	42.2	49.8	50.3
采购量	49.1	47.6	51.2	49.4	51.4	50.9
进口	52.9	47.9	50.1	46.7	50.0	45.3
主要原材料购进价格	63.8	64.4	60.6	71.1	58.3	52.9
出厂价格	53.1	56.3	56.8	60.8	54.3	49.3
原材料库存	48.7	46.5	47.8	40.8	49.8	48.3
从业人员	49.7	49.5	51.7	48.2	49.6	49.1
供应商配送时间	51.0	48.6	51.1	46.3	48.4	49.9
生产经营活动预期	58.5	60.2	61.9	58.2	58.3	52.7

5-11 制造业采购经理(PMI)按企业规模分月指数(2021年)

单位：%

指标	1月	2月	3月	4月	5月	6月	7月	8月	9月	10月	11月	12月
制造业采购经理指数	**51.2**	**49.6**	**51.1**	**50.9**	**50.4**	**50.0**	**49.7**	**48.1**	**52.8**	**49.5**	**51.2**	**51.5**
按企业规模分												
大型企业	54.5	56.6	52.5	50.2	48.8	51.9	50.0	48.1	57.7	49.1	56.2	54.8
中型企业	52.7	48.6	52.0	52.9	54.2	52.7	52.9	50.0	54.1	54.7	53.7	55.5
小微型企业	48.9	47.6	50.0	49.8	48.6	47.5	47.6	46.8	50.2	46.3	47.8	47.7

附录一、各省（自治区、直辖市）主要社会经济指标

附录1-1 各省(区、市)人均可支配收入(新口径)(2021年)

单位：元

地 区	全体居民			城镇常住居民			农村常住居民		
	2021	2020	增速(%)	2021	2020	增速(%)	2021	2020	增速(%)
全 国	**35128**	**32189**	**9.1**	**47412**	**43834**	**8.2**	**18931**	**17131**	**10.5**
北 京	75002	69434	8.0	81518	75602	7.8	33303	30126	10.5
天 津	47449	43854	8.2	51486	47659	8.0	27955	25691	8.8
河 北	29383	27136	8.3	39791	37286	6.7	18179	16467	10.4
山 西	27426	25214	8.8	37433	34793	7.6	15308	13878	10.3
内 蒙	34108	31497	8.3	44377	41353	7.3	18337	16567	10.7
辽 宁	35112	32738	7.2	43051	40376	6.6	19217	17450	10.1
吉 林	27770	25751	7.8	35646	33396	6.7	17642	16067	9.8
黑龙江	27159	24902	9.1	33646	31115	8.1	17888	16168	10.6
上 海	78027	72232	8.0	82429	76437	7.8	38521	34911	10.3
江 苏	47498	43390	9.5	57743	53102	8.7	26791	24198	10.7
浙 江	57541	52397	9.8	68487	62699	9.2	35247	31930	10.4
安 徽	30904	28103	10.0	43009	39442	9.0	18368	16620	10.5
福 建	40659	37202	9.3	51140	47160	8.4	23229	20880	11.2
江 西	30610	28017	9.3	41684	38556	8.1	18684	16981	10.0
山 东	35705	32886	8.6	47066	43726	7.6	20794	18753	10.9
河 南	26811	24810	8.1	37095	34750	6.7	17533	16108	8.8
湖 北	30829	27881	10.6	40278	36706	9.7	18259	16306	12.0
湖 南	31993	29380	8.9	44866	41698	7.6	18295	16585	10.3
广 东	44993	41029	9.7	54854	50257	9.1	22306	20143	10.7
广 西	26727	24562	8.8	38530	35859	7.4	16363	14815	10.4
海 南	30457	27904	9.1	40213	37097	8.4	18076	16279	11.0
重 庆	33803	30824	9.7	43502	40006	8.7	18100	16361	10.6
四 川	29080	26522	9.6	41444	38253	8.3	17575	15929	10.3
贵 州	23996	21795	10.1	39211	36096	8.6	12856	11642	10.4
云 南	25666	23295	10.2	40905	37500	9.1	14197	12842	10.6
西 藏	24950	21744	14.7	46503	41156	13.0	16935	14598	16.0
陕 西	28568	26226	8.9	40713	37868	7.5	14745	13316	10.7
甘 肃	22066	20335	8.5	36187	33822	7.0	11433	10344	10.5
青 海	25919	24037	7.8	37745	35506	6.3	13604	12342	10.2
宁 夏	27904	25735	8.4	38291	35720	7.2	15337	13889	10.4
新 疆	26075	23845	9.4	37642	34838	8.0	15575	14056	10.8

附录1-2　各省(区、市)人均消费支出(新口径)(2021年)

单位：元

地区	全体居民			城镇常住居民			农村常住居民		
	2021	2020	增速(%)	2021	2020	增速(%)	2021	2020	增速(%)
全　国	**24100**	**21210**	**13.6**	**30307**	**27007**	**12.2**	**15916**	**13713**	**16.1**
北　京	43640	38903	12.2	46776	41726	12.1	23574	20913	12.7
天　津	33188	28461	16.6	36067	30895	16.7	19285	16844	14.5
河　北	19954	18037	10.6	24192	23167	4.4	15391	12644	21.7
山　西	17191	15733	9.3	21965	20332	8.0	11410	10290	10.9
内　蒙	22658	19794	14.5	27194	23888	13.8	15691	13594	15.4
辽　宁	23831	20672	15.3	28438	24849	14.4	14606	12311	18.6
吉　林	19605	17318	13.2	24421	21623	12.9	13411	11864	13.0
黑龙江	20636	17056	21.0	24422	20397	19.7	15225	12360	23.2
上　海	48879	42536	14.9	51295	44839	14.4	27205	22095	23.1
江　苏	31451	26225	19.9	36558	30882	18.4	21130	17022	24.1
浙　江	36668	31295	17.2	42193	36197	16.6	25415	21555	17.9
安　徽	21911	18877	16.1	26495	22683	16.8	17163	15024	14.2
福　建	28440	25126	13.2	33942	30487	11.3	19290	16339	18.1
江　西	20290	17955	13.0	24587	22134	11.1	15663	13579	15.3
山　东	22821	20940	9.0	29314	27291	7.4	14299	12660	12.9
河　南	18391	16143	13.9	23178	20645	12.3	14073	12201	15.3
湖　北	23846	19246	23.9	28506	22885	24.6	17647	14472	21.9
湖　南	22798	20998	8.6	28294	26796	5.6	16951	14974	13.2
广　东	31589	28492	10.9	36621	33511	9.3	20012	17132	16.8
广　西	18088	16357	10.6	22555	20907	7.9	14165	12431	14.0
海　南	22242	18972	17.2	27565	23560	17.0	15487	13169	17.6
重　庆	24598	21678	13.5	29850	26464	12.8	16096	14140	13.8
四　川	21518	19783	8.8	26971	25133	7.3	16444	14953	10.0
贵　州	17957	14874	20.7	25333	20587	23.1	12557	10818	16.1
云　南	18851	16792	12.3	27441	24569	11.7	12386	11069	11.9
西　藏	15342	13225	16.0	28159	24927	13.0	10577	8917	18.6
陕　西	19347	17418	11.1	24784	22866	8.4	13158	11376	15.7
甘　肃	17456	16175	7.9	25757	24615	4.6	11206	9923	12.9
青　海	19020	18284	4.0	24513	24315	0.8	13300	12134	9.6
宁　夏	20024	17506	14.4	25386	22379	13.4	13536	11724	15.5
新　疆	18961	16512	14.8	25724	22952	12.1	12821	10778	19.0

附录1-3 各省(区、市)居民消费和商品零售价格指数(2021年)

上年同期=100

地 区	居民消费价格指数	商品零售价格指数
国 家	**100.9**	**101.6**
北 京	101.1	101.7
天 津	101.3	101.5
河 北	101.0	101.9
山 西	101.0	102.7
内蒙古	100.9	103.8
辽 宁	101.1	101.9
吉 林	100.6	101.8
黑龙江	100.6	101.6
上 海	101.2	101.3
江 苏	101.6	102.3
浙 江	101.5	102.2
安 徽	100.9	101.6
福 建	100.7	101.1
江 西	100.9	101.2
山 东	101.2	101.4
河 南	100.9	101.5
湖 北	100.3	101.2
湖 南	100.5	101.6
广 东	100.8	101.4
广 西	100.9	101.1
海 南	100.3	101.3
重 庆	100.3	101.4
四 川	100.3	101.4
贵 州	100.1	101.2
云 南	100.2	101.4
西 藏	100.9	101.5
陕 西	101.5	101.6
甘 肃	100.9	102.0
青 海	101.3	101.5
宁 夏	101.4	102.0
新 疆	101.2	102.0

附录1-4　全国36个大中城市居民消费和商品零售价格指数(2021年)

上年同期=100

地　区	居民消费价格指数	商品零售价格指数
平均指数	**101.1**	**101.6**
北京市	101.1	101.7
天津市	101.3	101.5
石家庄市	100.9	101.7
太原市	101.0	102.8
呼和浩特市	100.9	105.3
沈阳市	101.3	102.5
大连市	101.4	102.0
长春市	100.5	101.8
哈尔滨市	100.6	101.8
上海市	101.2	101.3
南京市	101.5	102.1
杭州市	101.3	101.6
宁波市	102.1	103.3
合肥市	101.7	101.9
福州市	100.6	100.9
厦门市	101.2	101.5
南昌市	101.0	101.6
济南市	101.5	101.3
青岛市	101.5	101.4
郑州市	101.1	101.3
武汉市	100.6	101.3
长沙市	101.1	102.0
广州市	101.1	101.3
深圳市	100.9	101.8
南宁市	101.4	101.1
海口市	100.5	101.4
重庆市	100.3	101.4
成都市	100.5	101.1
贵阳市	100.5	101.7
昆明市	100.2	101.5
拉萨市	100.5	101.4
西安市	101.7	101.4
兰州市	101.3	102.0
西宁市	101.3	101.3
银川市	101.4	102.0
乌鲁木齐市	101.3	102.2

附录1-5 各省(区、市)居民

上年同期=100

地 区	居民消费价格总指数	一、食品烟酒	粮 食	鲜 菜	畜 肉	水产品	蛋
国 家	**100.9**	**99.7**	**101.1**	**105.6**	**82.8**	**109.4**	**110.8**
北 京	101.1	100.5	99.8	107.8	88.8	101.0	106.3
天 津	101.3	101.3	101.3	106.3	88.2	106.6	120.2
河 北	101.0	100.9	100.5	110.7	85.4	112.4	113.8
山 西	101.0	100.4	101.9	108.5	84.7	109.3	119.0
内 蒙	100.9	100.5	101.2	108.5	91.0	113.4	114.5
辽 宁	101.1	100.3	102.1	109.0	85.1	105.6	114.7
吉 林	100.6	99.7	101.2	106.9	83.5	110.1	114.1
黑龙江	100.6	99.5	100.4	107.0	83.6	108.2	115.4
上 海	101.2	100.5	99.1	106.0	86.2	105.4	104.5
江 苏	101.6	100.9	100.8	106.8	85.0	114.0	112.5
浙 江	101.5	100.7	100.5	105.6	81.6	110.3	106.8
安 徽	100.9	99.5	100.7	104.1	81.2	114.3	112.3
福 建	100.7	98.9	100.6	105.0	80.4	105.6	110.5
江 西	100.9	99.3	101.1	107.2	79.8	112.3	107.1
山 东	101.2	100.9	101.1	109.0	83.1	110.3	112.8
河 南	100.9	100.2	101.7	110.8	82.0	114.8	115.4
湖 北	100.3	98.5	100.9	100.3	79.1	114.6	104.7
湖 南	100.5	98.0	102.1	104.6	78.0	116.8	105.7
广 东	100.8	99.4	101.4	102.8	81.5	105.4	107.3
广 西	100.9	98.8	101.6	103.5	78.7	107.0	107.3
海 南	100.3	98.9	100.3	100.6	87.5	97.6	102.9
重 庆	100.3	97.8	98.5	101.2	78.1	107.6	109.7
四 川	100.3	98.0	101.6	103.2	79.1	110.5	102.5
贵 州	100.1	97.7	100.4	102.5	80.7	112.0	103.1
云 南	100.2	98.4	101.2	102.4	81.4	109.7	107.6
西 藏	100.9	100.5	100.6	99.4	100.3	107.3	104.6
陕 西	101.5	101.4	103.7	108.6	85.6	113.5	117.5
甘 肃	100.9	100.3	101.8	104.2	85.8	111.0	114.9
青 海	101.3	100.1	101.0	105.3	92.0	107.2	116.2
宁 夏	101.4	101.5	102.1	106.7	94.6	115.8	117.9
新 疆	101.2	100.7	101.4	101.8	97.1	114.0	112.9

消费价格分类指数(2021年)

鲜　果	二、衣着	三、居住	四、生活用品及服务	五、交通通信	六、教育文化娱乐	七、医疗保健	八、其他用品和服务
102.8	**100.3**	**100.8**	**100.4**	**104.1**	**101.9**	**100.4**	**98.7**
100.5	99.8	101.1	99.7	105.1	100.9	99.8	99.5
98.6	97.8	100.7	101.0	104.7	103.4	100.0	97.8
106.2	99.3	100.2	99.7	104.5	101.2	100.3	99.3
101.5	100.3	100.4	100.4	104.4	102.6	99.5	98.1
102.7	99.2	100.5	99.8	104.0	101.0	100.3	99.4
103.3	100.5	100.6	99.9	104.7	102.3	99.8	99.3
101.4	99.9	101.3	99.9	103.8	100.4	100.0	98.1
101.8	100.8	100.3	99.8	104.0	100.5	101.1	99.4
106.1	99.5	101.1	100.7	104.0	102.7	98.9	100.9
104.5	101.5	101.3	101.1	104.3	101.8	101.0	98.9
104.3	101.0	100.9	101.6	104.1	103.5	100.8	97.1
104.6	101.1	100.7	100.1	104.8	102.8	100.5	96.1
101.4	101.5	101.3	100.7	103.7	102.0	100.0	96.3
102.7	99.7	100.9	100.4	104.3	103.0	99.9	98.7
105.5	100.1	101.1	99.8	104.5	101.3	100.1	98.5
103.4	99.4	100.7	100.0	102.8	103.5	100.4	98.2
101.6	100.0	100.0	100.4	104.0	102.4	100.1	97.7
103.5	100.7	101.2	100.3	104.8	101.0	100.7	97.9
101.1	100.3	101.0	100.6	104.4	101.8	100.2	98.5
101.6	101.0	100.8	100.4	102.7	103.7	102.4	99.7
100.3	100.9	101.0	101.2	103.7	99.3	99.4	98.8
100.5	101.4	100.4	100.7	104.7	101.7	99.6	97.3
102.1	99.8	100.3	100.6	104.1	100.9	101.9	100.1
99.6	99.3	100.0	99.7	103.9	101.3	100.4	100.2
99.7	99.7	100.2	99.6	103.6	100.7	100.1	100.0
96.9	100.7	100.2	99.8	103.8	100.4	100.8	99.2
102.3	100.5	101.9	100.3	102.9	102.9	99.3	101.0
105.2	100.0	101.1	100.3	103.8	100.6	100.2	100.5
100.8	101.0	101.3	99.9	103.7	102.0	102.2	98.8
104.0	99.0	100.8	100.7	104.1	101.5	101.7	98.5
99.8	102.0	101.2	100.4	104.5	99.9	100.2	99.3

附录1-6　全国36个大中城市居民

上年同期=100

地　区	居民消费价格总指数	一、食品烟酒					
			粮食	鲜　菜	畜　肉	水产品	蛋
平均指数	**101.1**	**100.1**	**100.7**	**104.6**	**84.1**	**107.3**	**109.1**
北京市	101.1	100.5	99.8	107.8	88.8	101.0	106.3
天津市	101.3	101.3	101.3	106.3	88.2	106.6	120.2
石家庄市	100.9	100.9	99.1	108.8	87.7	108.2	114.0
太原市	101.0	100.7	101.4	106.5	87.6	107.5	115.5
呼和浩特市	100.9	100.7	100.5	101.4	95.4	118.2	115.6
沈阳市	101.3	100.7	104.4	108.9	86.8	106.0	108.3
大连市	101.4	101.0	102.6	109.1	85.2	106.3	124.0
长春市	100.5	100.3	99.8	107.9	88.8	108.9	114.5
哈尔滨市	100.6	100.1	101.0	106.4	85.5	109.9	119.0
上海市	101.2	100.5	99.1	106.0	86.2	105.4	104.5
南京市	101.5	101.4	103.3	104.7	84.9	114.6	113.0
杭州市	101.3	99.5	98.1	98.7	82.4	109.2	104.9
宁波市	102.1	102.1	102.3	110.9	83.2	107.3	104.7
合肥市	101.7	100.4	100.6	104.3	83.6	113.5	114.2
福州市	100.6	98.8	99.8	106.4	79.0	105.0	112.2
厦门市	101.2	98.7	101.6	105.4	79.8	103.0	104.4
南昌市	101.0	99.8	101.2	108.0	81.6	109.0	107.6
济南市	101.5	101.5	98.7	106.8	82.8	115.4	105.5
青岛市	101.5	100.8	101.4	106.1	83.4	107.9	113.1
郑州市	101.1	101.4	101.5	107.8	86.8	118.7	114.3
武汉市	100.6	99.1	101.4	100.2	81.4	111.4	104.5
长沙市	101.1	99.2	102.8	105.4	79.9	113.6	107.6
广州市	101.1	99.9	103.4	102.0	82.5	107.3	105.2
深圳市	100.9	100.2	98.6	103.8	81.5	103.7	105.2
南宁市	101.4	99.6	100.0	104.5	81.5	106.1	111.1
海口市	100.5	99.7	100.6	102.0	89.9	95.4	101.3
重庆市	100.3	97.8	98.5	101.2	78.1	107.6	109.7
成都市	100.5	98.9	101.8	103.5	81.2	110.3	100.9
贵阳市	100.5	98.1	99.9	101.0	81.8	115.4	104.8
昆明市	100.2	97.8	99.3	100.8	80.8	106.4	107.3
拉萨市	100.5	99.5	100.4	101.0	95.6	109.5	109.3
西安市	101.7	101.9	105.6	108.4	85.6	110.9	123.9
兰州市	101.3	100.9	101.5	102.8	86.3	107.7	114.1
西宁市	101.3	99.9	101.3	105.7	91.0	106.3	116.4
银川市	101.4	101.6	102.1	105.3	94.8	114.6	119.2
乌鲁木齐市	101.3	100.4	103.4	99.4	95.7	112.3	113.8

消费价格分类指数(2021年)

鲜　果	二、衣着	三、居住	四、生活用品及服务	五、交通通信	六、教育文化娱乐	七、医疗保健	八、其他用品和服务
102.5	**100.3**	**100.9**	**100.5**	**104.4**	**102.2**	**100.0**	**98.8**
100.5	99.8	101.1	99.7	105.1	100.9	99.8	99.5
98.6	97.8	100.7	101.0	104.7	103.4	100.0	97.8
105.9	99.5	100.0	99.1	103.8	101.8	100.5	102.2
103.5	100.2	99.4	100.4	104.6	103.5	99.4	97.3
101.6	97.5	100.6	100.0	104.3	102.2	100.4	99.3
103.6	100.8	99.6	100.4	105.4	103.6	99.6	99.6
105.8	101.7	100.6	99.9	104.5	102.7	100.1	99.3
100.8	99.8	100.1	99.2	104.0	99.9	100.1	97.5
102.6	103.0	98.7	100.5	104.2	100.4	100.2	99.4
106.1	99.5	101.1	100.7	104.0	102.7	98.9	100.9
103.6	101.0	101.0	101.5	104.0	100.5	100.9	101.4
100.8	101.2	101.1	101.0	104.4	103.6	100.0	97.7
105.2	99.6	100.8	102.3	105.3	104.4	100.4	97.3
103.5	100.5	101.3	100.4	105.4	104.8	100.6	96.2
98.6	100.3	101.1	100.3	104.0	101.6	100.4	96.5
102.6	104.6	102.8	101.6	103.6	101.7	99.4	96.1
101.6	99.9	100.2	100.3	104.3	104.1	100.6	98.5
112.2	101.5	101.9	98.8	104.7	99.7	100.7	99.9
103.0	100.6	101.1	98.9	106.1	102.7	100.5	98.2
108.5	100.3	100.5	100.2	102.3	103.5	99.8	94.8
101.8	99.7	100.3	100.1	104.5	102.9	99.6	97.3
104.7	101.2	101.9	100.5	104.7	101.2	100.7	98.9
101.5	101.1	101.7	100.1	104.0	101.7	100.4	97.1
102.5	100.3	99.9	101.7	104.4	102.2	99.9	98.4
103.0	101.7	101.4	100.3	101.7	106.4	101.0	100.3
99.8	101.5	101.4	101.2	103.4	98.8	98.8	98.7
100.5	101.4	100.4	100.7	104.7	101.7	99.6	97.3
102.2	98.5	99.9	101.1	104.3	100.2	102.7	101.1
100.7	99.3	100.7	100.6	103.8	102.3	100.4	100.7
96.2	100.2	100.7	99.3	104.6	99.7	100.5	100.2
95.7	101.1	99.9	99.3	103.9	101.0	100.2	101.2
101.0	101.1	102.0	100.3	102.8	103.7	98.3	101.5
109.2	101.4	101.4	100.5	103.6	100.3	100.2	101.3
101.4	102.4	100.4	100.0	103.4	102.9	102.3	99.0
104.2	99.5	100.1	101.0	103.9	101.5	102.6	98.8
101.0	105.8	100.2	101.1	104.3	100.5	99.7	98.3

附录1-7　各省(区、市)工业生产者出厂与购进价格指数(2021年)

上年同期=100

地　区	工业生产者出厂价格指数	工业生产者购进价格指数
全　国	**108.1**	**111.0**
北　京	101.1	103.7
天　津	110.9	114.7
河　北	116.4	119.8
山　西	130.2	116.3
内蒙古	128.5	128.0
辽　宁	113.6	115.0
吉　林	105.1	106.2
黑龙江	112.3	110.5
上　海	102.1	107.3
江　苏	106.3	113.8
浙　江	106.3	114.5
安　徽	107.7	111.5
福　建	104.9	109.2
江　西	110.5	112.3
山　东	110.3	109.5
河　南	107.8	109.5
湖　北	104.1	108.5
湖　南	105.9	108.1
广　东	103.4	108.0
广　西	108.9	110.7
海　南	113.5	116.5
重　庆	103.2	107.2
四　川	105.9	107.5
贵　州	106.5	112.0
云　南	110.0	108.9
西　藏	101.5	
陕　西	116.9	116.3
甘　肃	116.4	118.1
青　海	114.5	111.5
宁　夏	119.9	120.8
新　疆	119.4	115.0

附录1-8　35个大中城市新建商品住宅同比价格指数(2021年)

上年同期=100

地　区	1月	2月	3月	4月	5月	6月	7月	8月	9月	10月	11月	12月
北京市	102.9	103.4	103.6	104.5	104.3	104.9	105.4	104.9	104.5	104.9	105.4	105.1
天津市	101.5	102.3	103.2	103.6	103.9	104.2	104.3	104.3	104.1	104	103	102.4
石家庄市	102.9	102.7	103	102.8	103.1	102.9	102.8	102.4	102.1	100.8	99.2	98.5
太原市	99.2	99.2	98.9	98.9	98.7	97.9	98	98	97.8	97.9	97.7	97.1
呼和浩特市	104.7	104.5	104.1	103.6	103.1	103.1	102.3	102.1	101.2	100.1	99.3	99.1
沈阳市	105.8	105.1	105.1	104.9	104.7	104.5	104.2	103.4	103.3	103.1	102.8	102.7
大连市	104.7	104.5	105.2	105.4	105.8	106	106.1	106.5	106.1	105.5	105.3	104.7
长春市	102.7	102.6	102.1	101.8	101.7	101.2	100.9	100.6	100.7	100.9	100.9	101
哈尔滨市	99.9	100.3	100.3	99.6	99.9	99.8	99.9	99.4	99.3	98.7	98.3	98.2
上海市	104.4	105	105.3	104.9	104.5	104.6	104.5	104.3	104	103.8	104	104.2
南京市	105	105.7	106.3	105.1	104.6	104.4	104.6	104.8	105	104.5	103.9	104.1
杭州市	104.2	104.5	103.5	103.3	103.2	102.6	102.8	103	103.4	103.9	104.7	105.5
宁波市	104.3	104.9	105.4	105.9	105	104.8	104.7	104.2	103.9	103.7	103.5	103.3
合肥市	104.3	105	105.6	106.8	107.1	106.4	106.1	106	105.7	104.9	104	103.5
福州市	105.4	105.1	105.7	105.7	105.8	105.8	105.7	105.7	105.4	105.1	104.2	103.4
厦门市	104.7	105.1	105.5	105.6	106.1	105.8	105.5	105.6	105.3	105.4	104.3	103.9
南昌市	100.8	100.9	101.6	101.6	101.2	100.9	101	101.3	101.1	101.2	101.2	100.6
济南市	99.6	100.2	101.1	101.9	102.4	103.6	104.2	105.2	105.5	105.2	105	105.1
青岛市	102.9	103.4	104.4	104.6	105.1	105.1	105.4	105.4	104.9	105	104.7	104.4
郑州市	99.4	100.3	101.2	101.8	102.7	103.2	103.7	103.1	102.8	102.6	102.4	101.9
武汉市	104.6	105	105.5	106.7	107.3	106.7	106.5	106.4	106	105.3	104.3	103.7
长沙市	104.9	105.6	105.9	106.3	106.7	106.7	107.1	106.8	106.9	107.1	107.5	107.5
广州市	105.9	106.9	108.6	109.9	111.2	111.6	110.9	109.8	109	107.9	106.3	105
深圳市	103.7	103.8	103.4	103.9	103.7	103.5	103.3	103.9	103.8	103.4	103.4	103.3
南宁市	105	105.5	106.1	106	105.9	105.4	104.9	103.7	102.7	102.1	102.1	101.7
海口市	103.2	103.8	104.1	104.6	105.4	105.8	106.5	105.8	105.6	105.4	104.5	104
重庆市	104.9	105.7	106.2	106.7	108	108	108.3	108.8	108.3	108	108	107.9
成都市	106.9	106.5	106.5	106.6	106.2	105.7	104.8	104.2	103.6	102.8	102.6	102.4
贵阳市	103.4	103.2	103.7	105	105.2	104.7	104.9	104.2	103.7	102.9	101.1	100.2
昆明市	105.6	106.5	107.5	107.5	106.8	104.7	103.8	102.4	101.5	100	99.8	99.4
西安市	106.5	107.4	107.8	108	108	108.2	108.1	107.7	107.5	107.4	107.4	106.3
兰州市	104.9	105.6	106.6	106.7	106.6	106.7	106.7	105.9	105.1	104.5	103.5	102.6
西宁市	109	109.1	108.2	108	107.9	107.8	108.6	108	107.6	106.6	105.5	103.7
银川市	113.9	114.9	114.1	113.7	112.4	111.2	110	108.5	108	107.9	107.7	106.7
乌鲁木齐市	103.4	104.6	105.1	104.5	104.7	103.7	103.5	104.3	104.2	103.3	102.6	102.8

附录1-9 35个大中城市二手住宅同比价格指数(2021年)

上年同期=100

地 区	1月	2月	3月	4月	5月	6月	7月	8月	9月	10月	11月	12月
北京市	106.9	108.5	109.9	110.1	109.3	109.9	110.7	110.4	109.7	108.8	108.1	108.5
天津市	96.6	97.1	98	98.5	99.4	100	100.1	100.9	101.7	101.6	101.5	101.3
石家庄市	97.9	97.7	97.8	98.4	98.7	98.4	98.5	98.4	98.1	97.9	97.3	96.6
太原市	97.1	97.4	96	96.3	96.9	97.9	98.6	97.8	97.9	97.9	97.3	96.2
呼和浩特市	99.1	99.3	100.1	100.1	100.4	100	99.1	99	98.4	98.1	98	98.3
沈阳市	107.2	107.4	107.6	106.3	105.9	105.5	105.2	104.5	104.2	103.3	102.4	101.8
大连市	106.5	107	107.2	106.8	106.5	106.3	106	105.7	105.5	105.3	104.9	104.1
长春市	98.9	98.3	97.8	97.3	97.6	97.5	98.1	98.3	98.7	99	99	99.3
哈尔滨市	96	96.3	96.5	96.5	96.9	98.1	99	99.4	99.4	99.3	98.8	98.4
上海市	107.6	108.8	109.7	109.3	109.4	110.1	110.3	109.7	108	107	106.7	106.5
南京市	104.7	105.2	105.9	106.1	106.2	106.4	106.5	106.4	106.1	105.4	104.5	103.8
杭州市	107.7	108.2	108.7	108.7	108.7	108.6	107.8	107.3	106.6	105.7	105.5	105.2
宁波市	108.8	110.1	110.5	110.4	109.7	109	108.1	107.1	105.9	104.8	104	103.2
合肥市	105	105.8	106.3	106.3	106.1	106.3	106.1	105.6	105	104.3	103.5	102.5
福州市	103.4	104.1	105.2	105.1	104.6	105	105.7	105.6	105.1	104.3	104.2	103.1
厦门市	105.1	105.6	105.9	105.8	104.9	104.4	104.2	104.2	104	103.3	102.5	101.4
南昌市	100.2	100.1	100.7	100.9	100.2	100.2	100.6	101	101	101	100.4	99.6
济南市	97.7	98	98.2	98.9	99.2	100	100.2	100.9	101	101.1	101.1	101.5
青岛市	97.9	98.8	99.7	100.2	100.7	100.8	101.3	101	101.2	101.5	101.4	101.2
郑州市	97	97.2	98.3	99.3	100.6	101.3	101.8	101.7	102	101.7	101.3	100.9
武汉市	101.1	101.6	102	102.8	103.1	104.2	104.1	103.3	102.8	102.5	102.3	102.2
长沙市	102	102.7	103.5	104.4	104.7	104.9	105.7	106	106.2	105.7	105.5	105.1
广州市	108.7	109.8	111.5	112.9	113.5	113.2	112.2	110.9	109.6	108.3	106.9	105.8
深圳市	115.3	116	114.6	112.9	110.9	108.7	107	105.4	103.6	102.5	101.7	100.6
南宁市	103.2	103.3	103.1	102.6	102.5	102.4	101.5	101	100.5	99.8	98.8	98.1
海口市	102.6	103.2	104.5	105.6	106.7	107.4	108.1	107.8	108	107.5	107.4	107.2
重庆市	100.1	100.7	102.3	103.7	104.8	105.5	105.6	105	104.9	105	104.7	104.4
成都市	109.3	109.3	109.3	107.4	106.8	106.7	106	105.3	105.1	104.8	103.7	103.8
贵阳市	96.7	96.8	97.3	98	98.4	98.5	99.3	99.1	98.7	98.7	98.2	97.9
昆明市	103.9	104.4	104.2	104.2	104.1	103.1	102.6	102.4	101.3	100.6	100.1	100.5
西安市	103.8	104.7	105.6	106.6	107.4	107.8	107.9	107.3	106.8	106.2	106	105.6
兰州市	103.9	104.4	105.3	105.2	105.3	105	104.6	104.2	103.4	102.6	101.9	101.2
西宁市	108.6	108.7	108.6	108.1	107.7	106.8	106.2	105.8	105.5	104.4	103.1	102.1
银川市	109.7	110	110.4	109.8	109.3	108.4	107.4	106.1	105.4	104.3	103.5	103
乌鲁木齐市	106.1	107.2	106.3	106	104.8	103.5	102.8	102.4	101.1	99.9	99.3	98.5

附录1-10　各省(区、市)主要农作物播种面积和总产量(2021年)

地　区	粮食(千公顷)	粮食(万吨)
全　国	**117631.5**	**68285.1**
北　京	60.9	37.8
天　津	373.5	249.9
河　北	6428.6	3825.1
山　西	3138.1	1421.2
内蒙古	6884.3	3840.3
辽　宁	3543.6	2538.7
吉　林	5721.3	4039.2
黑龙江	14551.3	7867.7
上　海	117.4	94.0
江　苏	5427.5	3746.1
浙　江	1006.7	620.9
安　徽	7309.6	4087.6
福　建	835.1	506.4
江　西	3772.8	2192.3
山　东	8355.1	5500.7
河　南	10772.3	6544.2
湖　北	4686	2764.3
湖　南	**4758.4**	**3074.4**
广　东	2213	1279.9
广　西	2822.9	1386.5
海　南	271.4	146
重　庆	2013.2	1092.8
四　川	6357.7	3582.1
贵　州	2787.7	1094.9
云　南	4191.4	1930.3
西　藏	187.2	106.5
陕　西	3004.3	1270.4
甘　肃	2676.8	1231.5
青　海	302.4	109.1
宁　夏	689.3	368.4
新　疆	2371.7	1735.8

注：以上数据来源于国家统计局2021年粮食产量数据的公告。

附录二

附录2-1　主要统计调查项目

住户收支与生活状况调查　住户收支与生活状况调查是国家重要统计调查项目，即通过对城乡居民家庭的经济和社会活动调查，反映城乡居民的生产、收入、消费、积累和社会活动情况的统计调查项目。开展住户收支与生活状况调查的目的是全面、准确、及时了解城乡居民收入、消费及其他生活状况，客观监测居民收入分配格局和不同收入层次居民的生活质量，更好地满足研究制定城乡统筹政策和民生政策的需要，为监测全面小康建设进程、县域经济发展、国民经济核算和居民消费价格指数权重制定提供基础数据。

住户收支与生活状况调查包括分省住户调查和分市县住户调查。分省住户调查以省为总体进行抽样，主要目的是准确反映全国及分省居民收支水平、结构、增长速度，收入分配格局以及政策对居民生活状况的影响。从2013年开始，国家在湖南13个市的市政府驻地的所有市辖区和湘西自治州首府吉首市以及38个有代表性的县市共抽选600个小区6000个住宅进行常年入户登记调查，其调查数据代表全国和湖南全省。根据全省及各市州、县市区政府管理的需要，以准确反映分市县居民收支水平和增长速度为主要目的，在国家调查的基础上，分市县住户调查以市县为总体，对全省122个县市区进行抽样调查，一般每个县市的样本为120-140个住宅。

消费价格调查　消费价格调查主要从事居民消费价格、商品零售价格、农业生产资料价格和城镇低收入居民基本生活费用价格调查。湖南消费价格调查专业的职能是：组织贯彻和实施流通消费价格统计制度；按规定编制和发布相应的价格指数；开展市场物价变动的分析与预测工作，为国家宏观调控提供决策参考依据；为党政领导和社会各界提供有关价格指数和分析资料。

生产投资价格调查　生产投资价格包括工业生产者价格和房地产价格。其中工业生产者价格分为工业生产者出厂价格和原材料、燃料动力购进价格，房地产价格分为新建住宅和二手住宅销售价格。

农产品价格调查　农产品价格调查包含农产品生产者价格与指数、农产品集贸市场价格，是国家的重要统计项目之一。该调查是通过对农业生产经营单位和农产品集贸市场的调查，反映主要农产品生产者价格和集贸市场价格的调查项目，开展农产品价格调查的目的是监测农产品价格的变化，用农产品价格信息引导农村产业结构调整和农民增收，研究农业市场竞争力与农产品供求情况，满足国民经济核算需要。调查结果直接上报国家统计局。

农产品价格调查实施国家统一的方案，数据采集采取农户记账和访问调查相结合的方法。全省共抽选41个县（市区）607户农户和10个农产品集贸市场进行农产品价格调查。

以省为总体粮食产量抽样调查　以省为总体粮食产量抽样调查在全省43个县（市区）的300个村900个200米*200米样方中进行，逐丘登记调查样方农作物播种面积，早、中、晚稻抽取地块进行单产实割实测，其他粮食作物在每个调查村抽选农户入户登记面积和产量。根据调查组播种面积和单产情况推算全省各季粮食播种面积和总产。

以县为总体粮食产量调查 以县为总体粮食产量调查在全省65个粮食生产大县中进行，每县由国家统计局随机抽选15个村开展调查，调查方式与以省为总体一致，根据调查点播种面积和产量情况，结合大面积种植情况推算评估各粮食大县各季粮食播种面积和产量。

农产品中间消耗调查 农产品中间消耗调查在全省37个县（市区）随机抽取样本开展。

主要畜禽监测调查 为了及时准确反映全国畜牧业生产发展情况，为党和政府制定畜牧业发展政策，推动社会主义新农村建设提供科学依据，国家统计局按照《国务院关于促进生猪生产发展，稳定市场供应的意见》国发〔2007〕22号要求，在全国组织各调查总队开展主要畜禽监测调查。

主要畜禽监测调查分为以省为总体的猪牛羊禽监测调查和以生猪调出大县为总体的生猪生产监测调查两部分。全省猪牛羊禽监测调查的范围是全省所有的农户及畜禽生产经营单位，调查对象是辖区内猪牛羊禽大型养殖场户、抽中样本村的所有中小型养殖场户。生猪调出大县监测调查的范围是全省享受国家财政奖励的生猪调出大县的所有农户及生猪生产经营单位，调查对象是县辖区内全部生猪大型养殖场户、抽中样本村的所有中小型养殖场户。

大型养殖场户在全省范围内采取全数调查。中小型养殖场户及散养农户采取抽样调查，并推算全县总体数据。

农户固定资产投资抽样调查 改革开放以来，随着农村社会经济的全面发展，农村固定资产投资占全社会固定资产投资的比重也日益提高。农村固定资产投资统计调查数据的准确与否，直接影响着国民经济核算的质量和对宏观经济形势的趋势判断。

统计部门于1987年开始进行农户固定资产投资抽样调查统计，至2005年，农村固定资产投资包括农户固定资产投资与非农户固定资产投资。2005年11月国家统计局下发了《乡村社会经济调查方案》，要求只调查农村农户固定资产投资，不调查农村非农户投资（这部分由省统计局投资处进行统计）。农户投资从住户调查资料中取得，农户建房投资在农村住户调查村调查所有建房户。具体包括：农村农户固定资产投资情况和农户建房投资情况。

制造业采购经理指数调查 是通过对企业采购经理的月度调查结果统计汇总、编制而成的指数，它涵盖了企业采购、生产、流通等各个环节，是国际上通用的监测宏观经济走势的先行性指数之一，具有较强的预测、预警作用。PMI通常以50%作为经济强弱的分界点，PMI高于50%时，反映制造业经济扩张；低于50%，则反映制造业经济收缩。

调查范围涉及《国民经济行业分类》中制造业的31个行业大类，从全省抽取了302家样本企业进行调查。

脱贫县农村住户监测调查 国家统计局根据《中共中央国务院关于实现巩固拓展脱贫攻坚成果同乡村振兴有效衔接的意见》精神，开展脱贫县农村住户监测调查。为了提高监测的准确性和科学性，国家统计局建立一套完善的调查制度，通过对脱贫县农村居民现金和实物收支情况、住户成员及劳动力从业情况、居民家庭住房和耐用消费品拥有情况、家庭经营和生产投资情况、社区基本情况、县（市）社会经济基本情况等的追踪监测，反映脱贫县农村居民收支状况、变化趋势和帮扶成效，客观衡量居民生活改善情况，掌握脱贫县的宏观经济背景和社会发展状况，为科学制定巩固拓展脱贫攻坚成果、接续推进乡村振兴相关政策提供参考依据。

脱贫县农村住户监测调查实施国家统一的调查方案。数据采集采取调查户记账、访问调查及搜集有关部门数据等方法，主要表式有三种：即社区调查表、住户调查表、个人调查表。为保证调查内容的可靠性，通过科学抽样方法建立一套抽样调查网点，湖南共抽选 40 个脱贫县 3140 户进行农村住户调查，抽选 314 个村进行村级情况调查，调查样本每五年全部轮换一次。这套网点的调查数据是代表湖南脱贫县农村住户监测的法定数据。网点调查由国家统计局湖南调查总队负责实施，调查结果直接上报国家统计局。

附录2-2 主要统计指标解释

一、住户调查

住宅 指人工建造的，有墙、顶、门、窗等结构，具有独立入口，供人居住的房屋或场所。包括单元房、筒子楼、平房、四合院、独栋别墅等普通住宅，也包括工棚、工厂的集体宿舍，餐馆、发廊以及办公室等有人居住的场所。

住户 指居住在一个住宅内，共同分享生活开支或收入的一群人。居住在同一房间内、不共同分享生活开支的人群，每个人都视为一个住户。住家保姆、住家家庭帮工视为单独的住户。

住户成员 指居住在一个住宅内，所有与本住户分享生活开支或收入的人员。

常住成员 指住户成员中，经常在家居住、或者调查期内居住时间超过一半的人员，以及本住户供养的学生。常住成员是住户收支的调查对象。

可支配收入 指调查户在调查期内获得的、可用于最终消费支出和储蓄的总和，即调查户可以用来自由支配的收入。可支配收入既包括现金，也包括实物收入。按照收入的来源，可支配收入包含四项，分别为：工资性收入、经营净收入、财产净收入和转移净收入。计算公式为：

可支配收入 = 工资性收入 + 经营净收入 + 财产净收入 + 转移净收入

工资性收入 指就业人员通过各种途径得到的全部劳动报酬和各种福利，包括受雇于单位或个人、从事各种自由职业、兼职和零星劳动得到的全部劳动报酬和福利。

经营净收入 指住户或住户成员从事生产经营活动所获得的净收入，是全部经营收入中扣除经营费用、生产性固定资产折旧和生产税之后得到的净收入。计算公式为：

经营净收入 = 经营收入 - 经营费用 - 生产性固定资产折旧 - 生产税

财产净收入 指住户或住户成员将其所拥有的金融资产、住房等非金融资产和自然资源交由其他机构单位、住户或个人支配而获得的回报并扣除相关的费用之后得到的净收入。财产净收入包括利息净收入、红利收入、储蓄性保险净收益、转让承包土地经营权租金净收入、出租房屋净收入、出租其他资产净收入和自有住房折算净租金等。财产净收入不包括转让资产所有权的溢价所得，这应该计入“非收入所得”。

转移性收入 指国家、单位、社会团体对住户的各种经常性转移支付和住户之间的经常性收入转移。包括养老金或退休金、社会救济和补助、政策性生产补贴、政策性生活补贴、救灾款、经常性捐赠和赔偿、报销医疗费、住户之间的赡养收入，以及本住户非常住成员寄回带回的收入等。转移性收入不包括住户之间的实物馈赠。

消费支出 指住户用于满足家庭日常生活消费需要的全部支出，包括用于消费品的支出和用于服务性消费的支出。根据用途不同，消费支出可划分为食品烟酒、衣着、居住、生活用品及服务、交通通信、教育文化娱乐、医疗保健、其他用品及服务八大类。根据来源不同，消费支出可划分为现金消费支出、实物消费支出（含自产自用、来自单位、来自政府和其他社会组织）。

中位数　指将所有调查户按人均收入水平从低到高顺序排列，处于最中间位置的调查户的人均收入。

基尼系数　指在全部居民收入中，用于进行不平均分配的那部分收入占总收入的比例。基尼系数最大为“1”，最小为“0”。前者表示居民之间的收入分配绝对不平均，即 100%的收入被一个单位的人全部占有；而后者则表示居民之间的收入分配绝对平均，即人与人之间收入完全平等，没有任何差异。通常这两种情况在实际生活中不会出现。因此，基尼系数的实际数值只能介于 0～1 之间。本方案中，基尼系数使用住户收支与生活状况调查的全部样本可支配收入的分户数据计算。

二、物价调查

居民消费价格指数　是反映一定时期内居民消费价格变动趋势和程度的相对数。居民消费价格指数分为食品烟酒、衣着、居住、生活用品及服务、交通和通信、教育文化和娱乐、医疗保健、其他用品和服务八个大类。

商品零售价格指数　是反映一定时期内商品零售价格变动趋势和程度的相对数。商品零售价格指数分为食品、饮料烟酒、服装鞋帽、纺织品、家用电器及音像器材、文化办公用品、日用品、体育娱乐用品、交通通信用品、家具、化妆品、金银饰品、中西药品及医疗保健用品、书报杂志及电子出版物、燃料、建筑材料及五金电料十六个大类。

工业生产者价格指数　是工业生产者出厂价格和购进价格在某个时期内变动的相对数，反映全部工业生产者出厂和购进价格变化趋势和变动幅度。由工业生产者出厂价格指数和工业生产者购进价格指数两部分组成。

工业生产者出厂价格指数　是反映工业生产者出厂价格变动趋势和变动程度的相对数，通过调查收集部分代表企业的代表产品的价格变动资料，采用国际通行的链式拉式公式计算求出。

工业生产者购进价格指数　指工业企业组织生产时作为中间投入的原材料、燃料、动力购进价格的指数(含增值税、运费、关税等)。其反映工业生产者购进价格变动趋势和变动程度的相对数。

房地产价格指数　是反映房地产市场价格水平变动趋势和变动程度的相对数。包新建住宅销售价格和二手住宅销售价格两项价格指数，其中新建住宅销售价格又包括保障性住房和新建商品住宅价格指数。目前使用较多的是新建商品住宅价格指数。

农产品生产者价格指数　是反映农产品生产者第一手(直接)出售其产品时实际获得的单位产品价格水平变动程度的相对数。开展农产品生产者价格调查是为了全面收集农产品生产者价格资料，客观反映农产品生产者价格水平和结构变动情况，满足农业与国民经济核算需要，为各级政府制定农业保护与农产品流通政策提供决策依据，向社会各界提供优质的农产品价格信息服务。

三、农业调查

常用耕地　指耕地总资源中专门种植农作物并经常进行耕种、能够正常收获的土地。

农作物播种面积　指实际播种或移植有农作物的面积。凡是实际种植有农作物的面积不论种植在耕地上还是非耕地上，也不论面积大小，均应统计。

全年农作物总播种面积　指上年秋冬播和本年春播、夏播以及南方地区的晚秋播，在本日历年度内（自1月1日到12月31日）收获的全部作物播种面积的总和。

夏收粮食　指上年秋冬播和本年春季播种、夏季收获的全部粮食作物，如冬小麦、大麦、元麦、蚕豆、豌豆、马铃薯等。不包括早稻和夏马铃薯。在湖南，夏收粮食又称作春夏收粮食或春收粮食。

秋收粮食　指本年春、夏季播种，秋季收获的粮食作物；在夏收作物收割后的耕地上播种、秋季收获的粮食作物也应计算在内。如：中稻、一季晚稻、早玉米、晚玉米、早高粱、晚高粱、谷子、甘薯（红薯）、大豆等。

生猪期末存栏　指本调查期末饲养生猪的总量，包括 15 公斤以下仔猪、待育肥猪（架子猪）和种猪等数量之和。

能繁殖母猪　是指猪龄约在 9 个月（包括 9 个月）以上的、具备繁殖能力的母猪。

自宰肥猪头数　指本调查期内自行宰杀的肥猪数量。本指标不包括因疾病等原因而被迫宰杀的生猪数量。

出售肥猪头数　指本调查期内以各种形式出售给任何单位或个人的已育肥肥猪的数量。但不包括出售仔猪、待育肥猪（架子猪）、种猪的数量。

生猪出栏头数 = 自宰肥猪头数 + 出售肥猪头数

肉类总产量　指调查期内各种牲畜及家禽、兔等动物肉产量总计。

农林牧渔业中间消耗　指农林牧渔业生产经营过程中所消耗的货物和服务的价值，包括物质产品消耗和非物质性服务消耗。物质产品消耗是指农林牧渔业生产过程中所消耗的各种物质产品的价值，包括外购的和计入总产出的自给性物质产品消耗，如种籽、饲料、肥料、农药、燃料、用电量、小农具购置、原材料消耗等；支付物质生产部门的各种服务费包括修理费、生产用外雇运输费、生产用邮电费等，以及其他物质消耗；非物质性服务消耗是指支付给非物质生产部门的各种服务费，如畜禽配种费、畜禽防疫医疗费、科研费、旅馆、车船费、金融服务费、保险服务费、广告费等。

四、农户固定资产投资调查

固定资产　指使用年限在规定的年限以上，单位价值在规定的标准以上，并在使用过程中保持原来物质形态的资产。农户所有的使用年限在两年及以上、单位价值在1000元以上的房屋建筑物、机器设备、器具工具等资产应作为固定资产统计。

固定资产投资完成额　指以货币形式表现的在一定时期内建造和购置固定资产的工作量以及与此有关的费用的总称。实际完成投资额根据建筑安装工程的实际完成工作量，实际已开始安装的设备、工具、器具的购置费，以及其他费用的实际发生额计算，包括消耗的建筑材料，购置设备、工具器具、大牲畜的费用，以及建造和购置固定资产所发生的人工费和其他有关的费用。

按投资来源分为：①国内贷款；②自筹资金；③其他。

按投资构成分为：①建筑工程；②安装工程；③设备工器具购置；④其他。

五、企业调查

制造业采购经理指数　简称PMI，是通过对制造业采购经理的月度调查统计汇总、编制而成的指数，反映了经济的变化趋势，是经济运行活动的重要评价指标和经济变化的晴雨表，是经济监测的先行指标。由五个扩散指数即新订单指数、生产指数、从业人员指数、供应商配送时间指数、主要原材料库存指数加权而成。常以50%作为经济强弱的分界点：即当指数高于50%时，被解释为经济扩张的讯号。当指数低于50%，则反映制造业经济收缩。

六、脱贫县农村住户监测调查

脱贫县　包括原832个国家扶贫开发工作重点县和集中连片特困地区县，以及新疆阿克苏地区7个市县原贫困地区。湖南省脱贫县，即原湖南贫困地区，包括原国家扶贫开发工作重点县和集中连片特困地区县，共40个县。